Birgitta vom Lehn
GENERATION G8

BIRGITTA VOM LEHN

GENERATION G8

WIE DIE
TURBO-SCHULE
SCHÜLER
UND FAMILIEN
RUINIERT

BELTZ

Das Werk und seine Teile sind urheberrechtlich geschützt. Jede Nutzung in anderen als den gesetzlich zugelassenen Fällen bedarf der vorherigen schriftlichen Einwilligung des Verlages. Hinweis zu § 52 a UrhG: Weder das Werk noch seine Teile dürfen ohne eine solche Einwilligung eingescannt und in ein Netzwerk eingestellt werden. Dies gilt auch für Intranets von Schulen und sonstigen Bildungseinrichtungen.

www.beltz.de

1. Auflage

© 2010 Beltz Verlag · Weinheim und Basel
Umschlaggestaltung: Büro Hamburg
Umschlagabbildung: © Stefanie Levers
Satz: Druckhaus »Thomas Müntzer«, Bad Langensalza
Druck und Bindung: Beltz Druckpartner, Hemsbach
Printed in Germany

ISBN 978-3-407-85915-0

INHALT

Vorwort 7

1. Kapitel
In den Wehen
Was sind wir: Top oder Flop? 11

2. Kapitel
Die Sturzgeburt
Hart, aber unfair 19

3. Kapitel
Wunderkinder erwünscht
Jünger, schneller, besser: Time is money 35

4. Kapitel
Geburtshelfer und Geistheiler
Learning to the test 57

5. Kapitel
Große wollen entschleunigen
Nur Kleine sollen rasen? 85

6. Kapitel
Pubertät abschaffen?
Wenn die Schule lästig wird 119

7. Kapitel
Durchgetaktet bis zum Umfallen
Psychopillen und andere Peanuts **145**

8. Kapitel
Nachmachen? Besser machen!
Freiheit vor Sicherheit, Reife durch Stille **173**

9. Kapitel
Die Nachgeburt
G9-Oasen und andere Bremsversuche **201**

Literaturverzeichnis **215**

Anmerkungen **217**

VORWORT

Leider
Ein Mensch sieht schon seit Jahren klar:
Die Lage ist ganz unhaltbar.
Allein – am längsten, leider, hält
Das Unhaltbare auf der Welt.
EUGEN ROTH

Die Redensart »Gut Ding will Weile haben« haben Bildungsbürokraten um den Buchstaben »W« beschnitten: »Gut Ding will Eile haben«, so heißt das neue Motto. Das G8, wie das von neun auf acht Jahre verkürzte Gymnasium genannt wird, ist das Produkt einer schnelligkeitsgläubigen Apostelschar, die sich von Wirtschaftsbossen hat einreden lassen, unsere Abiturienten müssten jünger sein, um zukünftig früher auf dem Arbeitsmarkt zu landen.

Quasi im Blindflug haben die Länder sich deshalb auf die Turbo-Schule verständigt. Dabei steht sie lediglich auf den wackeligen Füßen eines wissenschaftlichen Modellversuchs, der eine winzige Klientel im Blick hatte: Hochbegabte. Für diese Spitzenbegabungen, die individuell in sehr kleinen Klassen überwiegend frontal von ihren Lehrern unterrichtet wurden und deren Eltern einen überdurchschnittlich hohen Bildungshintergrund besaßen sowie über ein ebenso überdurchschnittliches Konto verfügten, erwies sich die Turbo-Schule offenbar als ideal.

Mit den Bedingungen des heutigen G8-Regelgymnasiums hatte der Modellversuch aber nicht im Geringsten etwas gemein. Die heutigen Klassen sind groß, die Schülerschaft ist heterogen – sowohl was ihre kognitiven Fähigkeiten betrifft als auch den familiären Hintergrund. Und trotzdem muss der Stoff, der vorher in neun Jahren erlernt wurde, nun nach acht Jahren sitzen.

Schüler, Eltern und Lehrer leiden unter dem Druck, den die Schulzeitverkürzung den Gymnasien aufgebürdet hat. Zwei Drittel der Schüler seien überfordert, sagt der Begabungsforscher Kurt A. Heller. Hinzu kommt: Viele Schulen mussten sich von heute auf morgen zu Ganztagseinrichtungen entwickeln, ohne dass sie dafür auch nur im Entferntesten ausgestattet gewesen wären. Viele sind es auch Jahre danach noch nicht, ihnen fehlen nach wie vor Mensen sowie Arbeits- und Aufenthaltsräume, obwohl die Schultage sich längst bis weit in die Nachmittage erstrecken.

Geradezu inflationär ist in den letzten Jahren von Qualität und Bildung die Rede gewesen, von »Qualitätsoffensiven«, die es zu stemmen gelte. Tatsächlich ist man aber auf dem besten Weg, das Gegenteil von dem zu erreichen, was man beschwört: Ausgerechnet jene Schulform, die bei PISA (erwartungsgemäß) am besten abgeschnitten hatte, das Gymnasium, hat man gestutzt. Damit hat man paradoxerweise diejenigen bestraft, die bislang dafür gesorgt haben, dass Deutschland im internationalen Schulvergleich nicht ins Bodenlose gestürzt ist: die Schüler und Lehrer am Gymnasium. Bislang gibt es keinen internationalen Abiturienten-Vergleich – bei PISA wurden ja nur 15-Jährige getestet. Die Frage, ob das dreizehnte Schuljahr also tatsächlich so überflüssig war, wie man uns nun weismachen will, lässt sich mit Blick aufs Ausland also nicht beantworten. Eher kommt der Verdacht auf, dass deutschen Abiturienten da mehr abverlangt wurde und immer noch wird als in vielen anderen Ländern der Erde.

In England beispielsweise müssen in den beiden Oberstufenjahren nur noch drei bis vier Fächer belegt werden. Im Abitur kann man dann Kombinationen wie Chemie, Religion und Sport wählen. Naturwissenschaften, Fremdsprachen und Mathematik sind in der gesamten Oberstufe nicht mehr Pflicht, im Abitur sowieso nicht. Hiesige Abiturienten müssen dagegen einen bestimmten Fächerkanon abdecken, zu dem Mathematik, Deutsch, Naturwissenschaften und Fremdsprachen gehören. Kann, darf, soll man also Äpfel mit Birnen vergleichen? Oder: Müssen alle Äpfel zu Birnen gemacht werden oder umgekehrt? Die Quintessenz von alledem ist: Ohne Qualitätsverlust wird die Turbo-Schule nicht davonkommen.

Wäre es »nur« die Qualität der Bildung, die zu leiden hätte, wäre es schon schlimm genug. Schlimmer aber ist, dass eine ganze Schülergeneration – die Generation G8 – als Versuchskaninchen für eine Reform herhalten muss, die weder wissenschaftlich haltbar noch in irgendeiner vernünftigen Form menschlich begründbar wäre. Mit welchem Recht sich der Staat anmaßt, elf, zwölf-, dreizehnjährige Kinder von acht Uhr morgens bis vier Uhr nachmittags in der Schule zu kasernieren und ihnen dabei ein Unterrichtspensum überzustülpen, von dem ihre Eltern- und Großeltern nicht zu träumen gewagt hätten, das ihnen Zeit stiehlt für außerschulische Kontakte und Interessen, das bleibt die große Frage. Im Grunde ist es ein Riesenskandal, denn viele derjenigen, die sich einst für das G8 stark gemacht haben, sind selbst kinderlos oder haben ihren eigenen Nachwuchs längst sicher durch die neunjährige Gymnasialzeit gebracht.

Mit diesem Buch soll all denen Mut gemacht werden, die sich nicht in ihr Schulschicksal ergeben wollen: Eltern, die Volksbegehren starten; Pädagogen, die sich um das Wohl der ihnen anvertrauten Pubertierenden sorgen; Politiker, die Wahlmöglichkeiten zwischen G8 und G9 erwägen. Letztlich ist jeder vernünftige Mensch gefordert, sich gegen den Turbo-Schwachsinn zu stemmen. Eltern, Schüler und Lehrer haben es verdient, in diesem Land wieder mit mehr Respekt und Anstand behandelt zu werden – überall, und auch am Gymnasium.

Bremen, im Februar 2010

IN DEN WEHEN
Was sind wir: Top oder Flop?

Mir geht es gut. Es ist Samstagabend, ich sitze in der warmen Wanne, im Schaum schwimmt das braune Seeräuberschiff von Playmobil. (...) Nachher gibt es »Wetten, dass ...?« Dazu kuschele ich mich in den warmen Kapuzenbademantel, den meine Mutter vorgewärmt hat, damit ich mich auch wirklich nicht verkühle. Mit anderen Worten: Ich fühle mich, als hätte der Postbote gerade das Rundum-sorglos-Paket abgegeben oder wie die Katze, der Frauchen neben das Sheba gerade noch einen Halm Petersilie gelegt hat.[1]

Erinnert sich noch jemand an diese Zeilen? Florian Illies startete damit sein Buch »*Generation Golf. Eine Inspektion*«. Zehn Jahre ist das nun schon her. Eine behaglich-bürgerliche Jugendzeit in der hessischen Provinz schilderte Illies, Jahrgang 1971; wohlig gebettet und gut behütet, gestärkt mit Nutella und ausgestattet mit einem kleinen Transistorradio, »das wir unter der Bettdecke hörten«. Kritiker, wohl neidisch, hielten dem 29-jährigen Jungautor »knäbische Schnöseleien« vor. Doch die Schnöseleien kamen ziemlich gut an: Das Buch stieg in Windeseile zum Bestseller auf. Eine markenklamottensüchtige Generation liebte es eben, sich nicht nur im Detail, sondern auch im Ganzen zu bespiegeln. Und ja: vor allem auch bespiegeln zu lassen. Für Abwechslung sorgten in der »Generation Golf« allein die Werbung (»Raider heißt jetzt Twix, sonst änderte sich nix«[2]) und ein paar Computerspiele:

Denn statt im Verein Fußball zu spielen oder Bienen zu züchten, sitzt die Generation Golf eher allein zu Hause vorm Computer, spielt

*»Siedler« oder versendet E-Mails an den Freund im Nachbarhaus. Wenn das Vereinsleben in Deutschland zu den Kräften zählt, die die Welt zusammenhalten, wie die FAZ einmal in einem Leitartikel feststellte, dann steht der Weltuntergang, zumindest in Deutschland, unmittelbar bevor.*³

Wie recht der ehemalige Badewannenkapitän, der inzwischen die Feuilletongeschicke einer großen deutschen Wochenzeitung steuert, doch behalten sollte! Zum Weltuntergang ist es zwar nicht gekommen, wohl aber brach eine Katastrophe über Deutschland herein und sorgte für ein Erdbeben in der Bildungs- und – vor allem – in der gesamten Medienlandschaft: PISA. Die vier Buchstaben schafften es binnen kürzester Zeit, ein ganzes Land in Schockstarre zu versetzen. Es war, als ob PISA die relaxte Generation Golf entlarvt hätte: Ja, Jungs, wer sich nur aufs Nutella-Löffeln und Playmobil-Spielen konzentriert, wer damit kokettiert, dass er am Montagmorgen vom Mathe-Streber die Hausaufgaben abschreibt, um selbst den Sonntagabend gemütlich verbummeln zu dürfen, der braucht sich gar nicht erst zu wundern, wenn er deutschland-, europa-, ach was: weltweit ins Hintertreffen gerät!

Was war geschehen? Nun, im Frühsommer 2000 hatte die erstmalige Großtestung von 180.000 Schülern aus 32 Staaten stattgefunden. Daher der Name: PISA 2000. In Deutschland testete man über 50.000 Pennäler im Alter von 15 Jahren aus 1.466 Schulen. Veröffentlicht wurden die Ergebnisse dann aber erst ein Jahr später, sodass man noch anderthalb Jahre mit der entspannten *Generation-Golf*-Lektüre zubringen durfte. Noch schmunzelte man darüber, dass »Aufklärung in naturwissenschaftlichen Fragen frühzeitig dem Fernsehen übertragen« wurde, wie Illies witzelte:

Die Sendung mit der Maus und Löwenzahn mit Peter Lustig versorgten uns zuverlässig mit allen notwendigen Informationen darüber, wie die Löcher in den Käse kommen und das Bizzel in den Sekt.

Aus den Schulbüchern war so etwas ohnehin nicht zu erfahren. Vor allem die Lehrbücher in Englisch und Französisch nervten.[4]

Doch ein Mann fand das gar nicht lustig, ihm war der Spaß bereits gründlich vergangen, weil er zu denjenigen gehörte, die als Erste Einblick in die PISA-Ergebnisse nehmen konnten: Andreas Schleicher, von Haus aus Physiker und Mathematiker, inzwischen als vergleichender Bildungsforscher unterwegs, fortan auch als Mr PISA durch die Gazetten der Republik wandernd. Schleicher ist fünf Jahre älter als Illies und gilt als der Erfinder von PISA. In demselben Alter, in dem der eine sich dazu berufen fühlte, seine Generation im Rückspiegel zu betrachten, entwarf der andere ein Modell, wie man künftigen Generationen einen Spiegel in schulischen Leistungen vorhalten könnte, der ihnen zeigte: Top oder Flop. Ihr seid spitze oder ihr seid nix – und das geht ganz fix, da hilft auch kein Twix.

Schleicher, Sohn eines Hamburger Erziehungswissenschaftlers, war noch keine 30, als die Organisation für wirtschaftliche Zusammenarbeit und Entwicklung (OECD) ihn in ihre Bildungsabteilung nach Paris holte. Bei einer Versammlung der Bildungsminister aller 25 Mitgliedsstaaten in Paris, die sein britischer Chef Tom Alexander zusammengerufen hatte, um über die jeweiligen Bildungssysteme zu diskutieren, entstand die Idee zu PISA quasi am Rande: Alexander sprach in der Kaffeepause mit Schleicher und fragte ihn, wie man die Minister dazu bewegen könne, ernsthaft über eine Verbesserung der Bildungssysteme zu diskutieren.

Der Chef wünschte sich einen Spiegel, eine objektive Basis, sodass jeder sich im Vergleich zu den anderen betrachten könne. Schleicher habe bei der Idee nicht lange gefackelt, es habe geradezu gefunkt, verriet er der Zeitschrift *GEO Wissen*[5]. Drei Wochen lang habe er Tag und Nacht an einem Konzept gebastelt, das schließlich unter dem Namen PISA weltweit für Furore sorgte. Das Ziel von PISA war, Schulleistungen beim Lesen, in Mathematik und in Naturwissenschaften vergleichbar zu machen. Und zwar von Tokio über New York bis Prag. Ein Mammutprojekt war geboren, die größte Bildungsstudie der Welt. Zwar stieß die Idee zunächst auf allerhand Widerstand: Vorgehen, Methode, Preis seien unrealistisch, maulten die OECD-Länder. Ein kritischer Moment: Sollte alles bloß bei einer Kopfgeburt bleiben? Nein, nach zähen Verhandlungen stimmten schließlich alle zu. Wohl auch aus Angst, am Ende allein dazustehen. Während Schleicher zunächst mit nur einer einzigen Sekretärin sein Unternehmen startete, sind heute in seiner »Abteilung für Indikatoren und Analysen im Bildungswesen« 28 Mitarbeiter beschäftigt. Vier davon befassen sich aber nur mit PISA. »Das reicht aus. Meine Arbeit wird leicht überschätzt.«[6]

Doch PISA ist ja nicht nur Paris. In den einzelnen Teilnehmerländern sind nationale Projektmanager für die Ausgestaltung und Durchführung des Programms verantwortlich. In Deutschland wurde die PISA-Studie von der Kultusministerkonferenz (KMK) in Auftrag gegeben. Verantwortlich für die Durchführung ist ein nationales Konsortium unter der Federführung des Max-Planck-Instituts für Bildungsforschung in Berlin. Das Konsortium wiederum ist bestückt mit Wissenschaftlern verschiedener Universitäten: Es ist also ein großer und teurer Apparat, der da in Gang gesetzt wurde. Aber die Verlockung, sich einmal nach »Focus«-Manier in einer internationalen Rangliste wiederzufinden und moderne, ökonomisch geformte Messinstrumente anzulegen, war einfach groß. Vielleicht sonnte man sich auch ganz einfach in der Vorfreude, dass Deutschland im Vergleich zu Frankreich, England und all den anderen Konkurrenten grandios abschneiden werde?

Wie auch immer, es kam natürlich anders: PISA 2000 war ein Reinfall, ein Blick in den Abgrund. In der Leseleistung und in den Naturwissenschaften schnitten Deutschlands Schüler klar, in der Mathematik nur knapp unterdurchschnittlich ab. Das Ergebnis konnte niemanden befriedigen, entsprechend groß war das öffentliche Entsetzen. »Mit etwa 20 Prozent des Altersjahrgangs ist der Anteil schwacher und schwächster Leser in Deutschland ungewöhnlich groß«, befanden die PISA-Autoren. Nur in Brasilien, Mexiko, Lettland und Luxemburg fanden sich noch mehr Schüler, deren Lesefähigkeiten auf niedrigstem Niveau dümpelten. In der kleinen Spitzengruppe der Leser lagen Deutschlands Schüler dann zwar in etwa gleichauf mit denen aus Dänemark, Frankreich, Österreich, Island und der Schweiz. »In etlichen Ländern werden jedoch auch im Spitzenbereich deutlich bessere Ergebnisse erzielt«, mahnte PISA[7].

Peinlich auch, dass offenbar in keinem anderen Land 15-Jährige so ungern freiwillig zur Lektüre griffen wie in Deutschland: 42 Prozent gaben an, »überhaupt nicht zum Vergnügen zu lesen«. In Finnland dagegen war der Anteil leseunwilliger Mädchen und Jungen nur halb so groß, in Tschechien, England, Island, Neuseeland, Frankreich, Spanien, Kanada, Australien, Irland, der Schweiz und Schweden bewegte er sich um die 25 bis 35 Prozent. Nur im Alpenländle Österreich schienen die Pubertisten nahezu ebenso lektürefaul zu sein wie in Deutschland.

Und das, obwohl der hiesige Jugendbuchmarkt boomt. Aber Titel wie »Tintenherz«, die »Bis(s)«-Bücher und die gesamte Fantasy-Literatur werden eben größtenteils von Erwachsenen verschlungen. Und wenn ein siebzehnjähriger Teenager wie Helene Hegemann über seine verruchte Adoleszenz schwadroniert, dann interessiert das vor allem alternde Feuilletonisten, nicht bauch- und buchfrei lebende Pubertisten.

Was folgte aus alledem – abgesehen von zahllosen Artikeln, Kommentaren, Analysen in Zeitungen, Rundfunk und Fernsehen zu dem angeblichen Bildungsdesaster? Von PISA als einem »heilsamen Schock« war oft die Rede. Doch was heißt »heilsam«? War es heilsam, dass das Schulleben plötzlich ans Licht der Öffentlichkeit gezerrt wurde, dass Lehrer an den Pranger gestellt wurden, Eltern unter Druck gerieten und Schüler ins falsche, nämlich einseitig schlechte Licht gerückt wurden? Dass man Bildung plötzlich nur noch auf Lesen (in begrenztem Umfang freilich), Mathematik (auch das ist ein weites Feld) und Naturwissenschaften (Ingenieursmangel!) reduzierte und das Lösen von PISA-Aufgaben in den folgenden Jahren die Arbeitsweise in den Klassenzimmern dominierte? Mit einigem Erfolg übrigens, denn bei den Folgestudien in den Jahren 2003 und 2006 schnitten Deutschlands Schüler dann deutlich besser ab. Was immer man unter Bildung verstehen konnte und wollte, sie avancierte zu einem Megathema, zu dem plötzlich jeder etwas sagen zu können glaubte – ob er betroffen war, weil er eigene Kinder hatte oder selbst Lehrer war, oder ob er mit Schule eigentlich gar nichts am Hut hatte, war völlig egal.

War es heilsam, dass Magazine und Bücher in Hülle und Fülle auf den Markt geworfen wurden, die Tricks und Tipps zum besseren Lernen, zur richtigen Powerernährung, zur idealen Entspannung, zur optimalen Schulwahl vorgaben? Dass sämtliche A-, B-, C-Promis in Talkrunden über Prozentrechnung und Rechtschreibung stritten und tratschten und Schulen sich, zumindest nach außen hin, bestens verkaufen mussten, um dem Vorwurf mangelnder Transparenz und Reformfreudigkeit zu entgehen? Insgesamt entstand ein Klima allgemeiner dauerhafter Unzufriedenheit – in etwa so, wie die amerikanische Sozialkritikerin Naomi Wolf das Ergebnis der weiblichen Emanzipationsbewegung beschrieben hat: »Wenn Frauen in der westlichen Welt im Verlauf der vergangenen 40 Jahre etwas gelernt haben, dann, wie man mit dem Status quo unzufrieden ist.« Bei der »Bewusstseinsbildung« im westlichen Stil gehe es eben auch darum, »Frauen beizubringen, unzufrieden zu sein«[8]. Nun kann Unzufriedenheit sehr kreativ machen. Darin liegt ihre große Chance. Sie kann aber auch in blinden Aktionismus münden. In Bezug auf PISA und die Folgen muss man leider von Letzterem sprechen.

Es brach also das Zeitalter des öffentlichen, populistisch geführten Bildungsdiskurses an. Alle durften daran teilnehmen, alle konnten mitmachen; nur die Betroffenen selbst hielten sich auffallend zurück: Eltern, Lehrer, Schüler. Kein Wunder, sie waren ja die Gelackmeierten. Über sie war gerade die kalte Dusche ausgegossen worden, sie hatten ein schlechtes Gewissen zu haben und fortan sämtlichen Änderungswünschen und -prozessen, das schulische Leben und Lernen betreffend, aufgeschlossen gegenüberzustehen. Sie hatten sich zu bessern, sie waren die Patienten, die gesunden sollten und denen wildfremde Ärzte deshalb verheißungsvolle Medizin verordnen durften. Wie wirksam die tatsächlich war, war leider meist nicht bekannt. Aber man scheute sich nicht, Schüler, Eltern und Lehrer große Dosen davon zu verabreichen und sie riesigen, mehr schlecht als recht geplanten Experimenten auszusetzen, deren Ausgang völlig offen war und nach wie vor offen ist.

DIE STURZGEBURT
Hart, aber unfair

Der heikelste Großversuch, der kurz nach der PISA-Katastrophe in Gang gesetzt wurde, erhielt das Kürzel G8. Es steht für »achtjähriges Gymnasium«. Die Rede ist auch vom Abitur nach zwölf (statt dreizehn) Jahren oder Turbo-Schule. Im Klartext bedeutete das: Man klaute dem Gymnasium ein ganzes Schuljahr. Ein Akt im Handstreich, der schnell erledigt war, den man rasch beschließen und – so glaubte man – noch schneller umsetzen konnte. Schließlich ist Kürzen leichter als Strecken: Für das eine spart man ein, für das andere müsste man zuschießen, man bräuchte personelle, räumliche Ressourcen und damit natürlich auch mehr Geld. Weshalb man sich fürs Kürzen entschied, war also klar, denn Geld ist immer knapp. Offenbar war man zudem der Ansicht, weniger sei in diesem Fall mehr – was aber längst nicht bewiesen ist und wohl auch kaum bewiesen werden wird, so wie sich derzeit die Dinge entwickeln.

Dass man aufgrund von PISA auch guten Gewissens den gegenteiligen Schluss hätte ziehen können, stand gar nicht erst zur Debatte. Der Spruch »Gut Ding will Weile haben« spielte erst recht keine Rolle, er klingt ja auch so wahnsinnig altmodisch. Moderner, frischer, peppiger und dazu noch richtig wissenschaftlich geht es zu, wenn man von Evaluationen, Bildungsstandards, Leistungsvergleichen, Output, Curricula, Kompetenzen und dergleichen mehr redet. All das schien der deutschen Schule bis dahin gefehlt zu haben – auch und gerade dem Gymnasium –, und deshalb kam das

Vokabular jetzt richtig in Mode und in aller Munde. Wer »hip« war, der verstand jetzt etwas von der Sache, verstand was von Schule und moderner Bildung, der war reformorientiert, war offen für Neues, aufgeschlossen. Er besaß all das Know-how und hoffentlich auch die Soft Skills, die man braucht, um das Unternehmen Schule zum effizienten Zukunftsbetrieb zu machen.

Bei all den Mängeln, die man plötzlich im Gymnasium entdeckt zu haben meinte, besaß diese Schulform offenbar nur von einem zu viel: von der Zeit zum Lernen. Ein ganzes Schuljahr, die dreizehnte Jahrgangsstufe, musste daher weg. Und das, obwohl gerade das Gymnasium bei PISA am besten von allen Schulformen abgeschnitten hatte; Bayerns Schüler – und nicht nur die, sondern etliche Gymnasiasten engagierter Schulen im ganzen Land – konnten sich durchaus mit finnischen 15-Jährigen messen. Überdies gibt es bislang keinen internationalen Vergleichstest für Abiturienten – dass hiesige Absolventen da durchaus weiter vorn rangieren würden als die manch eines anderen sogenannten PISA-Siegerlandes, darf also durchaus vermutet werden. Jürgen Baumert, Direktor am Berliner Max-Planck-Institut für Bildungsforschung und Leiter des deutschen Teils der PISA-Studie, antwortete denn auch in einem Interview auf die Frage, »welche Reform« er »für die wichtigste« halte: »Keine einzelne Reform, sondern die Konzentration darauf, den Schwächsten der nachwachsenden Generation – es sind zwanzig Prozent der Risikogruppe – jenes Mindestmaß an Bildung zu vermitteln, dessen sie für eine gesellschaftliche Teilhabe bedürfen. (...) Das Niveau am unteren Ende zu heben ist der Weg, um Deutschland auch im internationalen Vergleich nach oben zu bringen.«[1] Dieses »untere Ende« war und ist aber ganz sicher nicht am Gymnasium angesiedelt. Gerade diese Schulform hatte ja ihre Qualität bewiesen – was natürlich nicht hieß, dass es Verbesserungsmöglichkeiten nicht auch hier gab, die gibt es immer. Nur: Zählen dazu Unterrichtskürzungen, Stundenstreichungen und

Lehrplanentrümpelungen, einmal abgesehen von zusätzlichem Zeitdruck und Stress für Schüler, Eltern und Lehrer?

Es kam, wie es in einem solch allgemeinen Getöse kommen musste: Man brauchte die Veränderung, egal welche, Aktionismus pur, und zwar möglichst schnell. Bei der Streichung eines kompletten Schuljahrs konnte man ja wirklich eine handfeste Veränderung vorweisen. Politiker wollen Duftmarken setzen, um sich nicht den Vorwurf des Desinteresses oder der Inaktivität gefallen lassen zu müssen. In diesem Fall hieß die Duftmarke G8. Gesetzt wurde sie von Politikern, die längst nicht mehr im Amt sind – den Duft, den sie hinterlassen haben, dürfen andere dafür umso länger einatmen.

Oder erinnert sich noch jemand an Monika Hohlmeier, die ehemalige CSU-Kultusministerin, die mit Rückendeckung des damaligen Ministerpräsidenten Edmund Stoiber zum Schuljahr 2004/05 das G8 in Bayern durchboxte – unter riesigem Protest von Eltern, Schülern und Lehrern, aber dafür mit kräftiger Unterstützung der Wirtschaft? Herr Stoiber ist jetzt nicht mehr in München, sondern in Brüssel tätig. Dort bleibt er sich selbst treu, denn nachdem er zunächst den rigiden Abbau des aus seiner Sicht überflüssigen dreizehnten Jahrgangs an Bayerns Gymnasien betrieben hatte, will er nun dem Monster namens Bürokratie in Brüssel Beine machen. Schließlich sei er »ein politischer Mensch«, wie er auf seiner Website verrät:

Jetzt bin ich in einem neuen Lebensabschnitt. Nach vielen Jahren, in denen vor allem der Terminkalender den Takt vorgegeben hat, genieße ich gemeinsam mit meiner Frau Karin und meiner ganzen Familie die größere Freiheit. Aber natürlich werde ich ein politischer Mensch bleiben. (...) Einsatz für die Menschen, etwas zu bewirken für die Menschen, einen Beitrag leisten, die Gesellschaft voranzubringen, das will ich weiter tun. Besonders wichtig ist mir dabei die Begegnung mit vielen Bürgerinnen und Bürgern. Das Internet ist eine moderne, schnelle und unkomplizierte Möglichkeit, miteinander in Kontakt zu kommen. Dazu lade ich Sie herzlich ein. Ihr Edmund Stoiber.[2]

Vielen Dank für die Einladung, nur dürfte es jetzt etwas spät sein, um dem ehemaligen Länderchef klarzumachen, was seine persönliche Duftnote G8 in Bayern – und nicht nur dort – angerichtet hat. Stoiber spricht vom »Einsatz für die Menschen«: Ja, sind denn Schüler keine Menschen? Und Eltern? Und Lehrer? Kann, darf man die betroffenen Menschen derart überrollen, nur weil man persönlich nicht betroffen ist? Weil die eigenen Kinder die Schule längst hinter sich haben und man nicht miterlebt, wie sie spätnachmittags blass und müde nach Hause kommen und dann weit weniger Lust als Herr Stoiber verspüren, noch ehrenamtlich »die Gesellschaft voranzubringen« und zu »gestalten«? Zu den »Terminen«, die er auf seiner Website veröffentlicht und die erstaunlicherweise nicht in Brüssel, sondern in Deutschland stattfinden, zählen neben Kundgebungen von Bad Reichenhall bis Regenstauff auch Auftritte bei »Maybrit Illner« und »Beckmann«. Oder Vorträge bei der »Juristischen Gesellschaft für Ober- und Unterfranken« und beim »Konvent für Deutschland«. Und das G8? Ist für Stoiber längst abgehakt.

Auch Monika Hohlmeier, von 1998 bis 2005 christlich-soziale Kultusministerin in Bayern, dann von ihren eigenen Parteigenossen fallen gelassen, ist jetzt in Brüssel aktiv. Seit vergangenem Sommer sitzt sie im Europaparlament. Selbst hatte sie das Abitur (aus heutiger G8-Sicht würde man ja sagen: erst) mit 19 Jahren gemacht. Auf ihrer Website schwärmt sie von ihrer sportlichen Leidenschaft, für die dem kräftigen Mädel mit den blonden Locken während der neunjährigen Gymnasialzeit verständlicherweise genügend Zeit blieb:

Ich entwickelte mich zu einer begeisterten Sportlerin: Zunächst galt mein Ehrgeiz dem Schwimmen, dann wechselte ich zur Leichtathletik, wo ich zur Mehrkampfmannschaft des TSV 1860 gehörte, die viele Male den Titel des Bayerischen Meisters errang. Meine Spezialdisziplinen waren der Hochsprung und der Hürdenlauf. Von Kindesbeinen an liebte ich Pferde, sodass es nicht verwundert, dass ich mich im Jugendalter zunehmend auch für den Pferdesport begeisterte.[3]

Sieh da, davon können heutige Gymnasiasten ja wohl nur neidisch träumen: zwei Hobbys außerhalb der Schule, noch dazu derart zeitintensive wie Leichtathletik und Reiten! Auch was Hohlmeiers aktuelles Politikverständnis betrifft, mag man sich nur noch die Augen reiben: War das nicht jene Kultusministerin, unter deren Knute das G8 durchgeboxt wurde? Die glaubte, Eltern, Lehrern und Schülern über den Mund fahren zu dürfen und besser zu wissen, was gut für sie wäre?

Gegen Bürgerferne hilft nur eins: bürgernahe Abgeordnete, die ihre Hand am Puls der Menschen haben. Eine solche Abgeordnete will ich für Bayern und die Region Oberfranken sein. (...) Ich fühle mich hier wohl und werde mit Kraft, Herzblut, aber auch mit Härte und Durchsetzungsfähigkeit, wenn es darauf ankommt, für die Interessen Oberfrankens und Bayerns eintreten.[4]

Ja, Durchsetzungsfähigkeit, Kraft und Härte hatte Frau Hohlmeier mit ihrer G8-Duftnote in der Tat bewiesen, in Oberfranken wie in Südbayern. Allerdings doch wohl ohne Hand am Puls der betroffenen Menschen, zumindest nicht der Schüler, Eltern und Lehrer, sondern eher am Puls der Wirtschaftsbosse – was insofern auch kein Wunder war, als ihre eigenen beiden Kinder längst über den Berg waren. Letztere haben in aller Ruhe neun Jahre das Gymnasium durchqueren dürfen. Tochter Michaela, Jahrgang 1986, »studiert Wirtschaftswissenschaften« und betreibt »den Leistungssport Voltigieren«, erzählt die stolze Mutter Monika auf ihrer Website. Schön, dass ihr während der alten neunjährigen Gymnasialzeit die Zeit blieb, dieses Hobby zu entdecken und daraus eine professionelle Leidenschaft zu entwickeln! Denn die Liebe zum Voltigieren wird Michaela ja nicht erst nach ihrem Abitur überfallen haben.

In Baden-Württemberg war es die damalige Kultusministerin und heutige Bundesministerin für Wissenschaft und Bildung, Annette Schavan, CDU, unter deren Regie das G8 im selben Jahr wie in Bayern Kontur annahm. Als kinderlose Politikerin blieb und bleibt leider auch sie persönlich verschont vom Anblick ermatteter eigener Kinder, kennt den apathischen Blick nicht, mit dem Elf-, Zwölf-, Dreizehnjährige nachmittags aus dem G8 heimkehren und für nichts anderes mehr Lust haben, als sich aufs Sofa zu fläzen, zu schlafen oder vorm PC abzuhängen, obwohl noch ein Berg Hausaufgaben auf sie wartet. Ihre Energie verschwendete Schavan zu Ländle-Zeiten dann vielmehr darauf,»sich durch Herrn Schleicher keine Debatte zur Einheitsschule aufzwingen zu lassen, mit der die Fehler von vor über 30 Jahren wiederholt würden«.

Im Übrigen sei es »eine Unsitte, die Bildungspolitik von über sechzehn Ländern über einen Kamm zu scheren«, mahnte sie[5]. Wie man inzwischen weiß, wäre sie als Bundespolitikerin jetzt über ein Quäntchen mehr Macht gegenüber den einzelnen sechzehn Ländern aber ganz froh. Wie auch immer, der deutsche PISA-Chef Baumert hatte das Ländle als »modernstes Bildungsland Deutschlands« gerühmt[6]. Das Lob hat sie wohl übermütig gemacht, denn danach blieb im Südwesten nichts mehr so, wie es war – zumindest an den Gymnasien.

Schavan stützte sich bei der Umstellung aufs verkürzte Gymnasium auf einen zehnjährigen G8-Modellversuch, der von 1992 bis 2002 unter der Regie des Münchner Begabungsforschers Kurt A.

Heller lief. Insgesamt sechs Schulen hatten daran teilgenommen: vier G8-Klassen in Stuttgart, Meersburg, Kirchzarten und Rastatt und zwei G9-Vergleichsklassen in Heidelberg und Sinsheim. Allerdings handelte es sich bei den G8-»Experimentalgruppen« um speziell ausgewählte, hochbegabte Schülerinnen und Schüler, die in Kleingruppen von durchschnittlich zwölf Schülern sehr individuell betreut und gefördert wurden. Die durchschnittliche Klassenfrequenz an den beiden Vergleichsschulen (in denen im Gegensatz zu den G8-Klassen keine Auslese stattgefunden hatte) war mit 27 Schülern mehr als doppelt so groß. Was die Interessen betraf, so schienen die G8-Schüler »etwas bildungsorientierter zu sein als Schüler des Regelgymnasiums« und musizierten in ihrer Freizeit häufiger, die G9-Schüler machten dafür mehr Sport, beschäftigten sich gern mit Natur und Tieren und sahen etwas mehr fern, »vor allem öfter Unterhaltungssendungen, Talkshows und Musiksendungen«.

Die Entwicklungsverläufe der G8-Testschüler wurden am Ende der Studie als »insgesamt sehr positiv bewertet«. Freilich liest man in einem Zwischenbericht von 1998, »bei den Verbesserungen im G8 über die Messzeitpunkte hinweg« im Vergleich zu den G9-Schülern sei »eher an den selektiven Abgang und an die Förderung durch spezifische Lernumwelten zu denken«. Ergo: Die in der Studie berechnete Leistungssteigerung der G8-Schüler kam auch dadurch zustande, dass zum einen diejenigen Schüler die Klasse verließen, die mit dem Lerntempo nicht Schritt halten konnten, bezeichnet mit dem Unwort »selektiver Abgang«, und weil der Rest eine optimale Förderung erhalten hatte. Und so konnte man schreiben: »Die Schüler des achtjährigen Gymnasiums fühlen sich also nicht überfordert. In den Selbstkonzeptskalen zeigt sich ein gesundes Selbstvertrauen der Schüler. Negative emotionale Auswirkungen der hohen schulischen Anforderungen im G8 sind nicht feststellbar.«[7]

Die Forscher betonten zudem, dass bezüglich des Lernerfolgs »dem individuell unterstützenden Lehrerverhalten ein deutlicheres Gewicht zuzukommen scheint als spezifischen Aspekten der Unterrichtsmethodik oder Didaktik«. Mit anderen Worten: Kleine Klassen mit individueller Betreuung waren Voraussetzung für das Gelingen dieses G8-Schulversuchs. Auf die Frage »Was halten Sie am G8 für besonders positiv?« erhielt das Kriterium »leistungshomogene und kleine Klassen« aus Elternsicht denn auch die größte Zustimmung[8]. Zudem überwog in den G8-Klassen aus Schülersicht »die Unterrichtsmethode der direkten Instruktion«, also Frontalunterricht. Gerade davon ist man aber in den meisten Schulen inzwischen abgerückt, fortschrittliche Pädagogen predigen seit Jahren, dass andere Unterrichtsmethoden wie Gruppenarbeit und selbstbestimmtes Lernen sinnvoller seien und die Schüler zum Lernen und kritischen Denken eher animieren als die reine Stoffvermittlung vom Lehrerpult aus – diese neuen Lernformen müsste man also auf Eis legen, sollte das G8 massentauglich werden. Dazu hat man bislang aber noch nichts vernommen; kein Wunder, der Aufschrei, der durch die Fachwelt ginge, wäre vermutlich erheblich.

Anzumerken ist auch, dass »die Eltern beider Schülergruppen sich im Vergleich zu einer repräsentativen Stichprobe des Statistischen Bundesamtes durch einen überdurchschnittlichen Bildungshintergrund auszeichnen: Die Mehrzahl hat Abitur und einen Universitätsabschluss, die Arbeitslosenquote ist niedrig, das Einkommen und die Bildungsaspiration sind höher. Die Eltern des achtjährigen Gymnasiums erreichten noch häufiger höhere Bildungsgrade«.[9] Damit ist klar: Wer von zu Hause reichlich Hilfestellung erhält, für den stehen die Chancen, die verkürzte Schulzeit erfolgreich zu durchlaufen, prima. Und was ist mit denen, die zwar begabt sind, aber vom Elternhaus nicht auf derart hochprofessionelle Unterstützung hoffen können? Ihnen dürfte die Turbo-Schule mehr oder weniger das Genick brechen, falls die

Eltern nicht mit einem dicken Geldbeutel gesegnet sind und in Nachhilfestunden investieren.

Heller schätzte die Eignungsquote für ein achtjähriges Gymnasium (G8) auf »durchschnittlich 25 Prozent, ohne Leistungseinbußen zu riskieren«[10]. Allerdings gelten diese Quoten nur zu Beginn der fünften Klasse, betonte er. Bei einem Eintritt in die siebte Klasse »reduziert sich die Eignungsprognose für einen erfolgreichen Besuch des achtjährigen Gymnasiums nach unseren Modellberechnungen (...) auf durchschnittlich rund 20 Prozent der jetzigen Gymnasialschülerschaft im G9«[11]. Daraus leitete Heller die Forderung ab: »Somit sollte zumindest den begabteren Gymnasialanwärtern der Besuch des achtjährigen Gymnasiums bereits zu Beginn des fünften Schuljahres ermöglicht werden, um individuelle Entwicklungschancen der Schülerpersönlichkeit zu optimieren.« Interessant dürfte dieser Hinweis für die Hamburger Schulreformgegner sein: Sie könnten ihre Bedenken gegen die Primarschule bestätigt sehen, wenn die Schüler erst in der siebten Klasse ans Gymnasium wechseln, das dann ja übrigens nicht mal mehr ein G8, sondern nur noch ein G6 wäre.

Kurz: Die entscheidenden Faktoren dieses Schulversuchs – kleine Klassen, hochbegabte Klientel, überdurchschnittlicher sozioökonomischer Hintergrund der Familien, hauptsächlich Frontalunterricht – blieben bei der allgemeinen landesweiten Verordnung des G8 unberücksichtigt. Kein Wunder, denn es wäre zum einen ziemlich teuer geworden, wenn man die Klassenfrequenzen flächendeckend reduziert hätte, und zum anderen wären wohl Eltern auf die Barrikaden gegangen, wenn man die überschaubaren (und damit teureren) G8-Klassen nur für einen Bruchteil an Spitzenbegabten eingerichtet hätte, nicht aber für alle Gymnasiasten. So entschied man sich – wie in den übrigen Bundesländern auch – für die Billigvariante: in acht Jahren zum Abitur zu denselben Konditionen wie nach neun. Kritiker monierten deshalb auch, beim Versuch der neuen und alten G8-Schulen würden Äpfel mit Birnen verglichen. Das Kultusministerium in Stuttgart wiegelte ab: Der Vorwurf sei »sachlich nicht gerechtfertigt«[12].

Fragt man heute den inzwischen emeritierten Wissenschaftler Heller nach den Folgen seiner damaligen Studie, so bedauert er zum einen, dass das Stuttgarter Ministerium seine damalige Empfehlung für die parallele Einführung von G8 und G9 nicht aufgegriffen und stattdessen G8 flächendeckend verordnet habe, was auch und vor allem »unter dem großen Druck der Wirtschaft« geschehen sei, und dass zum anderen eine für 2005/06 geplante Folgestudie nicht mehr stattfinden konnte. »Die war politisch nicht mehr gewollt, weil G8 ja zu der Zeit schon flächendeckend umgesetzt war«, sagt Heller. Dabei profitiere vom G8 heute »höchstens ein Drittel der Schülerschaft am Gymnasium«[13]. Der Rest sei überfordert. Das sind klare Worte eines Mannes, der den besten Ein- und Überblick haben dürfte, weil er diesen konkreten Schulversuch ja geleitet hatte. Aber was nützen die schönsten Argumente, wenn die Politik sie sich in ihrem Sinne zurechtbiegt?

In Hessen hatte Karin Wolff, ebenfalls CDU, das Zepter in der Hand. Gegen erheblichen Widerstand von Eltern und Lehrern drückte sie, die zugleich jahrelang Präsidentin der Kultusministerkonferenz war, im Jahr 2005 die schrittweise Einführung des G8 in Hessen durch. Wolff ist – wie Schavan – ebenfalls kinderlos. Der Widerstand gegen das G8, der in Hessen tobte und schließlich der SPD-Frau Andrea Ypsilanti – deren Sohn selbst das G8 durchlitt, weshalb seine Mutter es auch mehr oder weniger geschickt zum Wahlkampfthema zu machen verstand – zum kurzzeitigen Wahlerfolg verhalf, schien an der herben Politikerin vollends abzuprallen. Wolffs Hartgesottenheit fiel nicht nur im Einsatz fürs G8 auf. Dafür erhielt sie immerhin Rückendeckung von ihrem Chef

Roland Koch, der trotz massiver Elternproteste noch Anfang 2008 »die Bedeutung des Themas weiterhin falsch einschätzt« und »den Elternwillen offenbar als Umfrage-Gedöns abtun möchte«, wie der Journalist Christian Geyer bemerkte[14]. Nein, Wolff fiel auch durch ihren bemerkenswerten Eifer auf, mit dem sie den Kreationisten in die Hand spielte, die die Schöpfungslehre im Biologieunterricht verankern wollten, was Wolff nicht weiter schlimm fand. »Kultusministerin fällt auf Kreationisten herein«, titelte *Spiegel-Online*[15].

Relativ lässig ging sie dagegen wohl nur mit dem Odenwald-Skandal um. Sie mache sich heute keine Vorwürfe: »Wir haben damals sofort gehandelt. Ich habe auch keinen Anlass, Informationen zurückzuhalten.« Sie habe »seinerzeit die Prüfung dem Schulamt übertragen«. Der Schule sei die Zulassung nicht entzogen worden, weil »die von Altschülern angezeigten Taten nach Einschätzung der Staatsanwaltschaft verjährt gewesen seien«. Außerdem habe die Schule »es selbst in die Hand genommen«, die Vorgänge aufzuarbeiten[16]. So viel Gottvertrauen zu besitzen und eine derart offenkundig ins Zwielicht geratene staatlich anerkannte Privatschule weiterhin allein vor sich hinwirtschaften zu lassen ist erstaunlich. Nur: Warum legte Wolff ausgerechnet Eltern und Lehrern gegenüber, die die Kindheit der Kinder durch die Turbo-Schule gefährdet sahen, diese Penetranz an den Tag?

Als erstes Bundesland hatte das Saarland das G8 eingeführt: Ministerpräsident Peter Müller und der frühere Bundespräsident Roman Herzog, beide CDU, gaben in Merzig an der Saar – einer 30.000-Einwohner-Kreisstadt mit zwei Gymnasien und einem SPD-Bürgermeister – im August 2001 gemeinsam den Startschuss. Herzog hatte sich seit Langem für einen kürzeren Weg zum Abitur stark gemacht. Junge Menschen seien kreativer und spontaner als ältere und sollten deshalb schon früher Verantwortung erhalten und Zukunft gestalten können. Im Hinblick auf die Nachbarländer, von denen man im Saarland ja gleich zwei – Frankreich und Luxemburg – unmittelbar vor Augen hatte, sollte man sich angleichen und wettbewerbsfähiger machen. Die Kritik von Eltern, Lehrern und der SPD-Opposition war heftig. Aber Kultusminister Jürgen Schreier, ein ehemaliger Real- und Gesamtschullehrer, verstand die Dinge durchzuziehen – so wie er auch etlichen Grundschulen damals knallhart den Garaus machte. Auch Schreier hat jetzt persönlich mit Schule nichts mehr am Hut: Seit November 2009 ist er Geschäftsführer der Saarland-Sporttoto GmbH und der Saarland Spielbank GmbH. Der Urheber der Misere hat sich Sport und Spiel zum neuen Hauptberuf gewählt. Keine schlechte Idee, man kann nur sagen: Hut ab! Wenn er nur ein wenig mehr Sinn für diese beiden grundlegenden jugendlichen Bedürfnisse schon damals während seiner Amtszeit als Kultusminister entwickelt hätte, dann wäre ihm dieser Fauxpas mit dem überhasteten G8 vielleicht doch nicht passiert? Schließlich ist nur da der Mensch ganz frei, wo er spielt: Das wusste schon Friedrich Schiller.

Auch wenn bis jetzt ausschließlich CDU-Minister als rigorose G8-Fürsprecher benannt werden, so muss man doch sagen:
Die Front der Befürworter und Gegner des verkürzten Gymnasiums verläuft quer zu den Parteigrenzen. Während die SPD in Nordrhein-Westfalen selbst die Einführung vorantrieb, kritisierte sie ähnliche Pläne in Bayern: »Die Schüler bezahlen die Zeche für eine überfallartige und unkoordinierte Aktion der bayerischen Schulpolitik«, sagte der bayerische SPD-Fraktionsvorsitzende Franz Maget, »sie haben länger Unterricht und mehr Leistungsdruck. Für Kinder aus sozial schwächeren Elternhäusern wird es noch schwerer werden, das Abitur zu erreichen.« Die CDU wiederum sprach in Nordrhein-Westfalen von einer »Billiglösung« und kritisierte das »Turbo-Abitur«, während Parteifreunde in anderen Bundesländern die verkürzte Gymnasiumszeit selbst einführten.[17]

Der nordrhein-westfälische FDP-Fraktionsvorsitzende Gerhard Papke wiederum fiel seiner eigenen Klientel – der auf die Schulzeitverkürzung drängenden Wirtschaft – in den Rücken: »Ich rate dem Ministerium dringend, das Unmutspotenzial in den Familien beim G8-Abitur nicht zu unterschätzen.« Viele Schüler hätten »das Gefühl der Überforderung«[18].

Die meisten Kritiker aber besitzen kein Parteibuch, dafür lebendige Erfahrung im Umgang mit Kindern. Welch nachhaltigen Unmut das gestutzte Gymnasium bei fast allen Beteiligten produzierte, kann man sich ergoogeln: Über 2,2 Millionen Einträge spuckt die Internetsuchmaschine acht Jahre nach der Umstellung des ersten Bundeslandes auf G8 zum Thema Turbo-Abi und G8 aus. Nur halb so viele, etwa eine Million, sind es beim Themenkomplex Bachelorstudium. Dabei läuft der Bologna-Prozess mit der Umstellung von Magister und Diplom auf Bachelor und Master an den Universitäten und Fachhochschulen nun schon über zehn Jahre und damit länger als das G8. Die öffentliche Wahrnehmung ist aber eine andere, denn – im Gegensatz zu Schülern – sind Studenten selbstbewusster und besser vernetzt. Sie besetzen Hörsäle und stören Landtagssitzungen. Professoren wenden sich an Zeitungsredaktionen und bieten ihnen lange, pfeffrige Artikel an, in denen sie ihrem Unmut über das neue System, die Akkreditierungs- und Evaluierungswut und andere Gängeleien an den Hochschulen eloquent Luft verschaffen. Entsprechend ist die Resonanz, das Problem wird für relevant erachtet, die Bildungsbürokraten fühlen sich unwohl und versprechen rasch, an den entscheidenden Stellschrauben zu drehen.

Welchen Stellenwert die Hochschulen im Vergleich zu den Schulen beim obersten deutschen Kultusgremium, der Kultusministerkonferenz (KMK), genießen, lässt sich schon an der Zahl der dort archivierten Dokumente ablesen: Ganzen drei Dokumenten, in denen der Begriff G8 auftaucht, stehen 67 zu Bologna, 163 zum Bachelor, 168 zum Master und immerhin noch 58 zum Doktorgrad/der Promotion gegenüber. Die Probleme von Studenten und Professoren hat die KMK also bestens im Blick – die der Gymnasiasten so gut wie gar nicht. Es habe auch »gar keinen einheitlichen Entschluss zum G8 gegeben«, heißt es lapidar aus der Pressestelle. Es gebe »keine Vorgabe«, dass das G8 existieren müsse. Allein der »föderale Wettbewerb« habe dazu geführt, dass es schließlich doch fast überall eingeführt worden sei. In einem sehr wichtigen Punkt kann die KMK sich aber doch nicht ihre Hände in Unschuld waschen: Immerhin war sie es, die die Jahreswochenstundenzahl, die Schüler bis zum Abitur absolvieren müssen, auf 265 festgezurrt hat. Damit müssen Schüler in acht Jahren genauso viele Unterrichtsstunden absolviert haben wie bislang nach neun. Das bedeutet, wenn G9-Schüler im Schnitt bislang 29 Unterrichtsstunden pro Woche hatten, haben G8-Schüler jetzt 33.

Obwohl KMK-Präsidentin Annegret Kramp-Karrenbauer noch im Februar 2008 von einer Kürzung der Pflichtstundenzahl gesprochen hatte, die es anzustreben gelte, beschloss die KMK im darauffolgenden Herbst: »Die Dauer der Schulzeit bis zur Erlangung der Allgemeinen Hochschulreife beträgt 12 oder 13 Schuljahre. Dabei ist ein Gesamtstundenvolumen von mindestens 265 Jahreswochenstunden ab der Jahrgangsstufe 5 bis zum Erwerb der Allgemeinen Hochschulreife nachzuweisen. Darauf können bis zu fünf Stunden Wahlunterricht angerechnet werden.«[19] Es hatte sich also wieder nichts geändert, die geplante Stundenkürzung ist seitdem vom Tisch. Kramp-Karrenbauer, Jahrgang 1962, war zu der Zeit nicht nur für die Schulpolitik im Saarland zuständig, sondern sie ist auch dreifache Mutter – waren ihr die alltäglichen Kehrseiten des G8 womöglich aus persönlicher Erfahrung gut bekannt, als sie (leider zu zaghaft) eine Stundenverringerung angemahnt hatte?

Die starre Stundenzahl ist eine Crux: Einerseits soll das Niveau nicht sinken, andererseits dürfen Schüler nicht überstrapaziert werden. Man wäre vielleicht bei der KMK von der vollen Stundenzahl abgerückt, heißt es aus der Pressestelle, wenn man sie nicht einige Jahre zuvor den Ländern im Osten noch aufgedrückt hätte: Sachsen und Thüringen waren vom zwölfjährigen Abitur-Erbe der DDR-Zeit ja gar nicht erst abgewichen, hatten aber Stunden draufzusatteln, weil es die westlichen Länder, in denen die Schüler neun Jahre bis zum Abitur brauchten, so wollten. Weil Letztere sich nun, wo sie sich auch für zwölf Jahre entschieden hatten und somit selbst betroffen waren, aber nicht die Blöße geben und eingestehen wollten, dass 265 Jahreswochenstunden auf acht Jahre verteilt eben doch eine ziemliche Zumutung sind, sah man sich wohl oder übel gezwungen, an dieser Mindestmenge festzuhalten. Wie Eltern, Kinder und Lehrer unter den Stunden- und Stoffmassen stöhnen, wie und ob sie damit klarkommen und wie das Familienleben durch den Ganztags- und Turbo-Unterricht in Mitleidenschaft gezogen wird, das interessiert die KMK nicht. Das sture Festhalten an der Stundenzahl sei »schülerfeindlich« sagt die Direktorin des Gymnasiums Steglitz, Michaela Stein-Kramer[20].

Dieses Desinteresse der Behörden ist der eigentliche Skandal, denn in den Gymnasien werden diejenigen herangebildet, die später einmal an die Hochschulen wechseln und zu Leistungsträgern der Gesellschaft mutieren sollen. Ausgerechnet jener großen und wichtigen Gruppe an Nachwuchstalenten, die eine ähnliche, vielleicht noch tiefgreifendere Reform zu verkraften hat als die der Studenten, wird mangelhafte, nein: ungenügende Aufmerksamkeit geschenkt.

Dabei ist die Situation der Schüler viel prekärer als die der Studenten. Denn die G8-Reform trifft sie in einem Alter, das die Entwicklungspsychologie als heikle Phase bezeichnet, auch Pubertät genannt. Wer da unbedacht hantiert, kann viel kaputt machen, und zwar nachhaltig. Studenten dagegen sind zumindest in einem Alter, wo sie sich selbst wehren können. Tatsache ist aber auch hier, dass die psychologischen Beratungsstellen der Unis erhöhten Zulauf verzeichnen, weil viele mit dem strafferen Studium und den zum Teil unsinnigen und schikanierenden Prüfungsordnungen nicht klarkommen.

WUNDERKINDER ERWÜNSCHT
Jünger, schneller, besser: Time is money

Erinnert sich noch jemand an Lars Windhorst? Jenen Vorzeige-Unternehmer, den Bundeskanzler Helmut Kohl als »Vorbild« für eine ganze Generation gepriesen hatte, weil er dank seiner heimischen Computertüfteleien und cleveren Geschäfte mit Fernost bereits im unschuldigen Alter von sechzehn Jahren auf dem Weg zum Millionär war? Den der britische *Independent* 1996 als Teenager-Mogul verehrte, der zur deutschen Legende geworden sei, der dann aber mit dem Absturz der New Economy in einen Millionenschuldenberg raste und sich seitdem mit etlichen Gerichtsverfahren herumplagt, weil er Gläubiger zum Teil um Riesensummen geprellt hat?

Windhorst ist inzwischen ein paar Jährchen älter und Geschäftsführer der Sapinda Deutschland GmbH. Er wolle seine Geschäfte jetzt mit »Ruhe und Demut« machen, hieß es in der *Frankfurter Rundschau*, die seinen Werdegang »vom Wunderkind zum Windei« wenig schmeichelhaft beschrieb[1]. Es habe sich zu Windhorsts besten Zeiten um einen »Auch-dabei in Show und Business« gehandelt. So ergießt sich der Spott über jemanden, der in jungen Jahren viel riskiert hat, der von seinen Bewunderern hoch hinauskatapultiert wurde und jetzt umso lächerlicher dasteht. Ob es ihm besser ergangen wäre, wenn er es schon damals ein bisschen langsamer mit »Ruhe und Demut« hätte angehen lassen? Wenn er à la Generation Golf ein bisschen länger Piratenschiffe in der Badewanne hätte schwimmen lassen? Aber so etwas verbietet sich natürlich zu fragen, denn jeder soll schließlich nach seiner Fasson glücklich werden. Insofern ist es im Grunde auch unfair, heute über Windhorst zu lästern. Denn nicht er, sondern diejenigen, die ihn damals zum Idol gekürt hatten, sind ja die Schuldigen. Man wollte in ihm eine Kultfigur sehen, ein Wunderkind, das Deutschlands Aufschwung befeuern würde. Doch der Lorbeer war zu früh verliehen, das Idol hielt nicht, was es versprochen hatte.

Wenn man von Windhorst heute auch nicht mehr viel wissen will: Der damalige Wirbel um seine Person markierte den Sog eines Kults, der sich langsam, aber stetig so ziemlich alle Lebensbereiche einzuverleiben begann. Der Kult gründete auf der Maxime: Jünger, schneller, besser. Ausgedacht hat ihn sich nicht etwa ein Sportfunktionär oder Schönheitschirurg. Das Denken kommt aus der Wirtschaft. Es gründet auf der Idee, dass jüngere Arbeitskräfte billiger einzukaufen sind als ältere und außerdem mobiler, gesünder, flexibler, kreativer sind. Gern nützten die Kult-Fans den Verweis aufs Ausland: Dort ist man ja schon viel schneller mit Schule und Uni fertig, unsere Absolventen sind zu alt! Ein deutscher Doktorand wird in Amerika doch ausgelacht, weil er schon fast ergraut ist, wenn er mit seiner Dissertation abschließt! Wir brauchen die jungen Leute so schnell wie möglich in den Betrieben, sonst holen wir uns die viel jüngeren Inder oder Chinesen!

Früher wurde, wenn man sich nicht auf den Hosenboden setzte, mit Hausarrest gedroht. Heute wird der Sechstklässlerin mit den Chinesen gedroht, die ihr einmal den Arbeitsplatz wegnehmen werden, wenn sie nicht endlich auf ihre Reitstunden und Tanzkurse verzichtet, um spätnachmittags nachzuholen, was ihr vormittags in der Schule wegen Zeitmangels und Stofffülle nicht annähernd erklärt wurde. Gib dir Mühe, heißt es, die Finnen können es doch auch! Ganz in diesem Sinne schrieb mir neulich der Kollege einer Wirtschaftsredaktion: »Ein späterer Arbeitgeber wird nicht fragen, wie viele Reitstunden oder Tanzkurse jemand hatte, sondern wird wissen wollen, ob er den Strömungswiderstand berechnen kann.

Und das kann der chinesische Mitbewerber dann wahrscheinlich besser.«[2]

Dabei »steht kein Abiturient auf dem Weltmarkt im Wettbewerb, zumindest nicht um Arbeitsplätze – und dass Studierende, die eine Zeit lang ins Ausland gehen wollen, ständig mit dem Argument, sie seien zu alt, abgewiesen würden, ist nirgends aktenkundig«, schrieb die Journalistin Susanne Gaschke den Vertretern der »Konkurrenzthese« ins Stammbuch[3]. Im Gegenteil: Der allseits beklagte Braindrain, bei dem jährlich Scharen von Akademikern dieses Land verlassen, um attraktive Stellen im Ausland zu besetzen – rund 18.000 Deutsche arbeiten an amerikanischen Hochschulen und Forschungseinrichtungen –, beweise doch gerade, dass die deutsche Ausbildungsqualität nach wie vor hoch sei und dass das Alter der Kandidaten dabei nicht die geringste Rolle spiele.

Im Übrigen seien die Unterschiede zwischen den USA und Deutschland, was das durchschnittliche Promotionsalter betreffe, »überraschend gering«, berichtete der Soziologe Karl Ulrich Mayer[4]. Er ist seit 2001 an der Universität Yale tätig und erklärte das so: »Amerikanische Studenten sind zwar nach dem Bachelor etwa zwei Jahre jünger als deutsche Studenten nach dem Vordiplom, sind aber häufig erst einmal erwerbstätig, bevor sie ein Graduiertenstudium aufnehmen, und müssen oft arbeiten, während sie ohne oder nach einem anfänglichen Stipendium ihre Dissertation abschließen. Und teaching assistants sind sehr viel schlechter bezahlt (und weniger in die Forschung integriert) als deutsche wissenschaftliche Mitarbeiter.« Das mit den jüngeren Doktoranden stimmt also nicht.

Dennoch: Im Zuge der immer lauter und aufdringlicher gewordenen Globalisierung- und Wettbewerbssprüche, die durch die Medien hallten, sahen sich deutsche Bildungspolitiker jeglicher Couleur gezwungen, den 1999 europaweit beschlossenen Bologna-

Prozess möglichst brachial und kompromisslos umzusetzen. Denn Bologna versprach mit dem Bachelor einen Hochschulabschluss, der schon nach drei Jahren zu haben war. So etwas gab es in Deutschland, das sich ja am liebsten mit fremden Ländern und Sitten misst, bis dahin noch nicht.

Wie gerufen kamen den Schnelligkeitsaposteln zwei Jahre später auch die PISA-Ergebnisse. Was konnte es Besseres geben als eine Schulmisere, einen »heilsamen« Schock? Nur so gelang es ja, systematisch Veränderungswünsche anzumelden und auch umzusetzen. Immerhin hatten die Tempo-Fanatiker kräftig Vorarbeit geleistet: Schon im Jahr 1993 hatten sich die Finanzminister aller sechzehn Bundesländer (und nicht etwa die Kultusminister!) darauf verständigt, den Ministerpräsidenten die Abschaffung der dreizehnten Jahrgangsstufe vorzuschlagen. Gaschke erinnerte daran, dass der schon frühzeitig geplante Kahlschlag an den Gymnasien »Bestandteil des ›Föderalen Konsolidierungsprogramms‹ zur Finanzierung des Solidarpakts« gewesen sei. Der damalige baden-württembergische Ministerpräsident Erwin Teufel (CDU) habe sich schon auf »mittelfristig erhebliche Einspareffekte« gefreut[5]. Kein Wunder, schließlich kostet ein Gymnasiast pro Schuljahr gut 5.000 Euro. Da lässt sich schnell ausrechnen, was ein Jahr weniger für die öffentliche Kasse bedeutet. Schließlich hatte auch Teufel seinen persönlichen Gymnasialbesuch vorzeitig beendet (ohne allerdings das Abitur abzulegen), ebenso wie er später sein Philosophiestudium abbrach. Und es dennoch an die Landesspitze geschafft: Hielt er sein persönliches Karrieremodell für so gelungen, dass er es für die Allgemeinheit dingfest machen wollte? Allerdings machte die KMK den Sparfüchsen dann doch noch einen Strich durch die Rechnung, indem sie 1995 die Mindeststundenzahl beibehielt: Die Schüler sollten in künftig acht Jahren bis zum Abitur genauso viel Unterricht erhalten wie bislang nach neun Jahren, nämlich 265 Jahreswochenstunden (vgl. 2. Kapitel). Dennoch spart man auf Dauer natürlich ein, denn man kommt mit weniger Klassen und Kursen aus. Auch gibt es Überlegungen, individuelle Musik- und Sportstunden auf die Stundentafeln anrechnen zu lassen (vgl. 9. Kapitel: Louisenlund), und viele Schulen tricksen inzwischen auch munter, indem sie Oberstufenschülern »Eigenarbeitsstunden« zur Vertiefung verordnen, damit diese auf ihre volle Stundenzahl kommen; für Eigenarbeitsstunden braucht man aber weder Lehrer noch Räume, geschweige denn Personal, das diese Räume reinigt. So verständlich es seitens der Kultusminister war, gegen die Sparfüchse aufzumucken, so trugen genau diese 265 Jahreswochenstunden aber eben auch »den Keim des heutigen Problems« schon in sich, wie Gaschke anmerkte. Denn daraus »ergibt sich, insbesondere da die meisten Bundesländer den Samstagsunterricht abgeschafft haben, ein mindestens siebenstündiger Schultag – ohne Hausaufgaben und Vorbereitung auf Klassenarbeiten«.

»G8« ist eine Ideologie, der Nachmittagsfreizeit und Musikunterricht, Zeit für den Sportverein, für Freunde, fürs Lesen und fürs Nichtstun zu opfern sind. Diese Ideologie heißt »Tempo um jeden Preis« und bedeutet die Unterwerfung der Pädagogik unter sachfremde, ökonomistische Kriterien.[6]

Doch hätte es PISA nicht gegeben, das darf man mit einiger Sicherheit vermuten, wäre wohl kein zwingender Anlass gewesen, den Turbo-Propheten nachzugeben und das Gymnasium zu stutzen. Zumindest wäre der Widerstand an den Schulen größer ausgefallen. Aber PISA hatte schließlich nicht nur die Schüler, sondern auch deren Lehrer alt aussehen lassen (»Bildungspleite«, »Bildungskatastrophe«). Folglich lag ihr pädagogisches Selbstbewusstsein am Boden, das sie nun aber sehr dringend gebraucht hätten, um sich der immer stärker werdenden, in die Klassenzimmer drängenden ökonomistischen Macht in den Weg zu stellen. Der Witz ist obendrein: PISA diente den Tempo-Freaks als willkommene Legitimation, ausgerechnet jener Schulform ein Jahr zu stehlen, die bei PISA am besten abgeschnitten hatte. Doch warum kam es überhaupt zu diesem allumfassenden Tempo-Wahn? Wo lagen die Anfänge, wer steckte dahinter, wer riss wen mit und warum ließen sich alle mitreißen, selbst wenn sie es insgeheim vielleicht gar nicht wollten?

Der Darmstädter Soziologe Michael Hartmann macht als Motor »die Dominanz der Wirtschaft gegenüber den anderen gesellschaftlichen Sektoren, vor allem aber im Verhältnis zur Politik« aus[7]. Sie sei »unübersehbar« geworden, »seit Anfang der 90er-Jahre« sei »eine wichtige Veränderung (...) im größeren Maßstab zu beobachten«. Hartmanns Beobachtungen erscheinen plausibel, denn auch PISA ist ja von einem Institut in Gang gesetzt worden, das vorrangig ökonomische Interessen im Blick hat: Die OECD ist die »Organisation für wirtschaftliche Zusammenarbeit und Entwicklung« und kein pädagogisches oder entwicklungspsychologisches Beratungsinstitut.

Die entscheidenden politischen Debatten, sei es in der Sozialpolitik, sei es in der Wissenschaftspolitik, sei es in der Bildungspolitik oder in anderen wichtigen Bereichen, werden durchgängig von der Überlegung beherrscht: Was nützt dem Wirtschaftsstandort Deutschland, sprich den Unternehmen hierzulande, und was schadet ihm. (...) In der Auseinandersetzung über die Gentechnik ist das Argument, im Wettlauf mit anderen Ländern ökonomisch in Rückstand zu geraten, ein entscheidender Trumpf der Befürworter großzügiger gesetzlicher Regelungen. Das hat jüngst erst wieder der Beschluss des Bundestags zum Import von Stammzellen gezeigt. Die Debatten um die Strukturreformen des Hochschulwesens oder über die Resultate der PISA-Studie werden ebenfalls vorrangig von der Angst bestimmt, im globalen Wirtschaftswettlauf nicht mithalten zu können. Diese Liste ließe sich beliebig verlängern. Stets steht der öko-

nomische Nutzen im Vordergrund der Überlegungen und dementsprechend selbstbewusst und massiv ist dann auch durchweg das Auftreten der deutschen Wirtschaftselite.[8]

Hartmann setzt den Prozess der verstärkten ökonomischen Einflussnahme in Zusammenhang mit dem Zusammenbruch des gesamten Ostblocks und folglich auch dem Untergang der DDR: Das Ende des »real existierenden Sozialismus« habe dem Kapitalismus förmlich Flügel verliehen, »die Haltung des Unternehmerlagers« sei »dementsprechend fordernder und aggressiver geworden, nicht nur den Gewerkschaften gegenüber, sondern auch der Politik«[9]. Am Beispiel der Familienpolitik lässt sich dieser Einfluss in besonderem Maße ablesen: Der Krippenausbau dient – das wird von den Fürsprechern auch ganz offen so benannt – in erster Linie dazu, beide Elternteile voll und ganz dem Erwerbsprozess zuzuführen. Quasi nebenbei wird dann auch noch an dem Argument gefeilt, Fremdbetreuung sei für die Kleinsten nicht schädlich, sondern ein Gewinn. Experten – Psychologen und Kinderärzte – sind sich da zwar ganz und gar nicht einig; aber das tut nichts zur Sache. Es geht um die Beschleunigung eines Prozesses, der einseitigen Interessen dient: Junge Arbeitskräfte sind nicht nur billiger, sondern auch harmloser. Sie sind eher bereit, sich unterzuordnen, sich anzupassen (»flexibel«) und sich etwas sagen zu lassen, als gestandene Arbeitnehmer. Skeptiker wie der an der Privatuniversität Witten-Herdecke lehrende Ökonom Birger Priddat warnen allerdings vor den Folgen dieses kurzsichtigen Denkens:

Es geht nicht darum, noch schneller zu lernen, sondern zu verstehen, wie sich Wissen generiert und wie man es in welchen Situationen anwendbar macht. Die Gesellschaft – und ihre Wirtschaft – wird sich noch umsehen, wie sie mit den so Ausgebildeten ihre komplexeren Problemlagen bewältigen will. Die kürzeren Studienzeiten, zusammen mit dem Bildungsschwund in den Gymnasien, erzeugen orientierungs- und verantwortungsunreife Absolventen, die durch neue Fragen und Probleme nur verunsichert werden, weil es nicht ins standardisierte Schema passt.[10]

Müssen wir also dankbar sein, dass die Wirtschaft jetzt so kräftig bei der Bildung mitmischt? Die Antwort lautet: Jein. Wenn die Trennlinien zwischen Schule und Unternehmensinteressen klar und somit für jedermann gut erkennbar sind, kann man uneingeschränkt zustimmen. Man kann noch so sehr dagegen lamentieren, dass manche Lehrer von Firmen gesponserte Unterrichtsmaterialien verwenden – wenn diese klar kenntlich gemacht sind, dann kann man sie trotz des Aspekts möglicher Einflussnahme mit gesunder Skepsis benutzen, und es spricht wenig dagegen, sie in den Unterricht einzubinden. Zumal viele Schulbücher so veraltet sind, dass man von moderner Wissensvermittlung kaum mehr reden mag. Auch die engere Verzahnung von Berufseinstieg, -beratung und Bewerbung von Schulabgängern, die Verpflichtung zu Praktika, die Zusammenarbeit in Oberstufenprofilen mit regionalen Firmen, wie engagierte Schulen sie betreiben, ist selbstverständlich ein Gewinn. Schüler zu entlassen, ohne ihnen einen Hauch von dem mitgegeben zu haben, was sie in der zukünftigen Arbeitswelt erwartet, wäre realitätsfremd.

Gefährlich wird es aber, wenn die Grenzen zwischen dem einen und dem anderen verschwimmen. Wenn Strukturen und Systeme unter dem Deckmäntelchen bessere Bildung nach dem großväterlichen Motto »Ich weiß, was gut für euch ist« eingefädelt werden, die im Grunde aber nur höchst einseitigen, ökonomisch geprägten Interessen dienen. Die rigide Umsetzung von Bologna und die ebenso strikte Einführung des G8 zählen zu den herausragenden Negativbeispielen. Spätestens im Jahr 2010 sollte deshalb auch Schluss sein mit der einseitigen Rücksichtnahme der Bildungs- auf die schier unersättlichen Bedürfnisse der Wirtschaftswelt.

Schließlich »zerplatzten die Illusionen der globalen Finanzökonomie«, wie der Feuilletonchef der *Welt*, Eckhard Fuhr, im Rückblick auf das vergangene Jahrzehnt schrieb[11]. Der Staat – und damit der Steuerzahler – musste richten, was exzellent bezahlte Finanz- und Wirtschaftskapitäne vermasselt hatten. Die jüngste Finanzkrise muss deshalb Anlass sein, sich wieder darauf zu besinnen, dass es Lebensbereiche gibt, in denen einseitige wirtschaftliche Interessen wenig bis gar nichts zu suchen haben. Und dazu zählt nun mal auch die Schule – zumindest wenn man sie so begreift, wie eine moderne Pädagogik, wie Eltern, Lehrer und Schüler sie sich als Lern- und Lebensraum wünschen und nicht wie stromlinienförmige Manager sie als Trainingslager für den Finanzjongleur oder Ingenieur von morgen einfordern.

Insofern zählt die 2001 gestartete Initiative *McKinsey bildet* zu den Aktionen, die man – zumindest aus heutiger Sicht – sehr skeptisch bewerten muss. Bei der Initiative handelte es sich nach Darstellung des McKinsey-Beraters Nelson Killius, seines damaligen Chefs Jürgen Kluge und der Projektleiterin der Initiative, der früheren Frankfurter Kulturdezernentin Linda Reisch, um »eine Reihe von Werkstattgesprächen mit renommierten Wissenschaftlern und einem Abschlusskongress«, die »den Fragen nachgeht, wie ein Bildungssystem Menschen frühzeitig unterstützen kann, ein hohes Maß an Selbstbestimmtheit zu erreichen, und sie darauf vorbereitet, ihren Beitrag für die Gesellschaft zu leisten«[12].

Hier trat also die deutsche Filiale einer amerikanischen Beratungsfirma ganz selbstverständlich mit dem Anspruch an, zu wissen, woran es der Bildung in Deutschland mangele, und natürlich auch, was zu tun sei. Und um gar nicht erst den Verdacht möglicher Einflussnahme aufkommen zu lassen, spannte man neben reichlich Medienprominenz auch renommierte Wissenschaftler ein. In einem ersten Bändchen, das 2002 bei Suhrkamp erschien und dem im darauffolgenden Jahr noch ein zweites folgte, waren die vornehmsten Vorträge versammelt und für jedermann nachlesbar: Zu den Autoren zählten der Historiker Johannes Fried, der Genetiker und Unternehmer Klaus Rajewsky, die Soziologen Zygmunt Bauman und Hans Joas, der Hirnforscher Wolf Singer, der Bildungsforscher Jürgen Baumert und der Philosoph Jürgen Mittelstraß.

Wer konnte, wer durfte da sagen, es handle sich um eine einseitige Kampagne? Liest sich doch vieles dort so, als ob es einen konservativen Bildungskanon zu vertreten oder zumindest Traditionen im humboldtschen Sinne zu verteidigen gelte. So heißt es etwa bei Mittelstraß:

Eine über den Tagesbedarf und das berufliche Kerngeschäft hinausreichende Bildung war noch nie so unentbehrlich wie in einer Gesellschaft, die sich nicht nur als offene, sondern auch als beschleunigte Gesellschaft versteht und zu deren Credo Innovation um jeden Preis, Mobilität ohne Ende und chamäleongleiche Flexibilität gehören. Ohne Bildungselemente geht eine offene Gesellschaft an ihrer eigenen Wandelbarkeit – vor allem wenn diese zur Pflicht gemacht wird und keinen Aufschub duldet – zugrunde. (...) Bildung ist daher in erster Linie auch nichts Theoretisches, sondern ein Können und eine Lebensform, kein bloßes Sichauskennen in Bildungs- oder Wissensbeständen. Wilhelm von Humboldt hat noch immer recht. (...) Die moderne Gesellschaft schwankt in ihrem Selbstverständnis und in ihrer Beschreibung zwischen den Verheißungen einer Informationsgesellschaft und einer Wissensgesellschaft. Dabei droht der Wissensgesellschaft paradoxerweise der Wissensbegriff verloren zu gehen.[13]

Denkt jemand bei diesen Worten an eine Schul- oder Hochschulreform, die einzig bewirkt hat, Zeit, Stoff und damit zwangsläufig auch Wissen einzusparen und zu vernichten, um junge Leute schneller in Unternehmen wie McKinsey und ähnliche zu katapultieren? Denkt man an eine Reform, deren Anspruch genau dem von Mittelstraß als verpönt geltenden Credo »Innovation um jeden Preis, Mobilität ohne Ende und chamäleongleiche Flexibilität« entspricht? Der Trick der McKinsey-Kampagne bestand darin, sich einerseits seriöser Aushängeschilder zu bedienen, mit denen sich auch konservative Anhänger gut und gerne identifizieren konnten, andererseits aber keinen Hehl daraus zu machen, handfest bei strategischen Bildungsüberlegungen und -planungen mitgestalten zu wollen, und zwar mit einseitig ökonomisch fixiertem Blick. Dazu gehörte auch, dass man den Sound noch einmal kräftig verstärkte, der Deutschland als Versager hinstellte in puncto Bildungsdingen. Denn das legitimierte dazu, Systemfragen zu stellen, die im günstigsten Fall mit eigenen Interessen beantwortet wurden:

Der Bildungsstandort Deutschland hat seine zu Beginn des 20. Jahrhunderts uneingeschränkt führende Stellung, seine Definitionshoheit verloren. Wer heute weltweit nach der besten frühkindlichen Bildung, dem besten Schulsystem, den besten Hochschulen oder sogar der besten betrieblichen Weiterbildung sucht, wird in Skandinavien, Asien oder den USA fündig, nicht in Deutschland.

Der ebenso schleichende wie erschreckende Verfall des deutschen Bildungswesens offenbart ein Scheitern der Politik sowie der handelnden Institutionen und ihrer Träger, gleichzeitig aber auch ein deutsches Phänomen: Bildung ist in Deutschland – wie vieles andere – nicht schlecht, sie ist nur nicht mehr gut genug. Während Deutschland auf der Stelle tritt, ziehen andere Nationen vorbei, das Resultat: bestenfalls Mittelmaß.[14]

Nur: Steht Mittelstraß denn für Mittelmaß? Im Gegenteil: Der »Qualifizierungseffekt des deutschen Bildungswesens« sei »nach wie vor sehr viel höher als der des amerikanischen«, erklärte der Soziologe Mayer[15]. Vergleiche man nämlich nicht den Gesamtanteil von Hochschulanfängern an einem Jahrgang, sondern den Anteil mit Abschlüssen mit mindestens einem M.A., so verschwinde das häufig beschworene Defizit an Hochschulstudenten in Deutschland im Vergleich zu den USA. Stelle man zusätzlich in Rechnung, dass die USA so gut wie keine Berufsausbildung und auch keine Fortbildung zum Meister kenne, so verkehre sich das vermeintliche deutsche Qualifikationsdefizit in einen »komparativen Qualifikationsvorteil«, berichtete Mayer und fuhr fort: »Der Großteil der amerikanischen Studierenden studiert an Hochschulen, die akademisch eher schlechter sind als das Mittel der deutschen Hochschulen. Die Professoren sind dort weniger qualifiziert. Ein erheblicher Teil der Lehre wird von adjunct professors und studentischen Tutoren bestritten. Viele Veranstaltungen für undergraduates an den großen Staatsuniversitäten sind Massenveranstaltungen mit schematisierten Prüfungen und wenig Kontakt mit den Professoren.«

Damit die hiesigen Hochschulen ihr Niveau künftig trotz der Schulzeitverkürzung halten können, gibt es bereits erste Tendenzen, das gekürzte Schuljahr an die Universität zu verlagern: So will die TU München künftig ein einjähriges »Studium naturale« einrichten, das Studenten in spe auf ein naturwissenschaftliches Studium vorbereiten und die Lücken aus der Schulzeit aufholen soll. Damit nähert sich die Eliteuniversität ihren französischen Pendants: Auch dort muss ja, wer an einer angesehenen »Grande École« und nicht an irgendeiner x-beliebigen staatlichen Hochschule studieren will, nach dem (zwölfjährigen) Abitur in der Regel noch eine zweijährige »Classe préparatoire« absolvieren, um seine Chance zu erhöhen, an einer der 400 zumeist privaten Kaderschmieden des Landes aufgenommen zu werden[16]. Mit anderen Worten: Das schnelle Abitur separiert noch einmal und macht weitere Qualifikationsschritte erforderlich. Aber davon ist hierzulande natürlich nicht die Rede, und wenn, dann nur hinter vorgehaltener Hand und unter Experten. Dass das Turbo-Abi damit auf dem besten Weg zum Billig-Abi ist, sagt niemand. Aber es geht den Bürokraten ja um schnell messbare Quantität, nicht um langfristige Qualität.

Man will mehr Abiturienten und mehr Akademiker. Dass man die nicht zum alten Preis und in bewährter Qualität bekommt, ist eigentlich allen Betroffenen klar, wird aber nicht zum Gegenstand der öffentlichen Debatte gemacht.

»Man ist oft nicht imstande, die eigenen Stärken zu sehen«, kommentierte der Romanist Hans Ulrich Gumbrecht den ewigen Reformdruck hiesiger Hochschulen, dem diese sich seit Längerem verpflichtet fühlten[17]. Gumbrecht lebt seit 1989 in Kalifornien, wo er an der Stanford-Universität lehrt. Man kann ihn also wie Mayer als jemanden bezeichnen, der durchaus einen Außenradius besitzt, mit dem er die nötige Weitsicht für Bildungsfragen bemisst. »Es gibt kein anderes Land, wo mit solcher Intensität darüber nachgedacht wird, wie man akademische Intelligenz produzieren – um nicht zu sagen: erzwingen – kann. (...) Das erzeugt einen Druck der Innovation, der Hysterie und Orientierungslosigkeit produziert«, sagte er wenig schmeichelhaft über seine ehemalige Heimat.

Zudem stimmt auch gar nicht, dass Deutschland so rückständig ist. Auf einige Bereiche mag das vielleicht zutreffen, aber für Panikmache reicht das noch lange nicht aus. So macht beispielsweise die Wirtschaftsreporterin und Buchautorin Inga Michler auf »ein »neues Erfolgsmodell ›made in Germany‹: Deutschlands Familienunternehmen« aufmerksam. Dieses neue Modell »genießt längst internationales Ansehen und ist auf dem besten Weg zum Exportschlager – kopiert von aufstrebenden Ländern in Asien und den einst unangefochtenen Industriestaaten, die jetzt gegen ihren Abstieg in die zweite Liga kämpfen. Deutschlands Familienunternehmer haben das ökonomische Gewicht, um das Land aus der Krise zu führen«.[18] Na bitte, ist doch nicht alles schlecht, was aus deutschen Landen kommt, oder? Dennoch traue man »ausgerechnet der Familie scheinbar nichts mehr zu«, klagte der Journalist Hannes Hintermeier, »ausgerechnet der sozialen Organisationsform, der dieses Land gerade in der globalisierten Wirtschaft jede Menge mittelständische Weltmarktführer zu verdanken hat.« Denn das G8 – und damit sind wir wieder beim Thema – als »staatliche Anmaßung einer nachgeholten Bildungsinitiative« ziele »im Kern auf nichts weniger als auf die Zermürbung der letzten intakten Familienstrukturen«[19].

Dennoch: Die Deutschen bekämen »ja regelrecht eingebläut, dass in anderen Regionen die Zukunftsmusik spielt«, notierte ein Leitartikler derselben Zeitung[20]. Stets werde auf Asien hingewiesen, wo »zum Angriff auf die Vormachtstellung des Westens geblasen wird, während bei uns, am Ende des ersten Jahrzehnts des neuen Jahrtausends, die Verteidigung des Status quo das Leitziel ist«. Dabei sei gar nicht ganz Asien »vom Rausch des Auf- und Überholens erfasst«. Japan – obwohl ein PISA-Siegerland – werde »von einer depressiven Stimmung gepackt, die selbst für die entsprechend ausgewiesenen Deutschen düster scheint«. Als Hauptursache für den Zukunftspessimismus machte der Leitartikler die Demografie aus: Japan schrumpfe und altere »noch schneller« als Deutschland.

Mit anderen Worten: Das Kernproblem für Länder wie Japan und Deutschland liegt nicht oder zumindest nicht nur in mangelhaft ausgebildeten klugen Köpfen, sondern es liegt in den immer weniger überhaupt vorhandenen jungen Köpfen. Da spielt es auch keine große Rolle, ob jemand mit 23, 25 oder 27 Jahren ins Berufsleben tritt – Hauptsache, es gibt diesen Berufsanfänger überhaupt noch. Auch Ex-McKinsey-Chef Kluge, inzwischen Haniel-Vorstandsvorsitzender, gesteht ein, dass »der demografische Sinkflug, in dem sich die deutsche Bevölkerung befindet«, wohl das entscheidende Potenzial für »gesellschaftliche Armut« enthält[21]. Das Rezept des – selbst übrigens kinderlosen – Topmanagers dagegen lautet: Wir müssen diesen Sinkflug »durch erhöhte Produktivität wettmachen«, was dann nichts anderes heißen kann als: Wir müssen die junge Generation ausquetschen wie Zitronen. Wie sonst sollen die wenigen Kinder, die überhaupt noch geboren werden, die Lücken füllen können, die kinderwunschlos glücklich gebliebene Paare jahrzehntelang zu füllen versäumt haben, vielleicht weil sie auf Karrieren bei McKinsey mehr Wert gelegt haben als auf die Gründung einer eigenen Familie und ein damit verbundenes geregeltes Familienleben?

Die McKinsey-Akteure verwenden Superlative, ohne sie näher zu definieren: Was ist denn die »beste« frühkindliche Bildung, was das »beste« Schulsystem, was macht eine Hochschule denn zur »besten«? Bewertet man die genannten Institutionen danach, wer die besten Beraterkarrieren hervorbringt? Oder ist ein Kleinkind dann bestens gebildet, wenn es mit vier Jahren schon drei Fremdsprachen beherrscht?

Ist es nicht auch bezeichnend, dass in Deutschland junge Menschen »noch vergleichsweise die besten Berufschancen haben« und »das Risiko, während einer Wirtschaftskrise im Alter von 15 bis 24 Jahren arbeitslos zu werden, nirgendwo niedriger ist als in Deutschland«[22]? Das läge vor allem am vergleichsweise krisenfesten dualen Ausbildungssystem, betonte Stefano Scarpetta, der diese Ergebnisse in seiner OECD-Studie präsentierte. Die Arbeitslosigkeit junger Deutscher sei von Ende 2007 bis Ende 2009 sogar von 10 auf 9,2 Prozent gesunken, während im Durchschnitt der 30 OECD-Staaten ein Anstieg der Jugendarbeitslosigkeit um sechs Prozentpunkte auf fast 19 Prozent zu verzeichnen sei. In Ländern wie Frankreich oder Italien habe ein Viertel der Jugend weder Arbeit noch einen Ausbildungsplatz, in Spanien habe sich die Jugendarbeitslosigkeit in den vergangenen beiden Jahren auf mehr als 40 Prozent verdoppelt. Zählt Deutschland also nur zu den Verlierern im internationalen Bildungswettbewerb, wie man uns gern weismachen will?

Kluge sekundierte die *McKinsey-bildet*-Kampagne mit seinem Buch *Schluss mit der Bildungsmisere*. Darin betrieb er auch das, was eine geschickte Kampagne ausmacht: Spuren verwischen und strategische Allianzen knüpfen, auch und gerade mit dem potenziellen Gegner. Schließlich sollte niemand vermuten, dass einer »unter dem Schafspelz der Bildung jetzt auch noch der Schule die Gesetze des Marktes aufoktroyieren und unsere Bildungskultur dem Diktat der Ökonomie opfern« wollte, wie Kluge Skeptikern geschickt den Wind aus den Segeln zu nehmen verstand. Nicht ohne freilich aufrichtig hinzuzufügen:

Ich würde mich selbst verleugnen und wäre ein schlechter Manager und Berater, würde ich das deutsche Bildungswesen mit kalter Gleichgültigkeit und frei von allen internationalen Wettbewerbsbedingungen sehen. Denn heute gilt mehr denn je: Bildungsarmut erzeugt Wachstumsarmut. Ob ein Land erfolgreich wirtschaftet oder nicht, hängt immer stärker von der Bildung seiner Bürger ab: Das Humankapital Bildung entscheidet darüber, welche Volkswirtschaften sich im globalen Wettbewerb behaupten können, erst recht in einer alternden Volkswirtschaft wie der unseren (...)[23]

Das klang irgendwie einleuchtend, hatte aber auch etwas von unangenehmer Panikmache. Eloquent war der Beratungschef ja, wer wollte sich ihm also in den Weg stellen? Man brauche »den begabten Generalisten, der sich in der griechischen Antike ebenso gut auskennt wie in der modernen Physik, in der klassischen Literatur wie in den Weiten des Internets«[24]. Weil Kluge diesen Generalisten im deutschen Schulsystem anscheinend nicht mehr fand, obwohl man ja doch – soweit man hört – nach wie vor talentierte deutsche Absolventen findet und auch bei McKinsey einstellt, riet er nach bester Beratermanie zum »Blick von außen«, der »helfen« könne, »wenn die Insider nicht mehr weiterwissen oder ihre Betriebsblindheit die unvoreingenommene Überprüfung der firmeneigenen Abläufe erschwert«.[25] Kluge war eben kein Mann, der lange fackelte, sondern der zupackte. Zumindest verbal. Und der die Dinge so geschickt verpackte, drehte, wendete und schließlich als gegeben hinstellte, dass Andersdenkende und -handelnde schlicht blass dagegen aussahen:

An einen solchen Punkt sind unsere Bildungseinrichtungen gekommen. Wollen wir den nötigen Turnaround einleiten, dann müssen wir alle ihre Elemente vorbehaltlos auf den Prüfstand stellen und die Modernisierung unseres Bildungswesens mit einem ganzen Ensemble an aufeinander abgestimmten Maßnahmen einleiten. Dazu gehören Elemente der Qualitätssicherung ebenso wie Leistungsanreize für Lehrer, Ganztagsschulen, eine Höherqualifizierung von Erzieher(inne)n, die Hinzuziehung externer Profis wie die Verkürzung der Schulzeiten.[26]

Wenn man sich die Liste ansieht, die Kluge damals vorgeschlagen hatte, und sie mit dem vergleicht, was mittlerweile in die Tat umgesetzt wurde, dann muss man anerkennend sagen: gute (Berater-)Arbeit geleistet, Herr Kluge! Denn zumindest in puncto Schulzeitverkürzung ist McKinsey das gelungen, was die Bertelsmann-Stiftung mit ihrem Initiativkreis Bildung hinsichtlich der Studiengebühren erreicht hat:

Zehn Jahre Lobbyarbeit zur Bildungsfinanzierung schlugen schließlich durch bis zur rot-grünen Bundesregierung. 2001 berief Bundesministerin Edelgard Bulmahn (SPD) eine Expertenkommission »Finanzierung Lebenslangen Lernens« ein. Der Schlussbericht erschien 2004 und stellt nur einen weiteren, diesmal bundespolitischen Aufguss der Bertelsmann-inspirierten Kommissionsberichte dar. Damit hat sich letztlich auch dort ein von ökonomischer Rhetorik geprägter Bildungsdiskurs durchgesetzt, der einen weitreichenden, auf private Finanzierungsbeiträge abzielenden Umbau des Bildungssystems propagiert.[27]

Zu den Studiengebühren lässt sich immerhin sagen: Sie haben den Ansturm auf die Hochschulen nicht verringert, sondern sogar im Gegenteil noch erhöht. Allerdings wird auch schnell wieder abgebrochen, wie eine Studie des Hochschul-Informations-Systems Anfang dieses Jahres zeigte. Zweithäufigster Grund waren bei den 2.500 befragten Studienabbrechern des Jahres 2008 an 54 Universitäten und 33 Fachhochschulen – nach Leistungssorgen – Geldsorgen. Dennoch: Geld für Bildung zu zahlen scheint für viele etwas Selbstverständliches geworden zu sein. Entsprechend wird aber auch schneller gestreikt und protestiert, wenn dann nicht das geboten wird, was man sich erhofft hat. Und es wird reagiert: So will man die rigiden Prüfungsordnungen inzwischen wieder lockern, um den Studenten mehr Luft zu verschaffen. Der Bachelor könne problemlos auf acht Semester ausgedehnt werden, hieß es nach dem »Bildungsgipfel« im Dezember 2009. Selbst die Bundesvereinigung der Deutschen Arbeitgeberverbände (BDA) tat plötzlich kund, es sei nicht entscheidend, ob Absolventen 23 oder 25 Jahre alt seien.

Man reibt sich die Augen. Einerseits ist späte Erkenntnis besser als gar keine; andererseits fragt man sich dann schon, was von der ursprünglichen Triebfeder »Jünger, schneller, besser«, die den Reformprozess an den Hochschulen zündete, überhaupt noch übrig bleibt? Dann »hat man die Mindeststudienzeit der früheren Diplom- und Magisterstudiengänge wieder erreicht«, stellte Herfried Münkler, Politikprofessor an der Berliner Humboldt-Universität, fest[28]. »Um einen ihnen vergleichbaren Abschluss zu erzielen, muss man aber noch ein in der Regel viersemestriges Masterstudium absolvieren. Was bleibt dann übrig von dem Vorhaben, die Studenten schneller durch die Universität zu bewegen, um sie früher ins Arbeitsleben zu bringen?« Münkler geht sogar so weit, zu vermuten, dass angesichts der »Leichtigkeit, mit der zentrale Positionen der Reform aufgegeben« werden sollen, »viele für sie vorgebrachte Argumente nicht ernst gemeint waren«.

Der Soziologe Michael Hartmann nennt einen weiteren Grund: »Die Firmen haben wohl gesehen, dass da unfertige Leute auf sie zukommen. Das will man auch nicht haben, denn dann muss man erst mal kräftig selbst in deren weitere Ausbildung investieren. Man dachte, mit den Bachelor-Absolventen würde man das Gleiche wie vorher bekommen, nur schneller und billiger. Das ist aber nicht der Fall.«[29]

In der Tat erhofften sich die Firmen von der zweistufigen Ausbildung eine kürzere Studiendauer, jüngere, praxisnäher ausgebildete Absolventen und – ja, auch das – internationale Erfahrung und mehr Fremdsprachenkenntnisse aufgrund moderner Studienkonzepte. Das ging aus einer Befragung von 300 Unternehmen mit mehr als 1.000 Mitarbeitern hervor, die die VDI-Nachrichten und das Fraunhofer-Institut für Arbeitswirtschaft und Organisation 2004 veröffentlichten. Der Unternehmensberater Andreas von Studnitz stellte aber auch klar, dass es sich bei der überzogenen Erwartungshaltung um »die typische deutsche Mittelstandsmentalität« handelt, »die Erwartung, dass neue Mitarbeiter, unabhängig vom Qualifikationsniveau, sofort fast alles können und sich voll produktiv einbringen«[30]. Das hätten aber weder frühere noch heutige Absolventen gekonnt. Von Studnitz: »Betriebliche Realität muss ein Betrieb vermitteln. Ich kann nicht auf der einen Seite sagen, dass ich Absolventen nicht erst mit Ende 20 haben will, und auf der anderen Seite sollen sie zwei Semester im Ausland gewesen sein, Nebenfächer studiert haben und am besten mit 25 fertig sein.« Das Unternehmen habe dafür zu sorgen, »den Absolventen so zu sozialisieren, dass er dort möglichst schnell produktiv tätig werden kann. (...) Diese betriebliche Verantwortung auf die Ausbildungsstätte abzuwälzen – das geht nicht!«.

Was haben die Studenten nun mit den G8-Schülern gemeinsam? Warum ein langer Hochschul-Exkurs, wo es doch eigentlich um die Schule, genauer: das verkürzte Gymnasium, gehen soll? Ganz einfach: Beide Institutionen hängen schließlich eng zusammen, da die eine der anderen die – möglichst studientauglichen – Leute liefern soll, und beide sind in die Hände der »Jünger, schneller, besser«-Propheten geraten. Mit dem Unterschied, dass die Hochschulen sich lautstark wehren und die Gymnasien stillschweigend schlucken. Unser Bildungssystem soll Wunderkinder à la Lars Windhorst gebären. »Nach dem Wirtschaftswunder der Nachkriegszeit brauchen wir heute ein Bildungswunder«, beschließt Kluge sein Buchkapitel »Wunder gibt es immer wieder«[31]. Schön wäre ein solches Bildungswunder ja wirklich, aber Wunder stellen sich eben immer unverhofft ein. Man kann sie nicht planen oder erwirken, und wenn am Ende einer Bildungsreise tatsächlich ein Bildungswunder herauskommt: wunderbar. Bildung ist schließlich nicht nur ein Prozess der äußeren Anstrengung und genetischen Veranlagung, sprich Begabung, sondern immer auch der geistigen, sozialen und persönlichen Reife. Und die braucht Zeit. Nicht nur in der Schule lernt der Jugendliche, auch und gerade draußen im richtigen Leben. Bekommt er nicht genügend Zeit, seine Talente zu entfalten, nützt das schönste, auf die Schnelle arrangierte Bildungsbüfett wenig bis gar nichts. Wundern wird man sich dann höchstens darüber, dass all die Anstrengung nichts gefruchtet hat.

»Menschliche Entwicklung lässt sich eben nicht einfach beschleunigen wie ein Motor. An den Zehn- und Elftklässlern des G8 merkt man, dass sie noch nicht die Reife haben wie ihre G9-Vorgänger in der entsprechenden elften und zwölften Klasse«, sagt Josef Kraus, Präsident des Deutschen Lehrerverbands[32]. Ein afrikanisches Sprichwort heißt ja auch: »Gras wächst nicht schneller, wenn man daran zieht.« Diese einfache Weisheit ist der Wissensgesellschaft abhandengekommen.

Die künstliche Schulwelt allein – zumal in ihrer heutigen Gestalt einer acht-, neun-, zehnstündigen Unterrichtswüste, die Schüler wie Lehrer als »Orte der ständigen Zeitnot und Hetze« und folglich als »Orte des Grauens« empfinden, wie der Freiburger Mediziner und Bestsellerautor Joachim Bauer ausführt[33] – würde sich übernehmen, wenn sie sich die alleinige Hoheit über die Bildung von Jugendlichen anmaßen würde. Denn PISA hatte ja leider bewirkt, dass Bildung sich vorrangig aufs Lesen, Schreiben und Rechnen zu fokussieren hat. Andere Bereiche, vor allem musische, sportliche und handwerkliche, fallen aus dem Bildungskanon völlig heraus, weil sie nicht testtauglich erscheinen. Auch was, warum und wie ein Mensch lernt, lässt sich nicht in Perzentilen und Diagrammen messen und darstellen. Was diese »simple Ökonomie, die Sucht, alles und jedes testen und messen zu wollen«, wie der Soziologe Hartmann beklagt[34], und der Zwang, das Lernen möglichst schnell über die Bühne zu bringen, in den Schulen und den Familien mittlerweile angerichtet haben, das soll in den folgenden Kapiteln zur Sprache kommen. Denn das G8 ist ein typisches Produkt jener törichten Ideologie, schnellstmöglich Wunderkinder in die Welt zu setzen – getrieben von der panischen Angst, andere Länder könnten einem das ersehnte Bildungswunder vor der Nase wegschnappen. Dabei gilt noch immer, was Thomas Mann seinen Felix Krull hat sagen lassen: »Bildung wird nicht in stumpfer Fron oder Plackerei gewonnen, sondern ist ein Geschenk der Freiheit und des äußeren Müßiganges; man erringt sie nicht, man atmet sie ein.« Bildung brauche deshalb das »Wartenkönnen«[35]. Ein Bildungswunder im Schnelldurchgang – das gibt es leider nicht.

GEBURTSHELFER UND GEISTHEILER
Learning to the test

Seit PISA wissen wir, was Bildung ist: Bildung ist, wenn 15-Jährige ausreichende »Kompetenzen« im Lesen, Schreiben, Rechnen und in den Naturwissenschaften zeigen. Darin hatten Deutschlands Schüler bei der ersten PISA-Runde 2000 versagt, und deshalb wurde die Bildungskatastrophe ausgerufen. Was war also näherliegend, als sich auf diese »Kompetenzen« zu fokussieren, damit man bei der nächsten Testrunde nicht wieder durchfiel? »Kompetenzmessung« und »Output-Orientierung«: So heißen folglich nicht nur die neuen Schlagworte in der Schulpolitik, sondern so werden intern und extern auch die neuen Bildungsziele definiert. Dass diese Ziele äußerst kurzfristig, um nicht zu sagen: kurzsichtig, bemessen sind, weil sie sich ausschließlich am gegenwärtig benötigten Werkzeug eines sich doch stetig wandelnden Arbeitsmarktes ausrichten, nicht aber an der Persönlichkeit des betroffenen Menschen, des Kindes und Jugendlichen, und auch nicht am Lernprozess selbst, der nur in enger Beziehung zu dem jeweiligen Lehrenden stattfinden kann, spielt bei den neuen Unterhändlern der Bildungsware keine Rolle.

Worum geht es diesen Mittelsmännern? Es geht ihnen darum, die »Leistungsfähigkeit des Bildungssystems« zu »verbessern«. Das klingt ja gar nicht schlecht, im Gegenteil, nur ist die Allianz der Akteure geradezu verräterisch, denn sie besteht nahezu ausschließlich aus Wirtschaftsvertretern. Kein Anwalt der Lehrerschaft zählt dazu, kein Kinder- oder Jugendpsychologe, kein

Kinder- oder Jugendarzt, kein Vertreter einer geistes- oder sozialwissenschaftlich geprägten Berufs- oder Verbandsgruppe, kein Musiker, Sportler oder Künstler. Insofern war klar, in welche Richtung der Bildungstenor zielen würde, als im November 2002 Wirtschaftsministerkonferenz (WMK), Kultusministerkonferenz (KMK), Bundesverband der deutschen Industrie (BDI), Bundesvereinigung der deutschen Arbeitgeberverbände (BDA), Deutscher Industrie- und Handelskammertag (DIHK) und Zentralverband des deutschen Handwerks (ZDH) in einer »Gemeinsamen Erklärung« höchst einträchtig skandierten: Rettet die internationale Konkurrenzfähigkeit des Bildungsstandorts Deutschland! Geschehen sollte diese Rettung durch die Stärkung von allerlei »Kompetenzen«, durch mehr »vorschulische, schulische und außerschulische Ganztagsangebote« (was auch immer man sich unter einem »außerschulischen Ganztagsangebot« vorzustellen hat), durch »zentrale Bildungsstandards«, »Vermittlung von ökonomischem Grundlagenwissen«, »Qualitätsstandards« und »Qualitätssicherung« an den Schulen, durch »Verfahren der internen und externen Evaluation« und durch »die Anwendung effektiver Managementmethoden« in den Schulen. Letztere sollten »stärkere Anstrengungen unternehmen, um Jugendliche für die Arbeitswelt fit zu machen«. Die Schule zur Vorstufe auf die Arbeitswelt zu reduzieren heißt aber letztlich nichts anderes, als sie vom Bildungs- zum Ausbildungsbetrieb umzufunktionieren.

Deshalb rührt es die Hamburger Kultursenatorin Christa Goetsch (Bündnis 90/Die Grünen) auch kein bisschen, dass die beiden dortigen altsprachlichen Gymnasien Christianeum und Johanneum auf die Barrikaden gehen, weil man ihnen im Zuge der Hamburger Schulreform nicht nur die dreizehnte Jahrgangsstufe gestrichen hat, sondern jetzt auch noch die fünfte und sechste Stufe rauben will. Letztere werden der Grundschule zugeschlagen, die dann Primarschule heißt. Das Gymnasium soll in Hamburg also nicht mal ein G8, sondern nur noch ein G6 sein. Eine fundierte, auf gründlichen Kenntnissen des Griechischen und Lateinischen basierende Bildung sei dann aber nicht mehr möglich, beklagen die Direktoren der beiden hanseatischen Traditionsschulen. Was ja wohl auch stimmt. Nur: Interessiert das eine Kultursenatorin, der es zum einen um messbare, PISA-taugliche Kompetenzen und um kurzfristige Fitness für einen Arbeitsmarkt geht, auch wenn man nicht genau weiß, wie er in zehn, zwanzig Jahren wirklich aussehen wird? Und die zum anderen unter dem Deckmantel der Bildungsgerechtigkeit längeres gemeinsames Lernen um jeden Preis – und sei es um den Preis der Vernichtung bewährter schulischer Traditionen – verwirklichen will?

Aber nicht nur in Hamburg, auch in Baden-Württemberg klagen die Altsprachler: Seit sechs Jahren sei der Fremdsprachenunterricht von rigorosen Stundenkürzungen betroffen. Dies hemme »das sprachliche Vorankommen« und mache »eine ernsthafte Auseinandersetzung mit den kulturellen Inhalten weitgehend unmöglich«.

Fremdsprachenlehrer sehen ihre Schüler also höchstens zweimal in der Woche. Geübt und wiederholt wird deshalb immer weniger, stattdessen steigt die Ermüdung während eines zweistündigen Fremdsprachenunterrichts. Die Schüler vergessen schneller, weil der Unterrichtsstoff von einer Stunde häufig aus viel Neuem besteht. (...)

Die dreisprachigen Gymnasialzüge haben bis zum Jahr 2004 zum besonderen Stolz Baden-Württembergs gehört. (...) Inzwischen jedoch hat sich Baden-Württemberg bei der Stundenausstattung des Fremdsprachenunterrichts zum Schlusslicht entwickelt – und das in Zeiten, da der neue EU-Kommissar Oettinger mit abenteuerlichen Englischkenntnissen Schlagzeilen macht (we in Baden-Württemberg are all in one boat).[1]

Für das G8 bedeutet die Umfunktionierung der Schule zur Ausbildungsstätte natürlich erst recht, sich auf jene »Kompetenzen« zu konzentrieren, von denen man im Augenblick annimmt, dass sie im Berufsleben am ehesten gebraucht würden. Wie hoch das Risiko ist, hier falsch zu liegen, mag man sich gar nicht erst ausmalen. In erster Linie zählt man zu den Kompetenzen natürlich die testkompatiblen Lese- und Rechenkünste sowie die Naturwissenschaften. Schöngeistiges, Ästhetisches, Handwerkliches, Religiöses, Ethisches oder Sportliches fallen im G8 praktisch ohnehin hinten rüber, sie spielen nur noch eine untergeordnete Rolle. Zumal als Berufsideal schlechthin ja der Ingenieur ausgerufen worden ist: An ihm mangele es, nur er sei es, der auf dem Arbeitsmarkt gebraucht werde und der den Standort Deutschland retten könne. Ist es ein Wunder, dass der Ingenieur zu einer gottgleichen Berufsikone aufgestiegen ist, wenn die Industrie den Bildungstenor nahezu unisono bestimmt? Kein Wunder auch, dass dann der Ruf nach Fächern wie Wirtschaft und Technik an den Schulen lauter ist und eher gehört wird als der nach dem Erhalt von Latein-, Griechisch-, Musik- oder Kunstunterricht. Von dem Ruf nach der täglichen Sportstunde ebenfalls zu schweigen.

In dieser spezifisch deutschen Debatte ging und geht es um Nützlichkeit. Soll das, was an Schulen und Hochschulen gelehrt, vermittelt und eingeübt wird, zeitlos sein oder zeitgebunden? Soll man im Umgang mit der Jugend das hier und heute Gültige in den Blick fassen oder das Übernützliche, definiert als das Heranbilden und Herausbilden von Eigenschaften, die nie veralten, weil sie immer gebraucht werden? Englisch statt Griechisch, IT statt Kulturgeschichte, Praxis statt Theorie, Anpassung statt Widerspruch, oder umgekehrt?

Wo die Verwertbarkeit darüber entscheidet, was in der Schule – das Wort kommt aus dem Griechischen und bedeutet freie, nicht verplante Zeit – gelehrt und gelernt wird, haben die Freunde der

Antike einen schweren Stand. Wer sich die Jugend zäh wie Leder, hart wie Kruppstahl und schnell wie die Windhunde wünscht, hat von den Griechen und den Römern wenig zu erwarten. Er sollte die Antike meiden, denn damit kann sie wirklich nicht dienen (...)

Sie (Anmerkung: die Fürsprecher einer zeitgerechten Erziehung) *wollen fit machen für den Kampf ums Dasein und halten Kenntnisse, die aus der Gegenwart herausführen, für überflüssig.*[2]

Der Publizist und Sprachpreisträger des Jahres 2009, Konrad Adam, vermutet mehr als bloße Nachlässigkeit hinter der Ignoranz des Übernützlichen und der einseitigen Fokussierung auf die bloße Verwertbarkeit schulischen Wissens: Die Beschäftigung mit der Antike biete in besonderer Weise die Möglichkeit, »unabhängig von den Parolen des Augenblicks, vielleicht sogar rebellisch gegen sie« zu machen, weil sie sich mit einer Kultur auseinandersetze, »die der unseren zwar nah genug ist, um spontan verstanden zu werden, aber auch fern genug, um Abstand und Urteilsfähigkeit zu gewinnen«[3]. Statt zunächst einmal zeitloses Wissen zu vermitteln und Urteilskraft zu schulen, soll die Schule heute schnellstmöglich junge und billige Arbeitskräfte abliefern, die fit in Englisch, Chinesisch, Spanisch, Informatik und Biowissenschaften sind und die möglichst auch keine unbequemen Fragen stellen. Stromlinienförmige Streber könnte man auch sagen: Die sind heute erwünscht. Ob die zukünftigen Arbeitskräfte dabei körperlich vor die Hunde gehen, weil acht, neun Stunden lang Fach an Fach gereiht wird in einem Alter, in dem Kinder und Jugendliche vor allem auch eines brauchen: Bewegung und Freiraum, sich selbst und die Welt auszuprobieren, das scheint die Kultusbürokratien ohnehin nicht zu interessieren.

Dabei heißt Gymnasium, daran erinnert Adam ebenfalls, wortwörtlich »Nacktschule«: Das Gymnasium war im antiken Griechenland ein Ort, an dem sich Jugendliche – natürlich ausschließlich Jungen – auszogen und mit bloßen Körpern dieselben hart trainierten. Eine gute körperliche Kondition war schließlich überlebenswichtig – auch und gerade für eine Gesellschaft, die noch nicht über die technischen Mobilitätshilfen verfügte wie die unsrige heute und in der die robuste Körperkraft deshalb natürlich auch einen wichtigen Wettbewerbsfaktor im Staats- und Wirtschaftsleben darstellte. Später gesellten sich Rhetoriker und Philosophen zur Geistesschulung der jungen Leute hinzu. Dass am G8 besonderer Wert auf körperliche Fitness gelegt würde, ist nicht bekannt. Abgesehen von einigen wenigen Spezialeinrichtungen im Land sind die meisten G8-Schulen dazu angehalten, ihre Schüler körperlich und geistig in die Knie zu zwingen, um den vorgegebenen Lernstoff in kürzester Zeit durchzupeitschen. Und wohl auch das: um der Gesamtschule oder Einheitsschule, wie sie neuerdings lieber genannt wird, endlich zum Durchbruch zu verhelfen. Denn an Gesamtschulen kann man das Abitur noch nach neun Jahren machen. So kommt es, dass ausgerechnet diese von vielen bildungsbürgerlichen Eltern seit Jahrzehnten hartnäckig abgelehnte Schulform eine ungeahnte Renaissance erfährt. Es ist eben so, wie Adam es schon in seinem Buch *Die deutsche Bildungsmisere* beschrieben hatte: »(...) weil die gezielte Überforderung ja schon immer die bessere Methode war, ein System (...) zu ruinieren, als der frontale Angriff.«[4] Die Kinder und ihre Eltern werden durchs G8 gezielt in die Enge getrieben. Das Prinzip Auslese wird verschärft, nur die Härtesten überleben. Und damit bekommen die Einheitsschulverfechter ihre Argumente nun wirklich frei Haus geliefert, denn das frühe Aussondern und Trennen der Schüler am Gymnasium war ihnen ja immer schon ein Dorn im Auge.

Wer zuvor noch mit der Durchlässigkeit des deutschen Bildungssystems argumentieren konnte – Realschüler schafften es schließlich nicht selten in die Oberstufen der Gymnasien und machten dort ihr Abitur –, der steht jetzt mit gebundenen Händen da: Für Realschüler ist es seit der Einführung des G8 praktisch unmöglich geworden, den Sprung nach oben zu schaffen. Realistisch ist dagegen der Trend nach unten: die Abschulung vom Gymnasium auf die Real- oder Sekundarschule nimmt zu. Daran hat sogar das Diözesankomitee der Katholiken im Bistum Münster Anstoß genommen. Es kritisiert, »dass es durch die Schulzeitverkürzung am Gymnasium (G8), abgesehen von der sogenannten Abschulung, praktisch keine Durchlässigkeit der Schulformen mehr gibt«[5]. Auch gehen »die katholischen Verbände von einem christlichen Menschenbild aus«, wonach »jeder Mensch mit reichen und vielseitigen Anlagen beschenkt« sei, und es komme folglich »in der Erziehung und Ausbildung darauf an, all diese Kräfte des Verstandes, der Fantasie, der Liebe, des Gemütes, des intuitiven Erfassens, des seelischen Erlebens und des moralischen Wertens, der sozialen Beziehungen und des Leibes zu wecken«. Als Konsequenz fordern die Katholiken eine »Sekundarschule für alle«, was ja nichts anderes als die Einheits- oder Gesamtschule ist: So ist das eben, wenn man Knall auf Fall etwas preisgibt, in diesem Fall die Durchlässigkeit, ohne an eine Alternative gedacht zu haben.

Der offensiven Tendenz zur Ökonomisierung des Bildungsbetriebs versuchte sich 2005 noch eine Gruppe von sieben Erziehungswissenschaftlern entgegenzustemmen. Mit ihrer *Frankfurter Erklärung* hatten sie fünf Einsprüche formuliert[6]. Man wandte sich gegen »Maßnahmen der politisch administrativen Bevormundung, der technokratischen Steuerung und Kontrolle und der einseitigen ökonomischen Indienstnahme von Erziehung, Studium und Forschung«. Erziehungs- und Wissenschaftsinstitutionen seien »von ihrer Zielsetzung her keine Wirtschaftsbetriebe«, sie stellten »keine verkäuflichen Güter« her. Wer betriebswirtschaftliche Denk- und Handlungsmuster zu dominierenden Maßstäben für die Arbeit in Schulen und Universitäten mache, dränge »die Schulen dazu, sich von weniger erfolgreichen Schülern zu entlasten, und Wissenschaftler dazu, ihren Bildungsauftrag zu vernachlässigen, um kurzatmige Auftragsforschung zu betreiben«. Doch es folgten schnell die üblichen Reflexe: Man sei rückwärtsgewandt, altmodisch und damit indiskutabel. Und damit verschwand die *Frankfurter Erklärung* rasch wieder in der Versenkung. Oder hat sich manch einer vielleicht doch noch an sie erinnert, als im vergangenen Jahr der Unmut über die verunglückte Bologna-Reform derart groß wurde, dass man versprach, an den entscheidenden Stellschrauben zu drehen und nachzubessern?

Doch es geht den Machern ja um »neue Spielregeln in der Weltklasse«: Nur »wer jedes Jahr restrukturiert und gleichzeitig aggressiv wächst, kann im Rennen um die internationalen Märkte mithalten«. So heißt die »Überlebensstrategie für diejenigen, die auch in Zukunft auf einem umkämpften Weltmarkt noch eine Rolle spielen wollen«. Diese markigen Sätze entstammen, man ahnt es fast, der Produktbeschreibung eines weiteren Buchs von Ex-McKinsey-Chef Jürgen Kluge mit dem schwungvollen Titel *Wachstum durch Verzicht. Schneller Wandel zur Weltklasse: Vorbild Elektronikindustrie*, erschienen 2006. Dabei geht es zwar nicht um Bildung; aber am Vokabular, das in der Bildungswelt inzwischen vorherrscht, erkennt man, dass das Schul- und Hochschulwesen längst den gleichen »Spielregeln« unterworfen wird wie der Handel mit Spielkonsolen und Handys. Wenn von »schlanken Kerncurricula« die Rede ist, klingt das wie »Wachstum durch Verzicht«: Weniger ist mehr, eines ist keines. Ein Schuljahr mehr oder weniger, wen interessiert das schon? Nun macht schon, liebe Leute, schließlich geht es um eine Überlebensstrategie für eine Nation, die auf dem internationalen PISA-Markt wieder eine Führungsrolle übernehmen muss, die sich im globalen Wettbewerb behaupten soll! Was die Elektronikindustrie hinkriegt, das kann die Bildungsindustrie allemal:

Diese Idee steckt dahinter. Schneller Wandel zur Weltklasse: Ist das nicht auch ein deutscher PISA-Traum? Der Unternehmensberater kann sowohl hier als auch da helfend eingreifen und lenken, er ist engagierter Geburtshelfer und einfühlsamer Geistheiler in einem: Ob Programm für die Spielkonsole oder Lehrplan für die Schule – beides muss irgendwie verkauft, es muss an den unkritischen Kunden gebracht werden, und für beide hat er das gleiche Konzept parat. Wenn Bildung zur Ware avanciert oder verkommt, je nach Sichtweise: Warum sollte man sie dann nicht auch nach den gleichen Gesetzen verscherbeln, die für Handys, Computer und Waschpulver gelten? »Insgesamt fällt auf, dass die vorgeschlagenen Maßnahmen eine erstaunliche Übereinstimmung mit den jeweiligen Beratungsschwerpunkten der Autoren aufweisen«, stellten Günther Schuh, Direktor am Forschungsinstitut für Rationalisierung e.V. an der Rheinisch-Westfälischen Technischen Hochschule Aachen, und Thomas Friedli, Inhaber des Lehrstuhls Produktmanagement an der Universität St. Gallen, aufgrund einer Analyse von 24 Krisenbewältigungskonzepten von elf Beratungsunternehmen fest. »Das heißt auf gut Deutsch«, übersetzte die *Frankfurter Allgemeine Zeitung*, »dass Berater die Probleme bei ihren Mandanten immer in den Bereichen finden, für die sie die Lösungen schon parat haben.«[7] Warum soll das in der Bildung anders sein?

Unentbehrlich zur Markteinführung sind zunächst schnittige Begriffe. Schließlich hatte ja die Generation Golf schon bestens vorgelebt, wie wohlstandsgesättigte Menschen sich von einprägsamen Marken einlullen lassen. Marc O'Polo, Esprit, Geha, Pelikan, Joop!, Kookai – ja, da weiß man, was man hat, man braucht gar nicht erst weiter nachzudenken, was dahintersteckt, auch wenn man beim Stichwort Marc O'Polo oder Esprit ja auch noch lange nicht weiß, ob es sich um eine Hose, eine Jacke oder eine Bluse handelt. Aber man kann die Marke zumindest schon mal einordnen, und die suggeriert Qualität, sie steht für eine bestimmte Gesamtvorstellung, die wir mit allen dahinter stehenden Einzelprodukten dann ebenfalls verbinden.

Die Marken-Pendants auf dem Bildungsmarkt heißen: Input-Steuerung, Output-Steuerung, Kompetenz, Kompetenzstufe(n), Kerncurriculum, Large-scale Assessment(s), Controlling, Corporate Identity, Qualitätsmanagement, Normierung, Evaluation, Standard(s), Standardabweichung(en), Mittelwert(e), konzeptuelle und prozedurale Grundbildung, Skills. Wenn jemand diese Worte in den Ring wirft, muss man ja auch noch nicht gleich wissen, ob er Hose, Jacke oder Bluse meint, aber man weiß zumindest: Er bietet Ware feil, die modernsten Methoden, Wünschen und Vorstellungen entspringt. Oder zumindest tut er so, als ob sie diesen Ansprüchen genügt. Die Marktschreier verdanken ihren Broterwerb meist einer im Rahmen von PISA ausgiebig gewachsenen Testindustrie. Zwar nennt sich diese Testindustrie gern »unabhängig«, aber ihr Vokabular und ihre Denkweise zeigen doch eher ökonomische als pädagogische Bezüge – was ja auch kein Wunder ist, denn die PISA-Studie, das kann nicht oft genug wiederholt werden und durchzieht seitdem das gesamte Bildungsgeschehen wie ein roter Faden, entstammt einer Wirtschaftsorganisation, in deren Gefolge verschiedene bis dato zum Teil unscheinbare deutsche Pädagogik-Forschungsinstitute aufgewertet wurden, indem sie in das Testgeschehen eingebunden worden sind und ihm mancherorts sogar ihre etwas wacklige bis fragwürdig gewordene Existenz verdanken. Ergo: Das Spiel mit den Bildungsmarken ist für nicht wenige Wissenschaftler zum guten Geschäft geworden. Das Problem ist nur: Die Marktschreier kennen sich in den Untiefen des täglichen Schulbetriebs meist kaum aus. Gut, jeder ist mal selbst Schüler gewesen. Aber reicht das aus, um heutigen Lehrern vorzumachen, wie Schule geht, und um den Schülern zu erklären, wie sie besser und schneller lernen können? Nur weil man ziemlich große Aktenberge auf seinen schicken Schreibtischen liegen hat, Studien aus Japan, China, USA, Finnland und sonst woher, die zeigen: Andere können es doch auch, nein: viel besser?

Mess- und Kontrollsysteme, die wir von außen auf Industriebetriebe, Dienstleistungseinrichtungen, Arztpraxen, Krankenhäuser oder Schule loslassen, haben die Tendenz, zu parasitären Apparaten zu werden, zu Biotopen, in denen sich viele Zaungäste nähren, ohne letztlich die Einrichtungen zu stärken, die sie evaluieren und kontrollieren sollen. (...) Was Schulen tun, sollte überprüft und bewertet werden. Dies sollte aber nicht im Rahmen von methodisch fragwürdigen Großaktionen wie jenen der OECD geschehen, sondern durch integrierte Qualitätssicherung, also in den Schulen selbst. (...) Die Evaluation von Schulen muss eine Evaluation in den Schulen sein, und sie muss sich gegen das hysterische Theater behaupten, das Großorganisationen wie die OECD veranstaltet haben und weiter veranstalten werden.[8]

Eine besonders lohnende, da langfristige Aufgabe hat sich das an der Berliner Humboldt-Universität angesiedelte, am 4. Dezember 2003 gegründete Institut zur Qualitätsentwicklung im Bildungswesen (IQB) sichern können: Es »unterstützt die Arbeiten der Länder in der Sicherung und kontinuierlichen Weiterentwicklung von Bildungserträgen im Schulsystem«. Zu seinen »Kernaufgaben« zählt das IQB die »Weiterentwicklung, Operationalisierung, Normierung und Überprüfung von länderübergreifenden Bildungsstandards für die Fächer Deutsch, Mathematik, die erste Fremdsprache und die drei Naturwissenschaften«[9]. Mit anderen Worten: Das IQB ist so etwas wie die oberste Kontrollinstanz, die überprüft, ob die Länder ihre Hausaufgaben gemacht haben, und es bezeichnet sich selbst als »unabhängige wissenschaftliche Einrichtung, die von den sechzehn Ländern der Bundesrepublik Deutschland getragen wird«. Das heißt natürlich auch, dass die sechzehn Länder es anteilig finanzieren. Neue dicke Fische an der Angel des IQB sind die Ländervergleiche in PISA- und IGLU-Studien: Bislang wurden sie von wechselnden Konsortien geleitet; nun sollen diese nationalen und internationalen Vergleichsstudien aber ebenfalls unter dem Dach des IQB koordiniert werden.

Dessen 32 wissenschaftliche Mitarbeiter[10] profitieren also ganz konkret vom schlechten Abschneiden deutscher Schüler bei PISA und der seitdem grassierenden Testeritis in deutschen Klassenzimmern. Die Frage ist nur, ob umgekehrt auch die Schulen und ihre Schüler vom IQB angemessen profitieren oder ob es sich hier nicht eher – wie sich beim Blick auf die Vitae einzelner Mitarbeiter der Verdacht bisweilen aufdrängt – um ein verdecktes, finanziell gut gepolstertes Betätigungsfeld für Bildungsforscher und solche, die es werden wollen, handelt, deren Karrieremöglichkeiten in der Regel ja nicht so breit gestreut sind wie die der Ingenieure. Immerhin kann man sich am IQB seine Karriere mit einem Doktorhut verschönern: Fast jeder dritte Beschäftigte macht auch davon Gebrauch, ist also Doktorand oder Doktorandin. Hinzu kommen noch die sechs Doktoranden des IQB-Stiftungslehrstuhls, den die Deutsche Forschungsgemeinschaft finanziert. Bei so viel wissenschaftlicher Expertise ist es ja geradezu wünschenswert, wenn Deutschlands Schüler noch möglichst lange testbedürftig bleiben und die Begleitung solcher Geistheiler benötigen. Denn was soll man sonst mit all dem promovierten Personal anfangen, das sich auf dem Gebiet der Bildungsstandards und Fragebogenaktionen derart hochgearbeitet hat? Da werden Schüler und Lehrer wohl ewig weitergequält werden müssen, damit die Vergleichsexperten nicht beschäftigungslos werden. Aber die Schüler werden in den abgefragten Kompetenzen auch immer besser abschneiden, denn Übung macht bekanntlich den Meister: Die Lehrer werden schnell den Bogen raushaben und wissen, wie man die Pennäler so vorbereitet, dass sie die Anforderungen der Testbögen spielend leicht bewältigen. Manch einer greift ihnen auch – so hört man bereits von Schülerseite – noch während der Vergleichsarbeiten äußerst hilfsbereit unter die Arme: Wer möchte schon, dass seine Klasse im Vergleich zu den anderen schlecht abschneidet? Schließlich geht es auch um die Profilierung der einzelnen Schulen, denen »eine abgesicherte Standortbestimmung« versprochen wird durch diese Tests.

Was dabei auf Dauer zu kurz kommen wird, steht für Lehrerpräsident Josef Kraus jetzt schon fest: »Fremdsprachen, Geschichte, ästhetische Bildung, Wertebildung, literarische Bildung – all das kommt in PISA nicht vor.« Hinrich Lühmann, ehemaliger Direktor des Berliner Humboldt-Gymnasiums, warnt mit Blick auf die USA ebenfalls vor der Hoffnung, durch Tests Qualitätssteigerung erreichen zu wollen:

Wer messen will, der muss vorab das zu Erreichende eingrenzen, das Unwägbare ausschließen, den Reichtum des Möglichen beschneiden. Themen, ganze Fächer, die von Natur aus mehrdeutig sind oder in offene Fragen münden, stören. Für die USA – dort gibt es Output-Standards seit 1983 – ist das längst nachgewiesen: Einengung des Curriculums, stupides »Learning to the test« sind die Folgen; die angestrebte Qualitätsverbesserung wurde weit verfehlt. In anderen outputorientierten Ländern schmilzt der Fächerkanon, es bleiben überwiegend Fächer, die einen testfähigen Output produzieren können, und innerhalb aller Fächer dominiert deren testbarer Bereich. (...) Aber eng geführtes »Learning to the test« ist bereits heute an Berliner Schulen offensichtlich – spätestens dann, wenn unsere Schüler auf den mittleren Schulabschluss vorbereitet werden.

(...) Lehre, Erziehung, Bildung resultierten nicht aus der ökonomischen Effizienz, sondern aus der Redundanz: Das ist Zeit, das ist Wiederholung, das ist liebevolle Zuwendung. (...) Wahre Bildung ist weder Produkt noch Ware; und Schule ist kein Betrieb.[11]

Im zweiten Kapitel von Goethes *Wilhelm Meisters Lehrjahre* gibt es einen Dialog, der das Dilemma moderner Bildungspolitik wunderbar spiegelt: Es geht um die Frage nach der Nützlichkeit von Ästhetik, in diesem Fall des Theaterspiels. Der Vater sei »sehr verdrießlich« über den täglichen Theaterbesuch seines Sohnes, eröffnet die Mutter demselben: »Der Vater wiederholt immer, wozu es nur nütze sei?« Daraufhin hebt Wilhelm zu einer engagierten Verteidigungsrede an. Ob denn »alles unnütz« sei, »was uns nicht unmittelbar Geld in den Beutel bringt, was uns nicht den allernächsten Besitz verschafft«? Wilhelms Antwort an die Nützlichkeitsapostel ist zwar knapp und bündig, enthält aber alles Wesentliche: »(...) wir werden die mannigfaltigsten Gegenstände sehen, die uns unterhalten, aufklären und erheben.«[12] Man stelle sich vor: Den Kultusbürokraten sei zu vermitteln, dass Sehen, Unterhaltung, Aufklärung und Erhebung vornehmliche und allgemeingültige Bildungsziele seien! Dabei ist in diesen vier Kategorien tatsächlich alles enthalten, was man heute zum Thema Lernen weiß: Sagen Lernforscher nicht immer, man dürfe die Dinge nicht nur stumpf aus Büchern lernen, sondern müsse sie auch in natura kennenlernen und begreifen – anschauen, sehen also? Und lernen wir nicht umso besser, je mehr uns die Sache emotional berührt – unterhält, könnte man auch sagen? Heißt Lernen nicht, Zusammenhänge erkennen, Hintergründe und Wissen erfassen – mit anderen Worten: Aufklärung? Und wäre die Freude über das Erlernte, das Erfolgserlebnis nicht die lohnendste Erhebung und Erbauung schlechthin?

Kinder wissen beim Spiele aus allem alles zu machen: ein Stab wird zur Flinte, ein Stückchen Holz zum Degen, jedes Bündelchen zur Puppe und jeder Winkel zur Hütte. In diesem Sinne entwickelte sich unser Privattheater. (...)

Diese Spiele, obgleich ohne Verstand unternommen und ohne Anleitung durchgeführt, waren doch nicht ohne Nutzen für uns. Wir übten unser Gedächtnis und unsern Körper und erlangten mehr Geschmeidigkeit im Sprechen und Betragen, als man sonst in so frühen Jahren gewinnen kann.[13]

Statt der vier im *Wilhelm Meister* aufgeworfenen Lernkategorien Sehen, Unterhaltung, Aufklärung und Erhebung zu folgen und sie zur Basis eines wie auch immer gearteten Bildungskanons zu machen, beschloss die KMK 2003 und 2004, jeweils am Ende der vierten Klassenstufe, für den Hauptschulabschluss und für den mittleren Schulabschluss »Bildungsstandards« festzulegen. Stichprobenartig sollen die Standards in festen Abständen immer wieder überprüft werden: eine Aufgabe, die das IQB übernimmt. Dabei werden pro Land 2.500 Schüler getestet. Die Untersuchungen laufen ähnlich wie bei PISA ab, die einzelnen Bundesländer erhalten nachher auch Rückmeldungen, wie hoch die prozentualen Anteile von Schülern sind, die Mindeststandards unterschreiten. Für das Abitur fehlen die Standards noch, aber das kann sich nur um eine Frage der Zeit handeln. Mithilfe der Standards soll Bildung bundesweit vergleichbar sein, indem Ziele definiert werden, was Schüler zu einem bestimmten Zeitpunkt alles können sollen. An sich ja eine vernünftige Sache, denn die einzelnen Bundesländer betreiben hartnäckig eine »Schrebergartenkultur«, wie ein Internatsleiter es nennt. Ziel ist da meist eher Abschottung als Vergleichbarkeit. Familien, die von einem Bundesland ins nächste ziehen wollen, aber auch Internate, die Kinder aus verschiedenen Bundesländern in einer Klasse auf ein gemeinsames Niveau bringen sollen, wissen davon ein Lied zu singen.

Allerdings – und da beginnt schon das Dilemma – stehen hinter diesen Bildungszielen keine konkreten Inhalte, sondern nur »Kompetenzen«: Standards »formulieren nicht, welche Inhalte im Unterricht behandelt werden sollen, sondern beschreiben, welche Handlungen die Schüler erfolgreich ausführen sollen«, erklärte

Olaf Köller, bis November 2009 Chef des IQB, die Aufgabe seines ehemaligen Instituts[14]. Bei der »Lesekompetenz« gehe es zum Beispiel um das Lesen von Korrespondenz, »die sich auf das eigene Interessengebiet bezieht«, um das Verständnis »klar formulierter Anweisungen, Hinweise und Vorschriften« und um das Zusammentragen von »Informationen aus verschiedenen Texten«. Mit Sehen, Aufklären, Unterhalten und Erheben hat das ziemlich wenig zu tun, mit Inhalten schon gar nicht. »Bei aller notwendigen Anpassung und Neubestimmung von Humboldts Bildungsideal – alles das, was uns die moderne Curricula-Forschung anbietet, wirkt dagegen merkwürdig blass und inhaltsleer«, kritisierte Heinz-Peter Meidinger, Vorsitzender des Deutschen Philologenverbandes[15].

Der Dortmunder Statistikprofessor und Buchautor Walter Krämer macht Standards als »Gegenteil von Exzellenz« aus, da Exzellenz »immer aus dem Rahmen fällt«. Das sei sowohl in der Forschung als auch in der Lehre so. Krämer äußerte seine Kritik zwar im Hochschulbereich, er wettert »wider den Akkreditierungswahn« an den Hochschulen; aber die dortige Akkreditierung der einzelnen Studiengänge entspricht ja in etwa dem, was man mit den Bildungsstandards auf Schulebene bezweckt. Zu befürchten steht also, auch wenn man den Teufel nicht an die Wand malen soll, dass die Bildungsstandards sogar das Gegenteil von dem erreichen, was sie eigentlich bezwecken sollen, weil sie wie ein Rasiermesser wirken könnten: Das allgemeine Niveau wird nicht steigen, sondern sinken. Denn wenn man einmal einen Standard erreicht hat, ist die Gefahr ja groß, sich zurückzulehnen und darauf auszuruhen.

Die große Gefahr für die westliche Zivilisation, für die Kultur des Abendlandes, für den erfolgreichen Fortbestand unserer freiheitlichen Lebens- und Gesellschaftsordnung ist weder der Bolschewismus noch der Faschismus, auch nicht die Gier der Banker oder die Reizüberflutung durch moderne Medien (...), es ist die allgegenwärtige Standardisierung auf niedrigem Niveau.

Standards (in der Wissenschaft, nicht bei Schrauben oder Briefumschlägen) sind das Gegenteil von Exzellenz. Exzellenz fällt immer aus dem Rahmen. Die berühmte Akademie des Plato im alten Griechenland hätte vor bundesdeutschen Akkreditierungsbürokraten keine Chance.[16]

Lehrerpräsident Josef Kraus spöttelt über »Bildung ohne Inhalte«, die in den neuen Bildungsstandards propagiert werde, die es aber in Wirklichkeit gar »nicht gibt«. Man brauche statt eines »um sich greifenden Anti-Inhalte-Affekts« und statt »inhaltsleerer Kompetenzen« wieder »ein Primat der Inhalte vor den Methoden« und »eine Renaissance des konkreten Wissens«. Alles andere sei »wie Stricken ohne Wolle«. Man brauche keine »blass informierten Menschen, sondern wissende«. In Anlehnung an den ehemaligen Direktor des Max-Planck-Instituts für psychologische Forschung, Franz E. Weinert, fordert Kraus »breites Wissen« als »Voraussetzung für anspruchsvolles Denken, Urteilen und Handeln«[17]. Allerdings scheint es wohl längst so zu sein, wie der inzwischen verstorbene Altphilologe Manfred Fuhrmann einmal gesagt hat: »Die Kanonlosigkeit der jüngsten Jahrzehnte zu beklagen, gilt beinahe schon als Verstoß gegen die Political Correctness. Überhaupt macht sich angreifbar, wer in Bildungsfragen auf inhaltlichen Festlegungen besteht.«

Dass dem so ist, dass inhaltliche Festlegungen out sind, lässt sich an den bayerischen G8-Lehrplänen ablesen, wenn man sie mit den alten G9-Plänen abgleicht. Beispiel Deutsch, Jahrgangsstufe 7: Auf sechs Seiten war der alte Lehrplan untergebracht, zwei Seiten reichen dem neuen. Dass aus »mündlichem Sprachgebrauch« »Sprechen«, aus »schriftlichem Sprachgebrauch« »Schreiben« und aus »Sprachlehre« »Sprachbetrachtung« geworden ist, macht noch keinen großen Unterschied. Bei der Kategorie »Sprachbetrachtung« fällt aber auf, dass komplett auf »Wiederholung und Erweiterung« verzichtet wird – nach dem alten Lehrplan wurde dagegen viel wiederholt und erweitert und eben auch konkret benannt, was wiederholt und erweitert werden sollte: Wortarten, Satzarten, Satzglieder, Wortbedeutung auch fachfremder Begriffe, Bedeutungswandel, Sprachbilder, Hauptschwierigkeiten der Rechtschreibung (Dehnung, Schärfung, s-Laute, Groß- und Kleinschreibung, Schreibung verbreiteter Fremdwörter, Zusammen- und Getrenntschreibung), Zeichensetzung und syntaktische Funktion der Satzzeichen. Offenbar nimmt man im G8 an, dass das alles bei den Kindern schon »sitzt«, zumindest ist hier nur vage vom »Abrunden« der »Grammatikkenntnisse« und vom »Vertiefen« des »Sprachbewusstseins« die Rede. Oder will man es im Detail nur nicht so genau aussprechen, woran es hapert, damit es schöner und vor allem schneller zu handhaben und leichter zu bewältigen klingt? Auch das Wort »Übung« taucht im G8-Plan nicht mehr auf. Üben ist wohl jetzt vor allem Sache des Elternhauses und des Nachhilfeinstituts – schade nur, dass die Zeit, die man dafür privat benötigt, nicht bei der Stundentafel berücksichtigt wird. Und dass das Geld, das Eltern für private Nachhilfestunden ausgeben, nicht von der Steuer abgesetzt werden kann. Schließlich herrscht in Deutschland allgemeine Schulpflicht; bisweilen haben Eltern von G8-Kindern aber den Eindruck, die Nachhilfe werde als Ergänzung des Systems bereits stillschweigend einkalkuliert. Schließlich sind das Üben und Wiederholen fürs Lernen unabdingbar, und wenn es nicht mehr in der Schule geschieht: wo denn sonst, wenn nicht daheim? Besonders schade ist, dass dieses Üben auch noch in der wenigen freien Zeit passieren muss, die den Schülern ohnehin außerhalb der langen Schultage verbleibt.

Wenn wir eine Fähigkeit lernen, so können wir sie schrittchenweise immer besser. Dieses Lernen – man nennt es auch Ü b e n – geht langsam voran, wie jeder weiß, der beispielsweise ein Instrument zu spielen gelernt hat. Man konnte zeigen, dass ein wirklich guter Musiker bis zum etwa 20. Lebensjahr mindestens 10.000 Stunden mit seinem Instrument zugebracht hat. Auch bei Fließbandar-

beitern wurde nachgewiesen, dass die Leistung langsam zunimmt, das heißt die Zeit, die für eine bestimmte Abfolge von Handgriffen benötigt wird, kontinuierlich mit der Anzahl der gemachten Handgriffe abnimmt und dass eine optimale Leistung erst nach 1–2 Millionen solcher Handgriffe erreicht wird. Es dauert also offenbar sehr lange, bis wir bestimmte Fähigkeiten können. (...) Untersuchungen an Modellen neuronaler Netzwerke haben gezeigt, dass simulierte Nervenzellen nach entsprechendem Training mit den erforderlichen Beispielen praktisch jede Regel produzieren, das heißt anwenden, können. (...)

Aus der kognitiven Psychologie ist seit Jahrzehnten bekannt, dass die besten Lernerfolge dann erzeugt werden, wenn man täglich ein bisschen lernt und wiederholt. Wichtige Inhalte müssen immer wieder gelernt werden! Selbst in der Mathematik geht es nicht nur darum, einmal etwas begriffen zu haben. Das Begriffene muss vielmehr immer wieder angewendet werden. Nur so wird man sicher. (...) In der Mathematik ist es nicht anders als beim Schach, Geige- oder Fußballspielen – Übung macht den Meister.[18]

Am Schluss wird es dann doch noch einmal im neuen G8-Lehrplan konkret: »Im Rahmen eines breit gefächerten Lektüreangebots ist mindestens eine Ganzschrift angemessenen Umfangs zu lesen und im Unterricht zu behandeln.« Im alten Lehrplan waren es noch »zwei Ganzschriften«, dazu »einige Gedichte (...) zu erlernen und auswendig vorzutragen«. Während der alte Lehrplan mit den Gedichten schloss, hat man dem neuen ein Kapitel »Medien nutzen und reflektieren« angehängt: »Die Schüler nutzen ihnen bekannte Medien und verwenden diese zunehmend effektiv, um sich Wissen anzueignen und Ergebnisse zu präsentieren. Sie setzen sich mit der eigenen Mediennutzung auseinander und gewinnen an Urteilsfähigkeit. Verwenden von Computer und Internet in der schulischen Arbeit: Computer beim Schreiben, Gestalten und

Überarbeiten von Texten einsetzen, das Internet als Informationsquelle nutzen. (...)« Im Kapitel »Schreiben« ist übrigens auch »Textverarbeitungsprogramme benutzen« notiert.

Die Nutzung »bekannter« Medien – womit ja wohl vor allem der Computer gemeint sein dürfte samt seiner vielfältigen technischen Möglichkeiten – ist ein großes Thema geworden, nicht zuletzt durch die gewachsene Schar der sogenannten »Medienpädagogen« und forciert von den entsprechenden Lobbyisten, die den öffentlichen Medien Umfragen unterjubeln mit dem Warnschrei »Deutschlands Schulen bei PC-Nutzung Schlusslicht«, wie dies im Januar 2010 geschah. So soll Deutschland im Vergleich zu allen anderen OECD-Ländern ganz hinten liegen, was die schulische Ausstattung und den Gebrauch von digitalen Medien im Unterricht betrifft. Je nach Technikaffinität der betreffenden Zeitung beziehungsweise deren Redakteuren wurde die Öffentlichkeit über diesen vermeintlichen Missstand in Form eines alarmistischen Aufmachers oder einer gelassenen Kurzmeldung informiert. Letztere dürften des Pudels Kern wohl eher getroffen haben, denn Initiator der Umfrage war die »Initiative D21«, die – wie sie selbst behauptet – mit »rund 200 Mitgliedern, Förderern und Unterstützern Europas größte Partnerschaft zwischen Politik und Wirtschaft für die Informationsgesellschaft« sein soll. Zählt man die auf der Homepage aufgelisteten Mitglieder und Fördermitglieder allerdings zusammen, so kommt man nur auf die Summe von 111. Dafür findet sich hier sozusagen alles, was Rang und Namen hat in der Community: Adobe Systems Gmbh, eBay GmbH, Fujitsu Technology Solutions GmbH, Hewlett Packard GmbH, Intel GmbH, Kabel Deutschland GmbH, Microsoft Deutschland GmbH, Nokia Siemens Networks GmbH & Co. KG, SAP Deutschland AB & Co. KG, Siemens AG SIS, Software AG, Symantec GmbH, Telefónica O2 Germany GmbH & Co KG, Texas Instruments Deutschland GmbH, TNS Infratest, Yello Strom GmbH. Und liest man dann das Ziel dieser Initiative unter Berücksichtigung der Tatsache, dass man jedes Umfrageergebnis erzielen kann, wenn man nur »richtig« fragt, dann wird es einem auch schnell klar, warum das Ergebnis der Umfrage gar nicht anders ausfallen konnte:

Ziel des gemeinnützigen Vereins Initiative D21 ist es, durch bessere Bildung, Qualifikation und Innovationsfähigkeit wirtschaftliches Wachstum zu stimulieren und zukunftsfähige Arbeitsplätze zu sichern. Dafür setzt sich die Initiative gemeinsam mit politischen Partnern in praxisorientierten und interdisziplinären Projekten ein. Alle Maßnahmen von D21 besitzen einen engen Bezug zu Informations- und Kommunikationstechnologien, einer entscheidenden Basis für die Zukunft Deutschlands.[19]

Dass Griechenlands und Italiens Schulen in puncto moderner Computertechnik besser aufgestellt sein sollen als Deutschlands, wagt man denn doch sehr zu bezweifeln. So berichtet die *Welt* über das desaströse griechische Bildungssystem: »Die Lehrpläne in Schulen und Universitäten sind veraltet, sie bekommen wenig Geld vom Staat (...) Griechenland gibt von allen OECD-Ländern am wenigsten für die Bildung aus. (...) Der Unterricht ist in vielen Schulen so schlecht, dass Privatlehrer Abiturienten fit für die Aufnahmeprüfung der Universitäten machen.«[20] Italien landete beim PISA-Test 2006 in den Naturwissenschaften weit abgeschlagen auf dem fünft- und Griechenland auf dem drittletzten Platz, gefolgt nur noch von der Türkei und Mexiko. Deutschland rangierte auf Platz acht und damit im oberen Drittel – unmittelbar hinter Korea. Selbst wenn Deutschland nun europäisches Schlusslicht in puncto PC-Nutzung sein soll: Was sagt das also aus? Bislang ist jedenfalls nirgends nachgewiesen, dass eine bessere digitale Ausstattung der Schulen mit besseren Lernleistungen korreliert. Insofern kann man den Aufschrei der D21-Initiative wohl gelassen als Kurzmeldung und Werbung in eigener Sache abhaken. Kinder brauchen heutzutage doch kaum noch Anleitung, wie man die neuen digitalen Medien bedient, im Gegenteil: Das lernen sie nebenbei und können es meist ohnehin viel besser als ihre Eltern und Lehrer. Eher wäre zu hinterfragen, ob man mit zwölf, dreizehn Jahren schon Präsentationen üben, Textverarbeitungsprogramme nutzen und den Stift durch die Tastatur ersetzen soll.

Spitzer bezweifelt jedenfalls, dass »man wissen müsste, wie man in *Windows* ein Programm aufruft, wie man eine *Excel*-Tabelle erstellt und daraus eine *Balkengrafik* macht, wie man in *Word* einen Brief schreibt oder wie man Texte, bunte Bildchen und ein paar langweilige Gags zu einer Präsentation verknüpft«[21]. Seine Begründung: Das »Erlernen von Anwendersoftware einer bestimmten Marke« sei in Schulen »etwa so sinnvoll wie das Erlernen der Bedienung von Bohrmaschinen oder Kreissägen einer bestimmten Marke«. In der Mittelstufe müsse man wissen, »was ein Speicher ist, eine Verarbeitungseinheit, ein Programm und eine Datei«. Dafür brauche man aber »höchstens eine Schulstunde«. Auch mache in den Klassen fünf bis sieben »Lesen vom Papier mehr Spaß als am Bildschirm, geschrieben werden sollte in diesem Alter auch noch mit dem Füller«. Zudem könne jemand, der »noch keine Orientierung über ein bestimmtes Sachgebiet hat«, und bei Siebtklässlern dürfte das in den allermeisten Fällen der Fall sein, »gar nicht wissen, wonach er suchen soll«.

Spitzer spricht aus, was aufmerksame Eltern und Lehrer tagtäglich beobachten: »Man lernt nichts durch die Konfrontation mit unaufbereiteten beliebigen Inhalten.« Die Folge ist ein Häppchen-Lernen, ein Fast-Food-Lernen; den Stoff hat man dann sowieso wieder rasch vergessen, sobald die Powerpoint-Präsentation abgenudelt ist. Befriedigend ist das für die Kinder nicht, motivierend erst recht nicht.

Studenten und Schüler hätten längst den »Habitus eines Lernens-als-ob« erworben, sagt der Philosoph Peter Sloterdijk, und zwar

»in der systemimmanent richtigen Überzeugung, die Fähigkeit zur Anpassung an die gegebenen Formen des Unterrichts sei bis auf Weiteres das Ziel aller Pädagogik«. Man habe ein Lernen gelernt, das auf die Verinnerlichung der Materien verzichte. Timo Frasch beschreibt diesen neuen Lerntypus als »Billigesser«: »Bulimie-Lernen: rein in den Kopf, raus aus dem Kopf«[22]. Spitzer gibt als Tipp mit auf den Weg: »Und wenn es wieder einmal um die Beschaffung von Lehr- und Lernmitteln geht, so achte man darauf, dass sie ohne Strom auskommen – man liegt dann eher nicht ganz falsch.«[23] Obendrein schlägt er vor, die Regel, dass eine Klassenarbeit nur den Stoff der vergangenen sechs Wochen beinhalten darf, »auf den Kopf zu stellen« und stattdessen flächendeckend einzuführen, in Schule und Universität, dass »nichts von dem geprüft wird, was gerade dran war, sondern alles andere«. Denn dann lohne sich das Lernen auf die Prüfung nicht nur nicht: »Es geht überhaupt nicht!« Schüler und Studenten würden auf diese Weise »dazu angehalten, nachhaltig zu lernen und nicht ihre Zeit mit sinnlosem Gepauke zu verschwenden«. Viel zu viele, auch gute Schüler hätten »vor allem eins gemeinsam«, beklagt der österreichische Ökonom Andreas Salcher, Mitbegründer der »Sir Karl Popper Schule« für besonders Begabte:

Sie haben zwar etwas gelernt – aber nicht verstanden. (...) Wir haben uns, auch in sogenannten guten Schulen, sowohl als Lehrer als auch als Eltern angewöhnt, bestimmte Leistungen als Zeichen für Verständnis zu werten. Wenn Sie einen Multiple-Choice-Test richtig ankreuzen oder Fragestellungen bei einer Prüfung in der genau vorherbestimmten Methode beantworten, dann gehen wir davon aus, dass Sie etwas gelernt haben. Die viel wichtigere Frage »Haben Sie es auch tatsächlich verstanden?« ist eines der ganz großen Tabus unseres Schulsystems; die Lücke zwischen dem, was als gelernt gilt, und dem, was echtes Verstehen bedeutet.[24]

Kritik am System Bulimie-Lernen ist aber schlicht nicht angesagt, sie ist politisch nicht korrekt. Was politisch korrekt ist, das gibt jetzt das IQB vor. So beauftragte die Bayerische Staatsregierung das Institut, die zum Schuljahr 2008/09 überarbeiteten G8-Lehrpläne auf ihre Vereinbarkeit mit den geltenden Bildungsstandards für den mittleren Schulabschluss Klasse 10 und den Einheitlichen Prüfungsanforderungen für die Abiturprüfung (EPA) abzugleichen. Die »übergreifende Stellungnahme und Handlungsempfehlungen«, die das IQB daraufhin abgab, sind in vielerlei Hinsicht aufschlussreich[25]. Und deprimierend, denn sie klingen – um das triste wie treffende Bild des Lehrerverbandspräsidenten Kraus noch einmal zu bemühen – wie Stricken ohne Wolle. In dem Bericht wimmelt es von schwammigen Begriffen und Umschreibungen wie »Input-Steuerung« und »Output-Steuerung«, »Inputorientiert«, von »kompetenzbezogenen Inhalten« (ohne sie freilich konkret zu benennen), von »angezielten Kompetenzen«, »Inhaltsorientierung« und »schlanken, kompetenzorientierten Kerncurricula«. Insgesamt, so monieren die IQB-Sachverständigen, seien die bayerischen Lehrpläne »noch stark Input-orientiert«. Zwar sei »eine Verbindung zu den als Output angestrebten Kompetenzzielen erkennbar, sollte aber weiterentwickelt werden«. Kompetenzorientierung »im Bereich Wissen« werde zwar »oft gut umgesetzt«. Die übrigen »hierauf aufbauenden Kompetenzen wie Handlungs-, Kommunikations- und Bewertungsfähigkeit« kämen »jedoch zu kurz«. Mit anderen Worten: Die bayerischen Lehrpläne sind noch keine Leerpläne, sie enthalten zu viel Inhalte und zu wenig Leerstellen.

Schulpolitik zum Ende des 20. und zu Beginn des 21. Jahrhunderts ist maßgeblich geprägt von zwei Schlagworten – von »Beschleunigung« und von »Entrümpelung«. Beides hat miteinander zu tun: Damit die jungen Leute in kürzerer Zeit aus der Schule und schneller auf den Arbeitsmarkt kommen (siehe achtjähriges Gym-

nasium G8), sollen – so der schulpolitisch korrekte Mainstream – die Lehrpläne »entrümpelt« werden. Manche Eltern hören das gern. Schließlich, so wird argumentiert, seien entrümpelte Lehrpläne kinderfreundlicher. (...) Insofern ist die aktuelle Entrümpelungs- und Erleichterungspädagogik der hohen Politik durchaus populistisch. Aber langsam! Die Lehrpläne sind über Jahrzehnte hinweg in mehreren deutschen Ländern bereits längst erheblich verschlankt, wenn nicht schier zu Leerplänen degradiert worden. (...) Um (...) rund ein Drittel wurde zur Implementierung des achtjährigen Gymnasiums (G8) der fremdsprachige gymnasiale Wortschatz so mancher Jahrgangsstufen gekürzt – und das in Zeiten fortschreitender Globalisierung. (...) Zum Beispiel gibt es in den Lehrplänen der neuen gymnasialen Oberstufe in Bayern keine Weltkriege mehr.[26]

GEO Wissen stimmte ein in die populistische Masche des notwendigen Faktenstreichens in den bayerischen G8-Lehrplänen[27]. Auch wenn man das IQB durchaus als »unabhängig« bezeichnen kann, wie *GEO Wissen* es tut, und das Institut sich ja auch selbst so nennt, so muss man doch sagen, dass es sich eher den PISA- und damit den ökonomisch geprägten OECD-Ansprüchen verpflichtet fühlt, als dass es sich rühmen dürfte, intensive Teilhabe am Alltagsbetrieb deutscher Schulen zu besitzen. Unabhängigkeit von den Schulen muss man dem IQB wohl attestieren, aber in der nicht gerade schmeichelhaften Form, dass es nicht viel Ahnung davon hat, was in den Klassenzimmern passiert. Zugleich ist es aber auch wiederum abhängig von den Schulen und ihren Schülern, insofern es ja Folgeaufträge benötigt, um seine Existenz zu sichern. Von einer hundertprozentigen Unabhängigkeit kann also keine Rede sein, denn mit dem Erlöschen der Folgeaufträge wäre das IQB ja überflüssig.

Man mag das als Kaffeesatzleserei bemäkeln, aber ist es denn nicht geradezu entlarvend, dass einer der beiden Herausgeber der IQB-Stellungnahme zu den bayerischen G8-Lehrplänen, Walther

Kösters, vormals bei der Stiftung Warentest beschäftigt war? Zwar sei er dort »für Evaluation im Bildungsbereich verantwortlich« gewesen, aber die unmittelbare Nähe zu Waschmaschinen und Hautcremes, die bei Stiftung Warentest ja auch miteinander verglichen und bewertet werden, sagt eigentlich schon genug aus. Bildung ist eine Ware unter vielen geworden. Sie wird gemessen, gewogen und bewertet nach Kriterien, die für beliebige andere Produkte auch gelten. Das ist längst nicht mehr anrüchig, sondern im Gegenteil: Es ist salonfähig. Und was sagt es aus über das Urteilsvermögen von angeblichen Experten, wenn man erfährt, dass fünf von neun Autoren, die ihre fachbezogenen Stellungnahmen zu den G8-Lehrplänen abgegeben haben, niemals selbst an Schulen unterrichtet haben, also nur mittelbar über sie Bescheid wissen? Ein sechster Autor war immerhin sechs Jahre lang an einer Freien Waldorfschule beschäftigt – nur: Ist eine Freie Waldorfschule mit dem G8 vergleichbar? Immerhin können Waldorfschüler sich bis heute 13 Jahre Zeit bis zum Abitur lassen. Ein siebter Autor hat vor seiner Professorentätigkeit am Euregio-Kolleg Würselen bei Aachen gelehrt – einer Einrichtung, an der Berufstätige ihr Abitur auf dem zweiten Bildungsweg nachholen können. Auch das hat wohl nicht annähernd mit der heutigen Realität am G8 zu tun. So wird an den Lehrplänen dieser neuen Schulform herumgedoktert von Leuten, die sich als Geburtshelfer betrachten, aber eben doch nur Geistheiler sind.

Die IQB-Experten vergessen übrigens nicht, in ihrem Bericht zu erwähnen: »Für die Bereiche Lesen, Mathematik und Naturwissenschaften haben die bisherigen Ländervergleiche in PISA belegen können, dass bayerische Schülerinnen und Schüler eher hohe Leistungen erreichen; dies gilt umso mehr für die Gymnasiastinnen und Gymnasiasten.« Mit Verlaub: Warum lässt man dann nicht einfach alles beim Alten? Warum müssen jetzt »schlanke, kompetenzorientierte Kerncurricula« her, wenn die Schüler doch spitze waren und vermutlich auch noch sind? Warum streicht man die Inhalte, von denen die Schüler ganz offensichtlich profitiert haben, und ersetzt sie durch Kompetenzen? Wäre es nicht die beste und einfachste Lösung, dem Gymnasium die dreizehnte Jahrgangsstufe wahlweise zurückzugeben? Zumal »die Umstellung auf kompetenzbezogene schlanke Kerncurricula« von den Autoren als »ein längerfristiger Prozess« bezeichnet wird, der »Jahre, möglicherweise Jahrzehnte dauern und sich in mehreren Zwischenstufen vollziehen« werde? Mit welchem Recht degradiert man eine ganze Schülergeneration zu unfreiwilligen Versuchskaninchen, die unter den eher schlechten als rechten G8-Bedingungen massiv zu leiden haben? Und mit ihnen auch Eltern, Lehrer und G9-bewährte Geschwister? Bayern steht hier nur stellvertretend für all die anderen Bundesländer, in denen das gleiche oder doch sehr ähnliche Trauerspiel über die schulische Alltagsbühne geht und in denen Eltern, Lehrer und Schüler sich nichts sehnlicher wünschen, als zumindest die Wahlmöglichkeit zu bekommen: ob man in herkömmlicher, weitgehend entspannter Atmosphäre nach neun Jahren das Abitur erreicht oder ob man sich in die Hände der dilettantischen Möchtegern-Geburtshelfer und Geistheiler begibt und den Schnelldurchlauf wagt.

GROSSE WOLLEN ENTSCHLEUNIGEN
Nur Kleine sollen rasen?

Als niedergelassener Kinder- und Jugendarzt wie auch als betroffener Vater erlebe ich die Folgen der vor vier Jahren beschlossenen Verkürzung des Gymnasiums auf acht Jahre täglich in Praxis und Familie. Die Kinder zeigen die sonst bei unter Stress und »Burn-out« leidenden Managern bekannten Symptome – und die Familien leiden mit. Beschwerden wie Kopfschmerzen und Erschöpfungszustände, aber auch psychische Probleme haben nach meiner Wahrnehmung in den letzten Jahren erheblich zugenommen.

Das verwundert nicht, wenn aufgrund der »Verdichtung« in den siebten und achten Gymnasialklassen teilweise 36 Wochenstunden und zusätzlich noch Hausaufgaben zu bewältigen sind. Daneben bleibt den meisten Kindern beziehungsweise Jugendlichen kaum noch Zeit und Energie für einen sinnvollen Ausgleich – sei es durch Sport oder soziale Kontakte. (...) Dr. med. Stefan Trapp, Bremen[1]

Dem Leserbriefschreiber sei Dank, denn er umreißt das Kernproblem von G8 kurz und prägnant. Dabei handelt es sich, das darf man mit Fug und Recht behaupten, nicht um eine Einzelstimme – wohl aber um eine einzelne Stimme, die sich traut, einen Missstand anzuprangern. Selbstverständlich ist das keineswegs, denn wer als Mutter oder Vater Kritik am G8 übt, gerät schnell in den Verdacht, seinen Kindern Dinge zuzumuten, für die diese eigentlich nicht geeignet sind. Wer will sich schon als Streber-Eltern in der Öffentlichkeit präsentieren, die das Abitur als »eine Frage der Existenz und der Ehre« missverstehen und die für ihre Kinder auf Biegen und Brechen »ein Leben an der Parkallee« durchboxen wollen, wie *Spiegel-Online* höhnte[2]? Da hält man lieber den Mund, duckt sich still weg, paukt mit seinen Kindern daheim bis zum Umfallen, auch abends und sonntags, bucht das Rundum-sorglos-Nachhilfepaket oder schickt sein Kind gleich aufs Internat.

Baden-württembergische und bayerische Internate haben in den vergangenen Jahren eine regelrechte G8-Flucht verzeichnet, einen »Flüchtlingsstrom von Eltern und Kindern aus der vormittäglichen G8-Unterrichtszusammenballung«, wie der frühere Leiter des Internats Landheim Schondorf am Ammersee, Rolf Mantler, es nannte[3]. Kein Wunder: Während die normalen G8-Gymnasien quasi zum Halbtagspreis Ganztagskost bieten müssen, indem sie Stunde an Stunde reihen – ohne zusätzliche Betreuungs- und Vertiefungsmöglichkeiten, geschweige denn vernünftige Essensangebote, Aufenthaltsräume und Arbeitsplätze für Lehrer und Schüler zu besitzen –, können die Internate jetzt mit ihrer immer schon gewährten Rundumpflege und -betreuung in kleinen Klassen und Gruppen aus dem Vollen schöpfen. Das entlastet Schüler und Lehrer, vor allem aber die Eltern zuverlässig, sofern diese über einen gut gefüllten Geldbeutel verfügen, der sich freilich durch den Internatsbesuch ebenso zuverlässig wieder leert. Das G8 verliere in einen »solchen Lern- und Lebensalltag integriert seinen bei vielen Eltern erzeugten Schrecken und wird zur Chance für deutsche Schüler, neben der international üblichen Schulzeit von zwölf Jahren dennoch die vielen anderen Möglichkeiten zu nutzen, eine starke und selbstbewusste Persönlichkeit zu entwickeln und auszubauen«[4].

Dass da wohl ein bisschen dick aufgetragen wird und auch der Besuch eines solchen 24-Stunden-Betriebs nicht die reibungslose G8-Bewältigung garantiert, zeigt das Beispiel Salem. Das Landerziehungsheim Schloss Salem, das in dem wohl nicht ganz unberechtigten und wenig schmeichelhaften Ruf steht, vor allem die pubertierenden Zöglinge der Reichen und Schönen auf ihrem steinigen Weg zum Abitur zu begleiten, was bei Gebühren von gut 30.000 Euro jährlich für Schul- samt Internatsbesuch kaum abwegig scheint, wollte in diesem Schuljahr erstmals ein Entschleunigungsjahr nach der zehnten Klasse anbieten: Der handverlesene, in kleinen Klassen unterrichtete und auch sonst mit allerlei Annehmlichkeiten versorgte Nachwuchs sei vielfach überfordert mit der Turbo-Schule. Die »Lebenslust« bleibe auf der Strecke, wenn es nur noch um Noten gehe, der »akademische Druck« sei vielen Schülern zu hoch. So war um den Jahreswechsel 2009/10 herum etwa vier Wochen lang auf der offiziellen Salem-Website zu lesen:

Fit fürs Abi und fürs Leben – Das Salemjahr

Das Internat Salem führt zum Schuljahr 2010/2011 ein Aufbau-Programm für die gymnasiale Oberstufe ein.

Die Straffung des Schulstoffs im achtjährigen Gymnasium stößt nicht auf ungeteilte Begeisterung. »Das G8 garantiert ohne Zweifel eine zügige und hochwertige Ausbildung, doch bleibt bei einigen Schülern die Lebenslust auf der Strecke, wenn es für sie nur noch um Noten geht«, weiß Michael Meister, langjähriger Internatsleiter der Mittelstufe Salem, und Studienleiter Manuel Schiffer fügt hinzu: »Der akademische Druck ist für eine Reihe von Schülern zu hoch, um das konzentrierte Programm mit zufriedenstellenden Ergebnissen zu bewältigen.«

In Absprache mit dem Kultusministerium Baden-Württemberg wird zum Schuljahr 2010/2011 an der Schule Schloss Salem das Salemjahr angeboten: In einem zusätzlichen Schuljahr nach Klasse 10 wird der schulische Stoff der Mittelstufe noch einmal gründlich für die Kursstufe aufbereitet. Darüber hinaus können die Jugendlichen ganz im Sinne der Salemer Tradition im Internatsalltag, im weltweiten Schüleraustausch und bei vielfältigen Projekten neue Talente entdecken und ihre Persönlichkeit entfalten.

Das Salemjahr empfiehlt sich für Gymnasiasten und Realschüler, die nach dem Erwerb der mittleren Reife das Abitur anstreben, die sich aber aufgrund ihrer schulischen Laufbahn oder wegen der im G8 gestiegenen Anforderungen intensiver auf das Kurssystem vorbereiten möchten.

Im Salemjahr werden akademische Lücken, die in vorangegangenen Schuljahren entstanden sind, im Fachunterricht gezielt geschlossen; das Programm geht aber darüber hinaus: Es umfasst den Erwerb und die Festigung von Lern- und Präsentationsmethoden, die für ein sicheres Auftreten und eine selbstverantwortliche Arbeitsorganisation unverzichtbar sind. Politische und künstlerische Projekte, ein mehrwöchiger Sprachaufenthalt an einer Partnerschule im Ausland und die Anfertigung einer Facharbeit runden das Curriculum ab.

Auch in das Internatsleben integrieren sich die Absolventen des Salemjahres in vollem Umfang: Zusammen mit den anderen Mittelstufenschülern wohnen sie im Schloss, sie belegen einen Dienst, nehmen an den sportlichen, musischen und politischen Aktivitäten teil und tragen Verantwortung für das Funktionieren ihrer Schule.

Das Salemjahr bietet eine Entschleunigung, die etwas bringt: ein Jahr lang die ganzheitliche Salemer Erziehung erleben, gut vorbereitet in die Kursstufe des Salem International College wechseln und sich mit dem Empfang des Abiturzeugnisses alle Möglichkeiten für den weiteren Lebensweg sichern.[5]

Das hörte beziehungsweise las man gern, denn das zeigte doch, dass selbst eine solche Einrichtung, die mit ihrem hohen schulischen Niveau wirbt und – wohl auch um der unschönen Legendenbildung von den Reichen und Schönen zu entkommen – etliche Stipendien an begabte Schüler vergibt, keinesfalls nur über das intellektuelle Schülerpotenzial verfügt, das das Abi im Turbo-Tempo schafft, im Gegenteil: Wenn Salem etwas, das an gewöhnlichen Schulen »Ehrenrunde« oder »Sitzenbleiben« heißt oder zu G9-Zeiten schlicht dreizehntes Schuljahr hieß, institutionalisieren und umetikettieren möchte in Entschleunigungsjahr, dann muss der Druck gewaltig sein, auch von Elternseite. Es ist ja auch kein Wunder: Gerade diejenigen Eltern, die ihre Kinder nach Salem schicken, verfügen in der Regel über exzellenten Einblick ins Wirtschaftsleben und ausreichend nützliche Kontakte obendrein, um zu wissen: Auf ein Jahr früher oder später kommt es überhaupt nicht an. Wichtiger für späteren Erfolg im Berufsleben sind zum einen Beziehungen und zum anderen, dass Kinder und Jugendliche ihre Zeit voll ausschöpfen, die eben so nicht wiederkommt. Eine verlorene Kindheit kann man nicht zurückholen, eine verletzte nicht reparieren. Mit halbfertigen, unreifen Absolventen können die Universitäten wenig anfangen, die Wirtschaft noch viel weniger.

Insofern wäre das Salemjahr ein echter Coup gewesen. Die Ankündigung war es ja auch schon, allerdings sorgte die für so viel Wirbel, dass die Schule sich schließlich genötigt sah, um des lieben Landfriedens willen den Antrag auf ein dreizehntes Schuljahr wieder zurückzuziehen. Ansonsten hätte sich wohl rasch der Eindruck aufgedrängt, dass nur da, wo die Eltern in der Lage sind, ein solches zusätzliches Schuljahr aus eigener Tasche zu bezahlen, die Kinder von einer Entschleunigungsrunde profitieren dürfen. Denn dass das G8 an den öffentlichen Schulen vor allem eine Sparmaßnahme ist, ist spätestens da allen klar geworden, wo man sich mit der Wirklichkeit konfrontiert sieht. Lehrerverbandspräsident Josef Kraus, der das Salemjahr samt »Tatsache, dass das Kultusministerium das so mitmacht«, kurz nach Bekanntwerden als »eine Lachnummer« bezeichnet hatte, vermutete, dass »man es sich halt mit gewissen ›besseren‹ Eltern nicht verscherzen« wolle[6]. Heinz-Peter Meidinger, Vorsitzender des Philologenverbandes, wertet es hingegen als »sehr interessantes Modell, weil es einem das ewige Herumdoktern am Lehrplan erspart«[7]. Spannend findet er vor allem die starke Profilbildung samt Integration eines Auslandsaufenthaltes: »Denn davon muss ich meinen Schülern jetzt fast immer abraten, weil die Zeit einfach zu knapp dafür ist.« Der Philologenverband wolle sich bundesweit – in Anlehnung an das Salem-Modell – für eine »flexible Oberstufe samt vorangestelltem Vertiefungsjahr« stark machen, verspricht Meidinger. Der Verbandschef rechnet mit »harten politischen Kämpfen, die aber ausgefochten werden müssen«.

Schließlich sei es auch in Finnland möglich, die Oberstufe in zwei, drei oder vier Jahren zu durchlaufen. »Dahin müssen wir auch kommen«, meint Meidinger. »Die Schüler wollen doch nicht irgendein Abitur machen, sondern ein gutes.« Der Philologenverbandschef rechnet in den kommenden Jahren mit einer »massiven Qualitätsdebatte«, ausgelöst durch G8. So fallen beispielsweise bei der zweiten Fremdsprache rund hundert Unterrichtsstunden flach, rechnet er vor, und eine Latein-Vergleichsarbeit in der elften Stufe habe gezeigt, dass die G8er im Vergleich zu den G9ern ein ganzes Schuljahr zurückliegen – trotz aller Beteuerungen, die Unterrichtsstunden würden nicht weniger, weil man ja an den 265 Jahreswochenstunden festhalte. »Die Unis werden sich noch umgucken, was da auf sie zukommt. Schon jetzt müssen viele Studiengänge Vorsemester einschalten, um die Absolventen studierfähig zu machen.« Der baden-württembergische Philologenverband forderte denn auch prompt nach Bekanntwerden des Salemjahrs, dieses künftig auch allen anderen Gymnasien des Landes zu erlauben. »Was in Salem als richtig erkannt wurde, kann andernorts nicht falsch sein«, sagte Bernd Saur, Landesvorsitzender des baden-württembergischen Philologenverbands. »Wir wollen ein hochwertiges Abitur behalten, deshalb muss man zur Kenntnis nehmen, dass ein G8 nicht für alle Gymnasiasten geeignet ist.«[8] Lehrerverbandspräsident Kraus bezweifelt zudem die Gleichsetzung von Studierberechtigung und Studierbefähigung:

Was in den G8-Lehrplänen und in G8-Abiturmusteraufgaben steht, ist Fassade und Schaumschlägerei. Fünfzig Prozent der G8-Schüler können dem nicht gerecht werden, aber sie werden trotzdem die Studierberechtigung ausgehändigt bekommen, ohne die Studierbefähigung zu besitzen. Denn das G8 ist zum Erfolg verurteilt. Notfalls wird der Erfolg planwirtschaftlich hinmanipuliert – mit liberalisierten Notengebungen, Versetzungsbestimmungen, Nachprüfungsoptionen und so fort.[9]

In diese Richtung muss man wohl denken, wenn der bayerische Kultusminister Ludwig Spaenle verkündet, G8-Schüler hätten im Halbjahrszeugnis der elften Jahrgangsstufe »nahezu gleich gut« abgeschnitten wie die G9-Schüler der zwölften Jahrgangsstufe. Mehr noch: In Deutsch, Mathematik und Englisch hätten die Turbo-Schüler sogar bessere Noten erzielt als ihre G9-Gefährten; Letztere lagen lediglich in Latein vorn. Grundlage für diese Ergebnisse sei eine landesweite repräsentative Datenerhebung gewesen bei rund 9.000 Schülern an rund fünfzehn Prozent der staatlichen Gymnasien in Bayern, heißt es aus dem Kultusministerium[10]. So werden sich Insider bestätigt sehen, die prophezeien: Die erste G8-Schülergeneration wird möglichst sanft durchs Abitur getragen werden, um einen allgemeinen Aufschrei – und damit eine erneute Diskussion ums G8 – zu vermeiden.

Zwei Magdeburger Forscher kommen nämlich zu ganz anderen Ergebnissen als Herr Spaenle. Zumindest für Sachsen-Anhalt, wo die Schulzeitverkürzung bereits 2003 umgesetzt wurde und es 2007 das erste Doppelabitur gab, zeigte sich ihren Untersuchungen zufolge: Die Turbo-Abiturienten schnitten »signifikant schlechter« ab als ihre Langzeitkollegen nach neun Jahren Gymnasium; die Unterschiede sind vor allem fächer- und geschlechterzentriert:

Insbesondere in Mathematik schneiden die Absolventen des 12. Jahrgangs signifikant schlechter ab als diejenigen des 13. Jahrgangs. Der durchschnittliche Absolvent muss einen erwarteten

Punkterückgang von 11 % (von 7,8 auf 6,9) hinnehmen, während der Rückgang für die durchschnittliche Absolventin bei 8 % (von 7,7 auf 7,1) liegt. Zudem hat die Reform einen signifikant negativen Effekt auf die Englischkenntnisse bei Frauen. (...) Darüber hinaus zeigt sich, dass nicht alle Schüler der gestiegenen Lernintensität gewachsen sind, sondern ein Jahr länger bis zum Abitur benötigen oder mit einem niedrigeren Abschluss die Schule verlassen.[11]

Es bleibt zu hoffen, dass das Beispiel Salem den Bildungsbürokraten zeigt, welchen Schildbürgerstreich sie sich mit der Turbo-Schule eingehandelt haben. Dass das Ministerium gewaltigen Druck auf Salem ausgeübt haben wird, den Antrag wieder zurückzuziehen, steht zu vermuten. Denn wenn nun alle anderen Schulen ebenfalls um ein Entschleunigungsjahr gebettelt hätten, wäre es mit der verjüngten Absolventenschar rasch vorbei gewesen. Die wollte man aber doch gerade haben, ihretwegen hat man die Schulzeit um ein Jahr verkürzt.

Nachdem die Verfasserin dieses Buches beim Kultusministerium angefragt hatte, mit welcher Begründung Salem das »Salemjahr« installieren dürfe, zumal Studienleiter Manuel Schiffer zuvor von einem Jahr gesprochen hatte, in dem man »wirklich sehr frei« sei und genügend »Zeit für eigene Projekte« bleibe, es sich quasi um eine »Auszeit« vom üblichen Schulbetrieb, eine Art »Auslandsjahr im Inland«[12] handle und keineswegs um ein reines Wiederholungsjahr, und wie man in Stuttgart denn gedenke zu reagieren, wenn andere Gymnasien ebenfalls auf die Idee verfielen, ein solches Jahr zu etablieren, da war das Salemjahr rasch wieder von der Homepage verschwunden, und von Salem mochte sich zunächst auch niemand mehr in dieser Angelegenheit äußern. Die Sprecherin des Kultusministeriums sprach von »internem Klärungsbedarf«, der jetzt wohl in Salem bestehe, und betonte: »Es wird in Baden-Württemberg kein entschleunigtes G8 und auch keine Wiedereinführung des G9 geben.« Das Salemjahr sei nur als »freiwilliges Wiederholungsjahr der zehnten Klasse« möglich, und das bedeute: Sämtliche Pflichtveranstaltungen wie Klausuren und der komplette Stundenplan müssten wiederholt werden. Eine »Absprache« mit der Behörde, wie die Internats-Website behauptet hatte, habe es zu keiner Zeit gegeben. Das freiwillige Wiederholen der zehnten Klasse sei aber auch an allen anderen Gymnasien möglich.

Nun dürfte das nicht das gewesen sein, was Salem vorgeschwebt haben wird: die umetikettierte Ehrenrunde. Schulleiterin Eva Marie Haberfellner antwortete denn auch kurze Zeit später auf die Frage, ob man denn nun am Salemjahr festhalten wolle oder nicht, nur knapp und kultuspolitisch korrekt:

Es handelt sich dabei um keine Variante des neunjährigen Gymnasiums. Ziel ist die individuelle Förderung von Schülern und der Ausgleich von Defiziten. Schülern aus dem Ausland soll die Eingliederung in das deutsche System und die Vermittlung der Salemer Werte ermöglicht werden.[13]

Man muss wohl davon ausgehen, dass die Behörde Krach geschlagen hat und Sorge trug, ihr Turbo-Modell könne Kratzer abbekommen. Das hat es aber ja längst, insofern täte das Ministerium besser daran, den Schulen jetzt wenigstens den Freiraum zu lassen, um selbst auszuprobieren, wie und mit welchen Mitteln sie das gestrandete Turbo-Wrack wieder aus dem Graben ziehen können. Aber eigenverantwortliche Schule meint eben offensichtlich doch nur, dass man selbst sehen soll, wie man das Chaos verwaltet – und nicht, wie man es schafft, aus einem halbgaren Konzept eine bessere als nur die Notlösung zu zimmern.

Wie unterschiedlich die Behörden hier allerdings von Land zu Land agieren, zeigt das Beispiel Schloss Bieberstein in Hessen – wie Salem ein sogenanntes Landerziehungsheim. Mit Gebühren von 2.367 Euro monatlich plus einmaliger Aufnahmegebühr von 520

Euro stellt das Internat wohl ebenfalls nur für betuchtere Eltern und deren Kinder eine echte Alternative zur öffentlichen Turbo-Schule dar: Bieberstein hat es nämlich geschafft, ein »Bildungsjahr« durchzusetzen und damit praktisch wieder ein dreizehntes Schuljahr zu etablieren – wenn auch unter anderem Namen (vgl. Kapitel 9).

Dass eine Schule im Jahr 2010 mit dem Schlagwort »Entschleunigung« überhaupt noch auftrumpfen und damit eine regelrechte Revolte auslösen kann, ist schon kurios. Man reibt sich die Augen und fragt sich: Warum hat man sich den G8-Beschleunigungsstress eigentlich zu einem Zeitpunkt aufgehalst, zu dem doch auf allen anderen Gebieten längst das Thema Entschleunigung angesagt war? Wie konnte man einem überholten Trend hinterherrennen? Im März 2001 – also im selben Jahr, in dem das Saarland als erstes Bundesland das G8 einführte – erschien bei *Spiegel-Online* die Story »Entschleunigung: Der Trend zu weniger Tempo«[14]. Von einem »Entschleunigungsstudio« in New York war da die Rede, auf die Slow-Food-Bewegung wurde verwiesen und die »Slobbies«, die »slower but better working people«. Ein Hamburger E-Commerce-Dienstleister bezeichnete »den Wahn, für nichts mehr Zeit zu haben«, als »allgemeine Onanie«, und der Gründer und Vorstandschef eines Technologieunternehmens im Schwarzwald gab an, seinen Mitarbeitern Sten Nadolnys Buch »Die Entdeckung der Langsamkeit« zu schenken, um sie vorm Burn-out-Syndrom zu bewahren. Der Klagenfurter Philosoph Peter Heintel hatte schon 1990 seinen »Verein zur Verzögerung der Zeit« gegründet. »Die wenigsten haben es ja gelernt, mit Zeit souverän umzugehen, die sind fast glücklich, wenn sie im Stau zum Ferienort zwangsentschleunigt werden (...)«, ließ Heintel sich zitieren.

Ebenfalls 2001 erschien im Argon-Verlag, der ein Jahr zuvor den Trendsetter *Generation Golf* veröffentlicht hatte, ein Buch von Axel Braig und Ulrich Renz mit dem Titel *Die Kunst, weniger zu ar-*

beiten. Braig, Jahrgang 1951, dreifacher Familienvater, hat im Erstberuf als Orchestermusiker gearbeitet, dann auf Krankenhausarzt umgesattelt; Renz, Jahrgang 1960, fünffacher Familienvater, ist ebenfalls ausgebildeter Mediziner und nun als Geschäftsführer verschiedener medizinischer Fachverlage tätig. Es genügt, die Kapitelüberschriften des Bandes zu überfliegen, um zu wissen, worum es den Autoren geht: »Wie viel Arbeit braucht der Mensch? Aus dem Tagebuch eines Aussteigers: Der Manager. Der Heiligenschein der Arbeit. Die Schattenseite der Arbeit. Aus dem Tagebuch eines Aussteigers: Der Arzt. Die lange Geschichte der Arbeit und die kurze Geschichte ihrer Verherrlichung. Das Ende der Arbeit und ihre wahnsinnige Zukunft. Weniger arbeiten, mehr leben. Privatiers, Dilettanten, Müßiggänger.«

Die »Europäische Stiftung zur Verbesserung der Lebens- und Arbeitsbedingungen« wies in ihrem Bericht »Work-life-balance – Solving the dilemma« im Januar 2008 generell auf die Vorteile kürzerer Arbeitszeiten hin: »Bei Teilzeitarbeitnehmern und Menschen, die weniger als 35 Stunden in der Woche arbeiten, wird der niedrigste Anteil sowohl körperlicher als auch geistiger Probleme beobachtet.«[15] Sind Kinder keine Menschen, oder warum mutet man ihnen – inklusive Hausarbeiten – locker eine 45-Stunden-Woche zu?

Ein weiterer Eurofound-Bericht »Arbeitsbedingungen in der Europäischen Union: Arbeitszeit und Arbeitsintensität« vom Dezember 2009 riet dann aufgrund fehlender Aufstiegschancen zwar von Teilzeitarbeit ab, gab aber dennoch klar zu verstehen, was man mit gesundem Menschenverstand natürlich auch so erahnen kann: Dass sich ein hohes Arbeitspensum unter Zeitdruck langfristig nicht durchhalten lässt und sowohl auf Kosten der Gesundheit der Mitarbeiter geht als auch zulasten des Arbeitsergebnisses. Aufs Fast-Food-Lernen am G8 dürften diese Zeilen eins zu eins übertragbar sein:

»*Verschiedene Untersuchungen und Akteure neigen naturgemäß zu unterschiedlichen Definitionen des Begriffs Arbeitsintensität. Einige Ergebnisse decken sich jedoch unabhängig davon, wie diese Intensität in den einzelnen Fällen gemessen wird, und lassen darauf schließen, dass eine hohe Arbeitsintensität mit enormen Kosten in Bezug auf Gesundheitsschutz und Sicherheit bei der Arbeit verbunden ist. Es zeichnet sich ein klarer Zusammenhang zwischen Arbeitsintensität und schlechten physischen wie auch psychischen Arbeitsbedingungen ab.*

Menschen, die mit einer hohen Arbeitsintensität zurechtkommen, dürften allerdings entsprechend bessere Karrierechancen haben. Es gibt sogar Arbeitnehmer, die intensives Arbeiten als interessant und befriedigend empfinden. Andererseits lässt sich ein hohes Arbeitstempo nicht langfristig aufrechterhalten und auch das Qualifikationsniveau kann leiden (...)«[16]

Die *Zeit* druckte in ihrer Silvesterausgabe 2009 ein Interview mit dem »Beschleunigungsforscher« Hartmut Rosa, Jahrgang 1965, dessen Habilitationsschrift *Beschleunigung – Die Veränderung der Zeitstrukturen in der Moderne* 2005 bei Suhrkamp erschienen war. »Gegen die Beschleunigung einer ganzen Gesellschaft müssen alle individuellen Entschleunigungsstrategien fast notwendigerweise scheitern. Kaum jemand sagt, dass es ein strukturelles, gesellschaftliches Problem ist«, sagte Rosa in dem Interview.

Eben darum ist man in Salem ja schlauerweise auch strukturell vorgegangen und hat das gestrichene Schuljahr einfach wieder ergänzen wollen, nur unter anderem Namen. Die »normale« Möglichkeit, eine individuelle Ehrenrunde zu drehen, wäre dann wieder tabu gewesen. Denn Rosa hat schon recht: Man will in der Beschleunigungsgesellschaft ja nicht aus dem sozialen Netz fallen – auch wenn der Pfarrer in der Neujahrspredigt die »Kurzfristigkeitsphilosophie« und das »Unmittelbarkeitsdiktat« unserer Zeit anprangert und von der »Köstlichkeit der langen Zeit«

schwärmt. Das macht den Zwang zur Beschleunigung – und sei er noch so zweckfrei – dann wohl oder übel doch notwendig. Sich aus dem allgemeinen E-Mail-Verkehr auszuklinken oder schnelle Fluglinien zugunsten langsamerer Schienen- oder Schiffsstrecken links liegen zu lassen sind keine echten Alternativen. So wenig, wie es eine Alternative darstellt, dem Kind zu sagen: Ist nicht so schlimm, wenn du sitzen bleibst, wir sind damals auch länger zur Schule gegangen. Kein Kind wird sich mit der Antwort zufriedengeben, die Eltern im Übrigen auch nicht unbedingt, selbst wenn Pädagogen durchaus Sinn darin sehen, gerade Jungs Zeit für solche »Umwege« zu lassen. Anders sieht es dagegen aus, wenn alle oder doch sehr viele diesen Umweg gehen. Damit holt man die Ehrenrunde aus der Tabuzone.

Die Montessori-Gemeinschaftsschule in Potsdam, die im Dezember 2007 mit dem Deutschen Schulpreis der Robert-Bosch-Stiftung ausgezeichnet wurde, setzt für pubertierende Jungen und Mädchen auf eine »Jugendschule« in der freien Natur, in der bewusst »Langsamkeit« als ein »wichtiges Gebot« zählt. Sorgfalt und Sachverstand erfordern »Verlangsamung als Gegenkonzept zur allgemeinen Beschleunigung der Gesellschaft«, betont Schulleiterin Ulrike Kegler. Die Jugendlichen sollen zur »Machtergreifung« ihres Geländes »keine schnellen Kettensägen« benutzen, sondern »sinnvolle Handlungsstrategien entwickeln«. Respektvoller Umgang mit Natur und Geschichte brauche eben »Zeit«[17].

Entschleunigung ist also das gesellschaftliche Megathema schlechthin geworden. Manch einer muss sich sogar im Urlaub erst wieder darauf besinnen, dass es auch langsamer geht und man damit womöglich besser wegkommt. So berichtete ein Reiseblatt ausführlich über das erste »entschleunigte Skigebiet« der Alpen, das auf der Davoser Schatzalp am 19. Dezember 2009 seinen Betrieb aufgenommen hat: »ohne Kunstschnee, Party und Turbolifte, sondern so, wie es früher einmal war«. Der Aufenthalt in einem »Slowmountain-Terrain« habe allerdings einen »folgenschweren Nebeneffekt«, schreibt der Autor:

Wer drei Tage auf der Schatzalp unbehelligt seine Schwünge gezogen hat und dann für ein paar Stunden ins Parsenn-Gebiet wechselt, hat für die Errungenschaften der neueren Zeit kaum noch Verständnis. Schon der Blick aus der brechend vollen Standseilbahn zeigt die Absurdität des heutigen Skibetriebs: Vis-à-vis rasen die haubengedeckten Sechsersessel der neuen »Parsenn-Rapid«-Bahn von einem Riesenmast zum nächsten, unter ihr schießen dicht gedrängt die Skifahrer auf einer Pistenautobahn zum Tal, und wie intergalaktische Flakwerfer bereit zum Krieg der Sterne thronen auf hohen Drehkrangestellen Propellerschneekanonen über der Szenerie. Wie konnte man das in all den Jahren nur verdrängen? Echt und natürlich sind in einem modernen Skigebiet allenfalls noch die Hangneigung und das Bergpanorama.[18]

Schon klar, Schule muss auch mit der Zeit gehen. Aber sie darf sich auch gut und gern modischen Neuerungen verschließen, wenn deren Sinn und Nutzen unklar sind. Und vor allem braucht sie sich keine Zeit stehlen zu lassen, schon gar nicht von falschen Propheten, die von Lernen und Schulleben keine Ahnung haben und hinsichtlich ihrer Weissagungen auf dem Arbeitsmarkt auch nicht immer das halten, was sie versprechen. Wenn ein Abiturient beispielsweise in einer Firma erst ein Jahr lang ein Praktikum machen muss, bevor man ihm sagen kann, ob er dort einen Ausbildungsplatz antreten darf oder nicht, dann fragt man sich schon, wie das mit der Forderung nach jüngeren Absolventen gemeint war. Oder wenn ein Referendar ein halbes Jahr und länger auf seine Stelle warten muss, dann ist auch das ein Zeitverlust, der offenbar niemanden stört – außer den Betroffenen selbst. Aber dass Schüler angeblich zu viel Zeit in der Schule vergeuden: Das soll eine Schande, ein öffentliches Ärgernis sein?

Das Thema Entschleunigung ist bislang leider ausschließlich für die Arbeitswelt der Erwachsenen reserviert geblieben. Dort verdienen Karriereberater gutes Geld mit Entschleunigungstipps. »Schneller ist nicht immer auch besser – im Gegenteil!«, sagt der laut *Focus* führende Zeitmanagement-Experte Deutschlands, Lothar Seiwert. »Der hektische Wettlauf mit der Zeit wird – so paradox es zunächst auch klingen mag – meist nicht von den Schnellen, sondern von den Gelassenen und Beharrlichen gewonnen.« Auch Seiwert verweist auf die Slobbies, die sich »mit neuer Lust auf Langsamkeit ganz bewusst ständigem Druck und exaktem Timing widersetzen«. Denn, so fragt Seiwert: »Was nützt die größte Zeitersparnis, wenn Lebensqualität und Spaß an der Arbeit zu kurz kommen?«

Beste Qualität braucht ganz einfach Zeit! Menschliche Arbeitskraft kann man nicht einfach durch Beschleunigung vervielfachen. Deshalb muss, wer in unserer High-Speed-Gesellschaft auf Dauer bestehen will, nicht schneller und härter arbeiten, sondern besser mit seinen Kräften haushalten. Langsamkeit führt nicht automatisch zu schlechteren Leistungen. Wir müssen lernen, zu entschleunigen, während um uns herum alles immer schneller wird. (...) Geduldige und entspannte Menschen sind nicht nur kreativer und haben mehr Spaß an ihrer Arbeit, auf lange Sicht sind sie auch leistungsfähiger als ihre gestressten Kollegen. Das etwas langsamere Tempo ist letztlich sogar ein echter Karrierebeschleuniger. Machen Sie es wie die Slobbies, werden Sie langsamer, um richtig gut zu sein![19]

Warum also sollen diese Entschleunigungstipps nicht auch für den Ort gelten, wo Muße und Zeit mindestens ebenso wichtig und dringend nötig sind: für die Schule, den Arbeitsplatz der Kinder? Vielleicht sollte man die Zeitmanager auch einmal in die Kultusministerien schicken, damit sie die Beamten vor Ort aufklären können über den Zusammenhang zwischen Langsamkeit und Leistung, Hetze und Fehlerquote? Wie schon gesagt, Schule kommt aus dem Griechischen und heißt freie, unverplante Zeit. Im G8 kann von freier, unverplanter Zeit keine Rede sein, im Gegenteil: Jede Stunde, nein Minute des Tages ist verplant und ebenso die wenige verbleibende unterrichtsfreie Zeit: Von schulfrei mag man ja gar nicht mehr sprechen, denn für die Schule muss praktisch immer etwas getan werden, um mitzukommen und den Anschluss nicht zu verlieren, selbst in den Ferien und am Wochenende. Wenn Lehrer sich »Sorgen machen« um das Lernpensum der Kinder, dann erhalten Eltern meist einen Anruf aus der Schule, der daran erinnert, dass in diesem und jenem Fach noch einiges nachzuholen und aufzuarbeiten sei. Ja, man mache sich »Sorgen« um den Schüler x oder die Schülerin y, entweder müssten die Eltern sich jetzt aufrappeln und dem Kind unter die Arme greifen, mit ihm Vokabeln pauken, Brüche üben, das ganze Programm eben, oder das Kind brauche externe Nachhilfe. Das wird inzwischen wirklich so unverblümt ausgesprochen am Gymnasium – während es in der Grundschule noch geheißen hatte, die Kinder sollten weitgehend selbstständig ihre Aufgaben erledigen, damit die Lehrerin eine bessere Übersicht über ihre eigene geleistete Arbeit und den tatsächlichen Lernstand der Schüler erhalte. Eine enge Mitarbeit der Eltern verfälsche das Bild. So wisse die Lehrerin, ob sie angemessen vermittelt habe, und könne gegebenenfalls Dinge noch einmal wiederholen oder anders erklären.

Für derartig sinnvolle pädagogische Überlegungen und Handlungen bleibt im G8 keine Zeit mehr. Wer als Schüler beim ersten Mal nicht begreift, steht dumm da. Auf die Idee, dass da etwas schieflaufen könnte im System, auf der Wissensautobahn, auf der schulischen Dauer-Überholspur, der Kinder und Jugendliche im G8 ausgesetzt sind, kommt anscheinend niemand – außer den Salem-Pädagogen? Oder wagt es niemand auszusprechen, wird es einfach totgeschwiegen? »Das Thema G8 ist durch«, sagt Detlef Kulessa von der Internatsberatung *Töchter und Söhne*[20]. Man darf ihm unterstellen, dass in seinen Worten auch ein wenig Hoffnung und Aufatmen mitschwingt, denn die Internate, siehe oben, sind ja die großen Profiteure der verkorksten Reform. Dass es nun aber tatsächlich so aussieht, als sei das Thema G8 durch, ist auch kein Wunder: Wer will schon den ersten Stein werfen und sich damit die Blöße geben, überfordert zu sein: mit dem Lehren ebenso wie mit dem Lernen im ICE-Tempo? Doch auch wer es nicht zugibt, kann es auf Dauer nicht verschleiern: Die Kinder der Generation G8 sind blasser, lustloser, antriebsschwächer, anfälliger, ihre Lehrer gestresster, hektischer, unsicherer, zurückgezogener – vor allem im Hinblick auf Elterngespräche. Ist doch klar: Wo so viel Druck aufgebaut wird, folgt die Lethargie auf dem Fuß, gepaart mit Versagensängsten und Überdruss an einer künstlichen Turbo-Lernwelt, die dem eigenen Können und Wollen so wenig entspricht.

(...) je tiefer der Mensch in die Arbeitswelt abtaucht, desto blasser erscheint ihm die Welt drumherum. Wenn alle seelischen Energien am Arbeitsplatz gebunden sind, werden Zuhause und Privatleben, Familie und Freunde belanglos. Wer den ganzen Tag zwölf Stunden lang arbeitet, kommt nicht auf die Idee, jenseits der Arbeit Bestätigung und Erfüllung zu suchen. Der Beruf übernimmt plötzlich nicht nur die Regie des Lebens, sondern das Leben selbst. (...)

Nur der Garten blüht und gedeiht, der regelmäßig gepflegt wird. Was nicht ab und zu gegossen wird, verdorrt und geht zugrunde. Das gilt nicht nur für die Liebe, sondern für alle Lebensbereiche. Zweigen Sie nicht zu viel Wasser für den beruflichen Erfolg ab, es könnte Sie teuer zu stehen kommen.[21]

Klingt das nicht alles irgendwie ganz vernünftig? Würde nicht jeder dem sofort zustimmen? Auch Timothy Ferriss' sechs Jahre später erschienenes Plädoyer für *Die 4-Stunden-Woche* bei vollem

Lohnausgleich (»Warum arbeiten wir uns eigentlich zu Tode? Haben wir nichts Besseres zu tun?«) liest sich wie ein Befreiungsschlag. Der amerikanische Jungunternehmer hatte die Nase voll von einer 80-Stunden-Woche und suchte nach einem Konzept, wie er sich aus der Workaholic-Falle befreien konnte:

Geht es Ihnen heute besser als vor einem Jahr, vor einem Monat oder vor einer Woche? Wenn nicht, dann wird sich Ihre Situation auch nicht von selbst verbessern. Dann machen Sie sich etwas vor, und es ist an der Zeit, nach der Notbremse Ausschau zu halten und den Absprung zu planen. Lässt man die Möglichkeit eines Abgangs à la James Dean einmal außen vor, dann haben Sie noch ein LANGES Leben vor sich. Jeden Tag acht Stunden, 40 bis 50 Jahre lang – das ist eine verdammt lange Zeit, wenn die Rettung am Ende ausbleibt. Auch wenn Sie am Stück durcharbeiten würden, müssten Sie sich noch ungefähr 500 Monate abrackern. Das ist ganz schön lange, und Sie sollten sofort damit aufhören, Ihre Lebenszeit zu verschwenden.[22]

In der Erwachsenenwelt dreht sich inzwischen fast alles darum, wie man eine sich ins Unendliche ausdehnende Tag-Nacht-Arbeitszeit begrenzen, wie man sich entlasten, sich Stress vom Hals schaffen und mehr Zeit für Familie und Freizeit reservieren kann. In der Kinder- und Jugendwelt ist das Gegenteil der Fall: Nicht nur, dass man angehalten wird, die Kleinen schon möglichst früh außer Haus zu geben (Bildung fängt in der Kita an!), und ihnen so früh wie möglich Selbstständigkeit aufdrängen soll. Schon in der Grundschule heißt die ungeschriebene, aber unüberhörbare Devise: Grundstein legen für die Zukunft, und das bedeutet viel Zeit investieren ins Lesen, Schreiben, Rechnen. Die Sommerferien werden gern für – oft teure – Lerncamps genutzt, um vermeintliche Lücken aufzuarbeiten oder sich auf die Aufnahmeprüfung oder Probewoche am Gymnasium vorzubereiten, und wenn man dann endlich die heiß begehrte Gymnasialempfehlung in den Händen hält, meinen viele Eltern, das Ziel sei erreicht – und sind frustriert, wenn sie feststellen: Jetzt geht der Stress erst richtig los!

Man kann es Eltern nicht verdenken, dass sie so denken, denn die Schule vollzieht seit einigen Jahren einen Funktionswandel »von einer Instanz der moralischen Erziehung (...) zum Instrument des sozialen Aufstiegs«, wie der deutsch-österreichische Pädagoge Helmut Fend es formuliert hat[23]. Der Dresdner Erziehungswissenschaftler Ludwig Bilz beschreibt es so: »Schule hat in einer meritokratischen Gesellschaft die Aufgabe, auf Grundlage individueller Leistungsfähigkeiten soziale Positionen zu verteilen.«[24] Wer darf, wer will für sein Kind da nicht im Bildungsmonopoly auf die Park- oder Schlossallee hoffen? Kann man es Eltern verdenken, dass sie fürs Kind das Beste wünschen und fordern? Wird ihnen nicht ständig eingetrichtert, Wissen sei der wichtigste Rohstoff, Aufstieg gelinge nur durch Bildung, Zukunft brauche Talent, schon in frühester Kindheit würden die Weichen fürs spätere Leben – oder eben Leiden – gestellt? Nein, man kann Eltern nicht verübeln, dass sie sich dem öffentlichen Druck beugen und ihre Kinder entsprechend anheizen, Gymnasium und Abitur zu schaffen. Dass man mit einer solchen Druckwelle massiven Schaden anrichten kann, ist vielen dabei vielleicht sogar bewusst, denn die meisten Eltern leiden mit, wenn sie ihre Kinder im Dauerstress erleben – mit all seinen Folgen. Doch sie verdrängen es, schließlich geht es den anderen ja genauso. Auch will man selbst kein Weichei sein oder sein Kind zu einem solchen machen, indem man das falsche Vorbild gibt.

Und doch: Es ist überhaupt nicht einzusehen, warum der Druck durchs G8 sich in völlig unannehmbarer Art verselbstständigt und vervielfacht hat. Es ist nicht einzusehen, warum ein Kind, das unter »normalen« G9-Umständen problemlos das Gymnasium durchlaufen hätte, sich im G8 plötzlich durchknüppeln lassen muss, nur weil man ihm den völlig überkommenen Trend zur Beschleunigung am Arbeitsplatz – der Schule – aufhalst. Auf die Barrikaden gehen müssten vor allem diejenigen Eltern und Lehrer, die beide Situationen kennen: die Kinder im G9 und im G8 haben oder unterrichten. Denn nur sie können ja unmittelbar vergleichen. Wer das G9 nicht kannte und sich jetzt nur darüber wundert, warum sein Kind trotz Gymnasialempfehlung aus dem letzten Loch pfeift, der wird stillhalten und im Verborgenen kämpfen – allerdings an der falschen Front. Denn was ist schlimmer, als elf-, zwölf-, dreizehnjährigen Kindern wertvolle Freizeit zu rauben und ihnen Nachhilfe ohne Ende aufzudrücken?

Die Journalistin Susanne Gaschke spricht zu Recht von einer »selbst gemachten, einer ideologischen Seite«, die »der deutsche Stress« habe:

In den vergangenen fünfzehn Jahren haben Propheten der Beschleunigung – Wirtschaftsvertreter, Wissenschaftler, Journalisten, Politiker – alles gepriesen und beschworen, was Menschen normalerweise schwerfällt oder sie mit Widerwillen erfüllt: unbegrenzte Flexibilität, nicht enden wollende Anpassungsbereitschaft, ständige Verfügbarkeit. Es scheint, als habe die ganze Gesellschaft den Modus atemloser Hast verinnerlicht. Als könne man gar nicht mehr anders leben. Als müsse man rennen statt gehen. Als wäre der Wunsch nach »Entschleunigung« esoterischer Blödsinn.[25]

Diesen Beschleunigungspropheten ist leider auch das Gymnasium in die Hände gefallen. Spät zwar, aber doch früh genug, um dort jede Menge Unheil anzurichten. Unsinnig ist der Zeitdruck vor allem auch deshalb, weil die Lebenszeit von Männern und Frauen ja ständig steigt und lebenslanges Lernen ohnehin im Trend liegt.

In einigem Widerspruch zu diesem »lebenslang« steht der Trend, die Schulzeit der Gymnasiasten zu verkürzen und Kinder durch Zehnstundentage zu scheuchen, damit sie – ja, was eigentlich? Nach dem Abitur mit 17 Jahren dem Weltmarkt zur Verfügung stehen? Dahinter steckt die Anbetung einer zweckfreien Beschleunigung – besonders zweckfrei in einer Gesellschaft der steigenden Lebenserwartung. Alles, was Menschen in ihrer Entwicklung brauchen, um intellektuelle Ressourcen zu bilden – Muße, Zeit für Freundschaften, Langeweile –, wird geopfert.[26]

Ja, gepriesen und beschworen wurde jahrelang alles, was Menschen eigentlich schwerfällt. Das trifft neben der Krippen- auch auf die milliardenschwere Ganztagsschulkampagne zu, die nach dem PISA-Debakel mit großem Tamtam gefahren und als Tor des Aufstiegs zum Olymp verklärt wurde – so als ob die Schule für Kinder der Himmel auf Erden sei und sie sich nichts sehnlicher wünschten, als den ganzen lieben langen Tag in riesigen, oft genug angegammelten und ziemlich oft hässlichen Betonburgen ohne warmes Mittagessen, ohne genügend Auslauf und ohne entsprechende Rückzugsmöglichkeit auszuharren.

Mit ihrer (Anzeigen-)Kampagne »Gute Bildung braucht mehr« hatte die damalige Bundesbildungsministerin Edelgard Bulmahn, SPD, im Jahr 2003 große Erwartungen gehegt. Aber es ging ihr nicht etwa um ein Mehr an kleineren Klassen, um mehr eigene und bessere Arbeitsplätze und um mehr angenehme Aufenthaltsräume für Schüler und Lehrer, um mehr neue Schulbücher oder gar um mehr Muße, sondern sie forderte schlicht von Schülern und Lehrern ein Mehr an in der Schule verbrachter Zeit. Auch gab Frau Bulmahn, selbst übrigens kinderlos wie ihre Nachfolgerin Schavan, eine teure Umfrage in Auftrag, die uns weismachen sollte, über 80 Prozent der Bundesbürger glaubten an eine bessere Schulbildung durch die Einführung der Ganztagsschule. Wer weiß, wie Umfrageergebnisse zustande kommen, kann darüber nur lachen. Schließlich muss man nur die richtigen Fragen stellen, um die gewünschten Antworten zu erhalten.

Hätte man die Eltern zum Beispiel gefragt, ob sie es denn wünschen, dass ihre Sprösslinge nun lieber zehn statt »nur« sechs Stunden am Tag in dem tristen, heruntergekommenen Schulgebäude verbringen sollen mit seinen stinkenden Toiletten und tropfenden Turnhallendecken, mit seinem lauwarmen Aluschachtel-Kantinenfraß und dem Käfigformat von Schulhof, ob sie wünschen, dass sie als Mütter und Väter trotz Berufstätigkeit und ganztägiger Betreuung ihrer Kinder abends noch Hausaufgaben mit ihnen machen und für Tests und Arbeiten lernen möchten, weil in der Schule wieder mal keine Zeit und Möglichkeit war, sich in Ruhe zu konzentrieren und zu lernen, dann wäre das Umfrageergebnis sicher ein anderes gewesen. Fragt man hingegen, ob man sich wünsche, dass die Kinder mehr Zeit zum Lernen erhalten sollen, um für den globalen Wettbewerb besser gerüstet zu sein, und ob Eltern sich eine kostenlose Betreuung am Nachmittag wünschen, damit sie auch dieses Problem los wären, dann wird kaum jemand mit Nein antworten. Und schon kann man mit einer Umfrage prahlen, die das politisch gewünschte Ergebnis enthält.

Bei näherer Betrachtung und aus heutiger Sicht entpuppte sich die Ganztagsschulkampagne natürlich als lächerliche Luftnummer. Zumindest wenn man die hochtrabenden Versprechungen mit der Realität abgleicht. Auch scheint es so zu sein, dass Eltern in Umfragen zwar angeben, die Ganztagsschule grundsätzlich zu befürworten, diese für den eigenen Sohn oder die eigene Tochter dann aber doch nicht wählen. »Seit Kurzem weiß man, dass Eltern den Ganztag gar nicht so sehr wollen«, sagt der Bonner Erziehungswissenschaftler Volker Ladenthin[27]. Er bezieht sich auf die Ergebnisse der bundesweiten Studie zur Entwicklung von Ganztagsschulen (StEG). Danach besuchen Ganztagsschüler zwar noch zu drei Vierteln fächerübergreifende Arbeitsgemeinschaften; an Grundschulen geht dann auch noch gut die Hälfte, in der Sekundarstufe aber nur noch ein Drittel der Schüler zur Hausaufgabenbetreuung;

Lernförderung und fachliche Angebote werden ebenfalls nur von je einem Drittel der Ganztagsschüler wahrgenommen. Ladenthins Dortmunder Kollege Heinz Günter Holtappels, ein engagierter Ganztagsschulverfechter, gab angesichts dieser Zahlen resigniert zu, dass es sich »insgesamt gesehen« um »ein stattliches Angebotsprogramm, aber geringe ›Einschaltquoten‹« handle[28]. Hinzu komme, dass »ein beträchtlich hoher Teil der Schulen keinen hohen Anspruch an den Ganztagsbetrieb« stelle und die »Elternakzeptanz nicht durchgängig erkennbar« sei. Das hängt aus Holtappels Sicht mit der »Ausbau-Qualitäts-Falle« zusammen: »Quantität statt Qualität bedeutet eben noch nicht Bildungsreform und Schulentwicklung, sondern allenfalls Modernisierung im Sinne nachfrageorientierter Angebotsversorgung.« Wobei Ladenthin unterstreicht, dass gerade die Zahlen der StEG-Studie beweisen: Eltern wollen gar nicht so sehr die Ganztagsschule. »Das Einzige, was Eltern von Grundschulkindern wirklich wollen, ist eine freiwillige Betreuung, also den Ersatz für die Kinderfrau. Kaum nachgefragt ist dagegen die Förderung. Die Eltern haben also gar nicht so sehr das Problem, von dem die Politik immer sagt, dass sie es hätten haben sollen.« Ladenthin spricht von einer »Abstimmung mit den Füßen«. Und die sieht konkret betrachtet doch ganz anders aus als eine Umfrage zur Ganztagsschule im Allgemeinen. In einer Allensbach-Umfrage vom März 2010 wünschte sich übrigens nur (noch) ein Drittel der Befragten mehr Handlungsbedarf bei der Einrichtung von Ganztagsschulen.

Mit welchen Argumenten ist die Ganztagsschule, zu der sich das G8 ja inzwischen faktisch und zum Teil auch offiziell entwickelt hat, nicht allen schmackhaft gemacht worden! Familien sollten entlastet, Müttern die Beteiligung am Erwerbsprozess ermöglicht, die Betreuung der Schüler am Nachmittag sichergestellt werden und vor allem – und das war das herrlichste, zugleich aber auch luftigste Argument der Ganztagsakteure – sollte es die Kinder vor dem Rückfall in die Barbarei bewahren, weil sie die Schule vom rigiden »Panzer der Unbeweglichkeit« befreie und in den Dienst sozialer und ästhetischer Kompetenzen stelle.

Leben und Lernen, Sozial- und Kulturfähigkeit miteinander verbinden: Das wäre die ganz große Chance der Ganztagsschule, schwärmte Professor Wolfgang Edelstein, damals Direktor am Berliner Max-Planck-Institut für Bildungsforschung. Edelstein war früher selbst Lehrer an der hessischen Odenwaldschule gewesen, jener Reformpädagogik-Schmiede, die seit Kurzem für bundesweite Schlagzeilen in puncto sexueller Missbrauch sorgt. Und weil es bislang »aus den Schulen keinen Massenansturm auf den Olymp« gebe, schaffe die Ganztagsschule »gleichsam mit einem einzigen Schritt eine neue Gelegenheitsstruktur für das Ganze des schulischen Lernens«. Derart verführerisch klang sein Plädoyer auf dem Leipziger Kongress *Kinder zum Olymp!* im Januar 2004, gesponsert von der Wirtschaftsprüfungsgesellschaft PricewaterhouseCoopers. Der Experte Edelstein war fantasiebegabt genug, sich vorzustellen und uns unbedarften Laien vorzugaukeln, dass in der Ganztagsschule Raum gewonnen werden könne für kulturelle und künstlerische Projekte, Literatur und Lyrik, Sport- und Theatergruppen, Ballett- und Musikgruppen. Damit würde die Ganztagsschule einen »Beitrag zur Eindämmung einer durch Markt und Medien vorangetragenen Barbarisierung der Zivilgesellschaft« leisten.

Was von diesen Träumen wahr geworden ist – einmal abgesehen davon, dass auch die Odenwaldschul-Philosophie, auf der diese Schwärmerei gründet, in ihrer Praxis offenbar zwei höchst gegensätzliche Seiten besaß, wie sich inzwischen herausgestellt hat, davon eine sehr hässliche, dunkle –, kann man heute in den G8-Klassenzimmern besichtigen. Der »Panzer der Unbeweglichkeit« war nie stärker als in der Quasi-Ganztags-Turbo-Schule. Das kulturelle

Schulleben liegt vielerorts brach, weil die Schüler mit ihren prallen Stundentafeln mehr als ausgebucht sind. Der Abschlussbericht der Enquete-Kommission des Deutschen Bundestages zum Thema »Kultur in Deutschland« von 2008 hatte zwar noch eingefordert, dass gerade dann, wenn strukturelle Veränderungen oder eine Schulzeitverkürzung (wie etwa durch G8) anstehen, diese »nicht erneut zulasten von Angeboten kultureller Bildung« gehen dürfen. Auch der Deutsche Kulturrat hatte in seiner Stellungnahme vom 6. Januar 2009 an die Bildungspolitiker appelliert, die Schulzeitverkürzung nicht mit einer Kürzung der musischen Fächer zu verknüpfen:

Die schulbezogene Bildungspolitik ist – nicht zuletzt durch den PISA-Prozess bedingt – nach wie vor auf die vermeintlich wichtigeren Kernfächer fixiert und setzt auch die Ressourcen dementsprechend einseitig ein. Verschärft wird dieses Problem in den Gymnasien durch das sogenannte »G8«. Aufgrund der verkürzten Schulzeit von dreizehn auf zwölf Jahre wird das Lernpensum der Schüler teilweise zu Ungunsten der künstlerischen Fächer gestrafft.[29]

Trotz dieser eindringlichen Warnungen sieht die Realität in den bundesdeutschen G8-Klassenzimmern vielfach aber längst anders aus. Ein Professor der Musikhochschule Detmold beschrieb die Lage so:

Selbst wenn man die gegenwärtigen heterogenen Aktivitäten durchaus gelassen betrachtet, dann bleibt zumindest dieser Eindruck: Die Schul-»Reformen« erfolgen an vielen Stellen übereilt, und ihnen fehlt der empfindsame Umgang mit den vorhandenen Rahmenbedingungen. Und genau dies zeigt sich im Kontext musikalischer Bildung nun immer deutlicher in der Gefährdung der schulischen Ensemble- und AG-Arbeit: Schülerinnen und Schüler finden aufgrund der Stundenplanvorgaben keine Zeit mehr, im Schulchor oder in der Big Band zu musizieren; Eltern melden ihre Kinder vom Schulorchester oder der Neue-Musik-AG ab, da sie meinen, dass diese dem Leistungsdruck der »Hauptfächer« sonst nicht standhalten können; es finden sich aufgrund der äußerst diffizilen Organisationsstrukturen (zum Beispiel durch Vergleichsarbeiten oder andere zentrale Prüfungen) keine Zeitfenster, in denen jahrgangsübergreifende Ensembles gemeinsam musizieren können; Lehrerinnen und Lehrer erhalten bezogen auf das Stundendeputat keine Anrechnungen mehr für ihr Engagement in der Ensemblearbeit. Diverse weitere Gründe ließen sich anführen.

Auch diesem Dilemma ist (...) ganz entschieden zu begegnen. (...) Die Veränderung von Schulstrukturen darf nicht zum Abbau musikalischer Ensemble- und AG-Arbeit in der Schule führen. Diese sind ein wesentlicher Bestandteil schulischer Musikkultur.

In der Summe gilt: Schule ist mehr als Erfüllung von Stundentafeln oder Vorbereitung auf das Zentralabitur. Schule ist Lebens- und Erfahrungsraum, somit ein »Haus der Bildung«. Sich dieses in Zukunft ohne Musikunterricht vorstellen zu müssen – das wäre eine Horrorvision.[30]

Sicher, die Schule als Kultur-Ruine ist nicht das, was Herrn Edelstein vorgeschwebt haben wird, als er die Ganztagsschule auf den Olymp hob und über den grünen Klee pries. Aber war denn etwas anderes zu erwarten gewesen? Hatte man im Ernst geglaubt, angesichts klammer öffentlicher Kassen, einer Dauersparpolitik im Bildungsbereich und einer durch die Wirtschaft geschürten Schnelligkeitsphobie wäre es möglich gewesen, Ressourcen nicht nur vor dem Aussterben zu bewahren, sondern im Gegenteil sogar auszuweiten, die jenseits der testkompatiblen Fächer lägen? Musik, Kunst, Sport, Religion, Werken, Handarbeiten, Kochen – das sind doch Fähigkeiten und Fächer, die in einer Effizienzgesellschaft weder Platz noch Ansehen genießen, weil sie angeblich niemand mehr braucht. Dabei könnten gerade in diesen scheinbar nebensächlichen Fächern und Tätigkeiten verkümmernde Schülerfähigkeiten schlummern, die aus einseitigen Strebern eigenwillige Persönlichkeiten formen. Musische Bildung und sportliche oder tänzerische Erprobung und Übung seien für Kleinkinder genauso wie in späteren Jahren »nicht etwa eine Art Ausgleich zur verkopften kognitiven Rationalität, eine Art emotionaler Auslauf für das überanstrengte Denken«, stellte der Konstanzer Biologe und langjährige Präsident von Max-Planck-Gesellschaft und Deutscher Forschungsgemeinschaft, Hubert Markl, auf dem Kongress *McKinsey bildet* im Oktober 2005 in Leipzig klar. Es handle sich bei diesen Aktivitäten vielmehr um »die Erfahrung, dass jeder Mensch viele Perspektiven seiner Persönlichkeitsentfaltung hat, dass das kreative Vermögen sich keineswegs in den ›Symboltechnologien‹ von Sprache und rechnerischer Abstraktion erschöpfen muss, dass es vielmehr mannigfache Querbezüge der Lockerung der eigenen Potenziale gibt, die einen jeden Menschen zu einem kleinen – und manche dann zu einem sehr großen – Schöpfer seines eigenen Lebens werden lässt, allein und noch mehr in Gemeinschaft und im Wettbewerb mit anderen.«

Obendrein haben Musik und Bewegung verschiedene Effekte, die fürs Lernen wertvoll sind. Darauf machen uns die Hirnforscher aufmerksam:

Von den Muskeln werden, wenn sie sich bewegen, Substanzen ausgeschüttet, die für das Wachstum und die Plastizität der Nervenzellen wichtig sind und damit für die Gehirnreifung. Und wer mindestens zweimal die Woche für eine halbe Stunde einen Puls von 130 hat, verbessert nicht nur die Durchblutung der Muskulatur: Der für die Bewegung zuständige Motorkortex liegt direkt neben dem Broca-Zentrum, einem wichtigen Sprachareal, und einem Bereich im Stirnlappen, der für die Ausführung von Handlungen zuständig ist. Auch diese Bereiche werden dann besser durchblutet. Nicht zuletzt helfen Bewegungserfahrungen dem räumlichen Vorstellungsvermögen in der Mathematik auf die Sprünge. (...)

Das Musizieren hat tatsächlich auch mehrere Effekte. Die Vernetzung der Gehirnhälften verbessert sich, weil bei vielen Instru-

menten beide Hände autonom arbeiten, was eine enorme Herausforderung für das Gehirn ist. Stark benutzte Hirnareale, etwa die für die Finger eines Violinisten, werden sogar messbar größer – es gibt nicht viele Tätigkeiten des Gehirns, die sich so deutlich manifestieren. Außerdem ist der durchschnittliche Intelligenzquotient bei musizierenden Kindern erhöht, selbst wenn man alle anderen Faktoren wie das Bildungsniveau der Eltern herausrechnet. Auch die soziale Intelligenz verbessert sich, ebenso die Fähigkeit, eigene Gefühle und die anderer einzuschätzen und zu kontrollieren. (...)

Es würde schon viel helfen, wenn man diese Fächer nicht weiter als »weiche Fächer« abqualifiziert, die man nach Belieben kürzen kann. Das sind, wie die Hirnforschung gezeigt hat, richtig harte Fächer. Aber diese Erkenntnis ist bei den Schulbehörden leider noch nicht angekommen.[31]

Natürlich brauchen wir »kein Recht auf Faulheit, aber ein Recht auf Bedenkzeit«, betont Gaschke[32]. Vor allem die Fächer abseits des »harten« Kanons bieten eben jene Muße, jene Bedenkzeit, die der Mensch braucht, auch und gerade der sich geistig, körperlich und seelisch entwickelnde junge Mensch. Sie könnten eben das ausmachen, was den einen vom anderen Menschen unterscheidet, was ihn einzigartig macht, eckig und kantig formt und nicht »rund geschliffen wie Eierkohle« daherrollen lässt, wie Exfinanzminister Peer Steinbrück die jüngste Politikergarde bespöttelte[33].

Gerade ein Hightech-Land im internationalen Wettbewerb kann mit rückgratlosen Arbeitnehmern nichts anfangen; hilfreich wären Tugenden wie Mut zum Fehler, Widerspruchsgeist und nonkonformistische Kreativität. Davon kann im deutschen Arbeitsalltag überwiegend nicht die Rede sein.[34]

Vielleicht will man aber auch gar nicht erst Tugenden wie Kreativität und Nonkonformismus wecken und fördern? Auch der Publizist und Altphilologe Konrad Adam hat diese im Stillen ausgehandelte Absicht der Effizienzapostel ja bereits im Hinblick auf die schleichende, aber unmerkliche Herabsetzung der alten Sprachen vermutet. Was ist schließlich leichter einzusetzen und billiger zu haben als die genormte, willige, allseits verfügbare Arbeitskraft? Und wer ist vor allem ebenso leicht wieder abzusetzen? Kreative, unangepasste Mitarbeiter, die auch noch Sinn für anderes haben als eine Rund-um-die-Uhr-Bürotätigkeit, könnten anstrengend und wenig kompatibel sein. Da lässt man sie am besten schon in jungen Jahren spüren, dass musikalische, künstlerische und sonstige Extravaganzen unerwünscht sind. Auch wenn die Ausbildung derselben gerade das wäre, was die Fürsprecher der Ganztagsschule sich erträumen:

Wenige Veränderungen, deren unsere heutige Gesellschaft bedarf, drängen sich – aus einer Vielzahl ganz unterschiedlicher Gründe – derart zwingend auf wie die flächendeckende Einrichtung von Ganztagsschulen. Wer die Ganztagsschule allerdings als eine Verlängerung jenes an Wahnsinn grenzenden Verschleißprozesses konzipiert, der uns bereits jetzt in Halbtagsschulen begegnet, wird dazu beitragen, dass unser Schulsystem vollständig an die Wand gefahren wird. (...) Vorrangiges Ziel der Ganztagsschule sollte eine massive Ausweitung der Zeit sein, in der sich Kinder und Jugendliche mit Sport, Musik, Kunst, Tanz, Theater und mit sozialen Projekten beschäftigen. Zu den wichtigsten Vorteilen der Ganztagsschule aber zählt: Nachmittagsprogramme, die sich – neben der beaufsichtigten Erledigung von Hausarbeiten – überwiegend kreativen Fächern widmen (...)[35]

In Bremen hatte ein CDU-Politiker vor einigen Jahren dankenswerterweise ganz unverblümt ausgesprochen, worum es bei der Einrichtung der Ganztagsschule im Grunde geht: »Wir brauchen Ganztagsschulen nicht nur in sozialen Brennpunkten, sondern auch für doppelt berufstätige Eltern.«[36] Man traute seinen Ohren nicht, aber der – selbst kinderlose – Politiker hatte es wirklich so gemeint: Schulen für doppelt berufstätige Eltern. Dass Schulen in erster Linie für Kinder da sind und sich folglich auch an deren Bedürfnissen zu orientieren haben, ist tatsächlich aus dem Blick geraten. Mit der Schlampigkeit und Hastigkeit, mit der man also Ganztagsschulen für Eltern einrichtete, ist nebenbei auch das G8 entworfen worden. Als in Bremen vor einigen Jahren das Alte Gymnasium – eine Traditionsschule, an der man noch Griechisch und Latein lernen kann – quasi über Nacht in eine Ganztagsschule umgewandelt werden sollte, regte sich massiver Widerstand der Elternschaft. Sie bemerkten schnell, dass ein Achtstundentag mit Kasernierung der Kinder im tristen Schulgebäude plus anschließender Hausaufgabensitzung daheim für Zwölfjährige schlicht zu viel war. Noch dazu sollte dies unter Bedingungen stattfinden, die kein Erwachsener dulden würde: Mittagspause auf einem engen Flurabschnitt, Essen meist im Stehen in der viel zu kleinen Cafeteria, Ruhigstellung der Schüler durch Kickerspielchen im Klassenraum mit Unterstützung eines Sozialpädagogen. Eine Elterninitiative sammelte Unterschriften, überreichte sie Schulleitung und Bildungsbehörde – ohne Erfolg. Der Sprecher der Initiative, ein Internist, attestierte dem »übergestülpten« Ganztagskonzept schließlich »Gesundheitsschädigung«.

»Die Kinder kommen nachmittags mit Kopfschmerzen nach Hause und sind völlig kaputt. Bewegungsmangel ist programmiert«, klagte der Arzt, selbst Vater eines zwölfjährigen Sohnes. Doch weder Schulleitung noch Behörde ließen sich von dem Protest beeindrucken. Der Vater reichte daraufhin Klage beim Bremer Verwaltungsgericht ein. Die wurde abgeschmettert mit der Begründung, es sei Sache des Schulträgers, in welchem zeitlichen Rahmen der Schulunterricht durchgeführt werde. Der Vater ließ nicht locker und ging in die nächste Instanz. Er berief sich auf Artikel 6 des Grundgesetzes, das die Pflege und Erziehung der

Kinder zuvörderst den Eltern zuspricht, und auf Artikel 4, der Religionsfreiheit garantiert. Denn durch den Nachmittagsunterricht konnten die Kinder nicht mehr am Konfirmandenunterricht teilnehmen. Da in Bremen aber nur noch an jeder vierten weiterführenden Schule Religionsunterricht angeboten wird, war das ein verständliches Anliegen. Das Oberverwaltungsgericht untersagte den »übergestülpten Ganztagsunterricht« am Alten Gymnasium dann mit der Begründung, dass die Bildungsbehörde die Umwandlung der Halb- in die Ganztagsschule ohne entsprechende Rechtsverordnung durchgeführt hätte. Im Klartext hieß das: Im Land Bremen waren sämtliche Ganztagsschulen rechtswidrig entstanden. Der klagende Vater konnte für die Klasse seines Sohnes durchsetzen, dass diese vom Nachmittagsunterricht befreit blieb.

Die Hoffnung vieler Eltern, Ganztagsschulen würden das häusliche Familienleben entzerren und obendrein die Lernqualität steigern, weil die Kinder ja praktisch alles in der Schule erledigen können, machte 2007 übrigens auch eine Feinauswertung der Schulleistungsuntersuchung Kess 7 in Hamburg zunichte, die zeigte: In allen Hauptfächern nahmen Ganztagsschüler deutlich häufiger Nachhilfe als Kinder an herkömmlichen Halbtagsschulen[37]. Ganztags light ist somit ganztags Leid: Damit sind es nämlich letztlich die Eltern, die die Zeche für die zweckfreie Beschleunigung an den Turbo-Schulen zahlen: Denn der Staat macht ja auf Dauer nur gut Kasse, wenn er die Kosten für ein komplettes Schuljahr streichen kann. Den Rest übernehmen die Eltern.

Dass Ganztagsschulen, zu denen sich die meisten Turbo-Schulen notgedrungen entwickelt haben, gerade auch dem Gebot der Individualisierung, von der in der modernen Pädagogik ja zu Recht so viel die Rede ist, widersprechen, scheint ebenfalls kaum einen Verantwortlichen zu stören.

Ganztagsschulen sollten ein Angebot sein, aber nicht Pflicht für alle. Es gibt Kinder, die es als Kasernierung empfinden, den ganzen Tag in der Schule verbringen zu müssen. Sie möchten selbst bestimmen, wie sie ihre Zeit für Arbeit und freies Tätigsein einteilen. Sie wollen eigenständig gestalten, ihren Interessen nachgehen, ohne ständig überwacht zu werden. Andere schätzen den ruhigen Raum zum Arbeiten, das Für-sich-Sein, das ihnen in der Schule nicht ermöglicht werden kann. (...) Für ihre verfehlte Reform des achtstufigen Gymnasiums lassen sie mitleidlos die überforderten Kinder büßen. Einige Kultusminister und Bildungspolitiker weigern sich sogar, die Wochenstundenzahl von 33 auf 31 Stunden zu verkürzen. Sie verschwenden keinen Gedanken darauf, wie es den Kindern bei der Überforderung durch die Stoffvöllerei geht. Viele Schüler, Eltern und Lehrer nehmen wahr, wie gleichgültig die Bildungspolitiker den Kindern gegenüber sind – und wie reformunfähig. (...) Die seelische Last, die Schulkindern aufgebürdet wird, ist heute nicht weniger bedrückend als vor Jahrzehnten.[38]

»Das Interessante ist nicht«, zitiert der amerikanische Autor Daniel Coyle in seinem Buch *Die Talentlüge* einen Footballtrainer, »wie schnell man etwas kann, sondern wie langsam man es richtig machen kann.«[39] Nicht die Schnelligkeit zählt, sondern das, was dabei herauskommt: eigentlich eine Binsenweisheit, oder? Und doch scheinen die Turbo-Befürworter sie vergessen zu haben. »Verlangsamung« spiele in Talentschmieden eine große Rolle, beschreibt Coyle, der sich ein Jahr lang auf der ganzen Welt musikalische, sportliche und intellektuelle Kaderschmieden angeschaut und untersucht hat, worin deren Erfolgsgeheimnis eigentlich besteht. Äußerlich waren diese Talentschuppen meist mehr als unscheinbar: »Es wirkte fast so, als bestünde ein direkter Zusammenhang zwischen dem Verfallsgrad der jeweiligen Schule und der Anzahl der Talente, die sie hervorbrachte.« Ein Psychologe der Universität Yale erklärte das so: »Wenn wir in einer netten, angenehmen

Umgebung sind, dann fahren wir unseren Einsatz automatisch herunter. Warum auch arbeiten? Aber wenn wir sehen, dass es schwer ist, sind wir motivierter. Eine nette und gepflegte Tennisschule vermittelt uns den Eindruck, dass wir die angenehme Zukunft schon erreicht haben, und wir sind demotiviert.«[40] Auf das Schulwesen übertragen, könnte man sagen: Es kommt nicht darauf an, technisch über die neueste Ausrüstung zu verfügen und einen Glaspalast mit allen erdenklichen Annehmlichkeiten zu bauen. (Natürlich soll das kein Plädoyer dafür sein, Kinder in kalten Klassenzimmern mit kaputten Heizungen frieren oder in Turnhallen mit tropfenden Decken trainieren zu lassen!) Wichtiger ist, dass die Schüler-Lehrer-Bindung funktioniert – und dass dafür Zeit bleibt! Zeit natürlich auch fürs richtige Üben, fürs Trainieren. Allerdings scheint es eine verbindliche Obergrenze zu geben, wie viel ein Mensch pro Tag aktiv lernen kann:

Untersuchungen zeigen, dass die meisten Experten von Weltrang – Pianisten, Schachspieler, Romanautoren und Sportler – pro Tag nur zwischen drei und fünf Stunden lang trainieren, ganz egal, welche Fähigkeiten sie einüben. In den meisten Talentschmieden kamen die Schüler auf erheblich weniger Stunden pro Tag.[41]

Wenn es eine natürliche Obergrenze fürs aktive Lernen gibt, dann ist auch klar, warum Ganztags- nicht mehr, sondern sogar weniger bringt als Halbtagsunterricht. Wenn die Kinder in der siebten, achten, neunten Stunde nichts mehr aufnehmen, dann kann man das schönste Didaktikkonzept vergessen.

PUBERTÄT ABSCHAFFEN?
Wenn die Schule lästig wird

Eine Unterrichtsstunde dauert im Allgemeinen 45 Minuten, ein elf- bis zwölfjähriges Schulkind kann durchaus auf über 35 Unterrichtswochenstunden kommen. Da es in Deutschland seit der Abschaffung des Samstagsunterrichts nur fünf Schultage pro Woche gibt und nur sechs Stunden in den Vormittag passen, liegt es auf der Hand, dass Ihr Kind an zwei bis drei Nachmittagen Unterricht haben wird. Sie werden in der ersten Woche des Schuljahres feststellen, was dieses für den Alltag der Kinder bedeutet. Denn Einschränkungen sind ja auch durch die Hausaufgaben gegeben. Hobbys außerhalb der Schule haben so wenig Raum, die unverplante Zeit der Kinder ist gering. Und irgendwann muss sich ein Kind auch einmal ausruhen dürfen.[1]

Ist es nicht traurig, was Andrea Kilian da schildert? Aber die ehemalige Gymnasialleiterin, die heute Eltern schulpflichtiger Kinder berät und begleitet und nebenbei Bücher schreibt, weil ihr die Arbeit im G8 als Lehrerin offenbar keinen Spaß mehr macht, hat ja recht: Für Hobbys außerhalb der Schule bleibt wenig Raum, die unverplante Zeit der Kinder ist auf ein Minimum geschrumpft. Was an diesen Zeilen aber vor allem bedrückt, ist der Ton nüchterner Ergebenheit – so als sei es nun Aufgabe von Eltern und Kindern, sich mit dieser Lage abzufinden. Schlucken und ducken statt aufmucken: Das ist die Devise. Als einzige Lösung des Zeitproblems schlägt Kilian vor, die Hausaufgaben »nach Möglichkeit auch in der Zeit von Freitagnachmittag bis einschließlich Sonntag« zu erledigen. Um sich damit auch noch das Wochenende zu versauen, möchte man zynisch zurückfragen? Das könne ja deshalb leichter fallen, meint Kilian, »wenn man bedenkt, dass früher auch am Samstag Unterricht stattfand«[2]. Nun kann man sicher darüber diskutieren, ob der Samstag wirklich unterrichtsfrei bleiben muss. Es sprechen gute Gründe dafür, die Unterrichtszeit wieder auf sechs statt bisher fünf Tage zu verteilen. Aber selbst Schulen, die das machen, kommen um den Nachmittagsunterricht im G8 nicht herum. Und sich vorzustellen, dass elf- und zwölfjährige Kinder nun auch sonntags über den Hausaufgaben brüten sollen, wie dies ja bereits durchaus Usus in vielen Familien geworden ist, kann keine Lösung sein. Zumal, wenn schon in der Woche kein Freiraum für Hobbys und andere Aktivitäten besteht und in manchen Familien ja auch noch das Thema Kirche eine Rolle spielen dürfte.

Schlimm ist der Zeitraub durch die Schule vor allem, weil er Kinder und Jugendliche in einem Alter trifft, in dem ihr Leben nicht nur aus Schule bestehen sollte. Oder ist unseren Kultusbürokraten entfallen, dass es so etwas wie Pubertät gibt? »Die Entwicklungsphasen Jugendlicher werden (...) als störend empfunden«, stellte der kürzlich leider verstorbene Münchner Pädagoge Kurt Singer fest und fragte, ob es »wohl am besten wäre, es gäbe keine Pubertät, denn sie passt nicht in den Plan der Schule«.

Sollen wir die Pubertät abschaffen, statt die Schule so einzurichten, dass Jugendliche in diesem Lebensabschnitt gut lernen können?

Pubertierende sind auf der einen Seite keine Kinder mehr, auf der anderen noch nicht erwachsen. Es ist eine Phase der Unsicherheit und vieler Umbrüche, in der Jugendliche verletzlich reagieren. (...)

Hartmut von Hentig schlägt vor, die Jahrgänge 7 und 8 zu entschulen: »In den mittleren Jahren und vor allem in der Pubertät wird die Schule zur Qual. In diesem Alter richtet schulisches Lernen so gut wie nichts aus – und die Schule ignoriert das hartnäckig.«

In diesen Jahren, meint er, müsste der theoretische Unterricht auf zwei Stunden am Tag beschränkt werden. Wichtiger sei für die Schüler: sich selbst erproben im Erlebnis, in der Beziehung zu anderen Menschen, Abenteuer bestehen, praktische Aufgaben meistern, gemeinsam kochen, haushalten, wenigstens drei Praktika ableisten, den Mofaführerschein ablegen und dabei physikalisches Wissen lernen: wie der Motor des Mofas funktioniert, was die Reibung für das Bremsen bedeutet, die Fliehkraft für das Lenken in der Kurve. Jugendliche sollten einen Erste-Hilfe-Kurs machen und Rettungsschwimmen lernen, Streitgespräche führen und Theater spielen.[3]

Der renommierte Reformpädagoge Hartmut von Hentig, Gründer der Laborschule Bielefeld, geriet vor Kurzem aber im Zusammenhang mit dem Missbrauchsskandal an der hessischen Odenwaldschule, die sein Lebensgefährte Gerold Becker lange Zeit geleitet hatte, in Erklärungsnöte, weil er von dem Treiben dort angeblich nichts bemerkt haben will. Wie auch immer diese Vorwürfe ausgehen werden: Von Hentigs Sichtweise bezüglich der Siebt- und Achtklässler ist unzweifelhaft richtig. Er fordert die Erneuerung nicht vom gesamten Schulwesen auf einmal, sondern schlägt einen »Vorversuch« vor, »in dem einige Schulen zehn Jahre lang mögliche Antworten suchen, durchspielen und prüfen – von kleinen Schritten, zum Beispiel einem zweimonatigen Sommerlager, bis hin zu einem zweijährigen Lern- und Lebensort außerhalb von Schule und Elternhaus«. Von Hentig plädiert für eine »bundesweite Ausschreibung« für alle vier Schularten: Haupt-, Real-, Gesamtschule und Gymnasium. »Es wären also insgesamt in jedem Jahr sechzehn Klassen in den Versuch involviert, je zwei in jeder Schule.« Bildungsökonomen hätten die Mehrkosten auf 20.000 Euro pro Klasse berechnet, im Ganzen auf maximal 320.000 Euro. »Peanuts« seien das, meint der Pädagoge. Er findet »Selbsterprobung und Gemeinschaft, Abenteuer und Tat, Widerstand und Ausbruch« gerade in der Pubertät elementar:

Auch mit gelegentlichem Projektunterricht, Exkursionen und Nachmittagsangeboten durch Sozialarbeiter bleibt unsere Schule eine Unterrichtsvollzuganstalt, bleibt sogar die Ganztagsschule eine einheitlich organisierte Lebensform vom siebten bis zum siebzehnten oder neunzehnten Lebensjahr.[4]

Einen solchen Entschulungs- und damit Entschleunigungsversuch für Jugendliche, den ja auch schon Reformpädagogen wie Hermann Lietz und Kurt Hahn mit der deutschen Landerziehungsheimbewegung im Sinn gehabt haben und den man nun nicht leichtfertig aufgrund der haarsträubenden Dinge, die in der Odenwaldschule offenbar passiert sind, grundsätzlich verdammen kann, erprobt derzeit die bereits im vorangehenden Kapitel erwähnte Montessori-Gemeinschaftsschule in Potsdam. Der Grund: Schulleiterin Ulrike Kegler hat mit ihren Kollegen beobachtet, dass 12- bis 15-jährige Jungen und Mädchen »Bedürfnisse und Verhaltensweisen haben, die sich stark von denen jüngerer Kinder oder älterer Jugendlicher unterscheiden«. In dieser »sensiblen Übergangsphase« seien »praktische Tätigkeiten von besonderer Bedeutung«. Längere rein kognitive Aufmerksamkeitsphasen könnten in dieser Zeit »nur mit Druck und großem Aufwand« durchgesetzt werden, beschreibt sie in ihrem Buch »In Zukunft lernen wir anders«[5]. Unter Berufung auf Maria Montessori, die »die tätige Hand als Voraussetzung für die Entwicklung der Intelligenz« betrachtete, hob man eine »Jugendschule« aus der Taufe. Ein etwa drei Hektar großes Gelände nördlich von Potsdam, umgeben von Feldern und Sommerhäusern, in denen zu DDR-Zeiten Stasi-Angehörige Ferien und Freizeit verbrachten, soll von den Jugendlichen »allmählich rekultiviert« werden. Die siebte und achte Jahrgangsstufe sollen hier – wie von von Hentig angeregt – unterschiedliche Projekte übernehmen, sie werden auf einem »Schulbauernhof« arbeiten – und nebenbei eben auch lernen. Entscheidend sei, dass »nicht das Geplante, Fertige, Vorgesetzte, sondern das Werden, Schaffen, Entwickeln« im Zentrum des Projekts stehen. Die »Entschulung« der siebten und achten Jahrgangsstufe könnte in fünf bis zehn Jahren gelingen, schätzt Kegler. In dieser Zeit sollen »sukzessive immer mehr Unterrichtszeiten in das Freilandlabor verlegt« werden.

Nun ist Keglers Schule zwar kein Gymnasium, sondern eine Gesamtschule, die mit der zehnten Klasse endet. Trotzdem gilt natürlich für Gymnasiasten genau das Gleiche wie für Gesamtschüler: Die Pubertät ist nun mal zum Stillsitzen und Lernen völlig ungeeignet, von wenigen Ausnahmen abgesehen. Besonders die Jungen leiden darunter. Im G8 kommt noch eine fatale Besonderheit hinzu: Das eingesparte Stundenkontingent der dreizehnten Jahrgangsstufe wird auf die Unter- und Mittelstufe verteilt. Dadurch kommt es aber gerade hier zu einer übermäßigen Unterrichtsbelastung von Kindern in der Pubertät. Von einer »Entschulung« der siebten und achten Jahrgangsstufe kann also keine Rede sein, im Gegenteil: Die Beschulung nimmt gerade in diesem Alter groteske Züge an. Zur Entlastung der Schule muss man sagen: Sie kann nichts dafür, der Befehl kommt ja von oben, aus der Kultusbürokratie. Übrigens entsprechen von Hentigs Vorschläge zur praktischen Erkundung der Welt, die pubertierenden Jugendlichen guttäte, ja exakt dem, was Goethe im Bildungsroman *Wilhelm Meister* vorgeschlagen hat: Sehen, Unterhaltung, Aufklärung, Erhebung. Mehr ist es nicht, aber eben auch nicht weniger (vgl. Kapitel 5).

Wer dagegen heute erlebt, wie Elf-, Zwölfjährige sich zunächst als glühende Naturfreunde verstehen und auch aktiv betätigen, indem sie die Tiere und Pflanzen ihrer Umgebung untersuchen, bestaunen, betrachten, pflegen und bald mit den Augen des Freundes oder der Freundin von Flora und Fauna dieselben natürlich auch zu schützen begehren, dann aber, wenn der Biologieunterricht viel zu früh und damit überhaupt nicht ihrer emotionalen, sozialen und kognitiven Reife entsprechend umschlägt auf die abstrakt-wissenschaftliche Ebene und zudem keine Zeit bleibt, sich die Dinge in der Natur anzuschauen, die Kinder das Interesse an der Biologie – immerhin einer Schlüsselwissenschaft der modernen Gesellschaft – schlagartig verlieren, weil sie sich mit der Theorie überfordert fühlen, der erkennt, dass hier etwas grundlegend schiefläuft in den G8-Lehrplänen. Mit Folgen, die für das einzelne Kind und die gesamte Gesellschaft fatal enden dürften. Denn ein natürliches Interesse derart abrupt und nachhaltig zu ersticken, wenn plötzlich Noten nur noch für die theoretische, aus Büchern antrainierte Kenntnis komplizierter biologischer Systeme nach dem Learning-to-the-test-Prinzip vergeben werden, die lebhafte Begegnung mit der Natur und die praktische Würdigung der Umwelt aber nicht mehr gefragt sind, ist das nicht nur abenteuerlich, sondern blauäugig. Das Gleiche gilt übrigens auch für den Deutschunterricht, wenn nun schon in der zehnten statt – wie bisher – in der elften oder zwölften Klasse die »Antigone« von Sophokles auf dem Plan steht: Zum falschen Zeitpunkt gelesen, kann Literatur mehr schaden als nützen. Auf jeden Fall wird sie den Appetit auf mehr nicht aufkommen lassen. Und wenn jetzt schon Acht- statt Neuntklässler quadratische Gleichungen lösen sollen, dann ist auch das eine sinnlose Überforderung.

Man muss diese Entwicklungsschübe nutzen, um das Gefühl für den Wert, aber auch für die Gefährdung der Natur zu schärfen. In der Schulzeit ist es vor allem Sache des Biologieunterrichts, den Schutz der Natur als einen Kulturauftrag darzustellen, den der Mensch nur zum eigenen Schaden vernachlässigen kann. Kinder müssen lernen, dass sie selbst Naturwesen sind, die ohne eine intakte Umwelt nicht lange überleben können, gut und menschenwürdig schon gar nicht. (...) Biologie hat den Vorteil, die anschaulichste und sinnennächste von allen Naturwissenschaften zu sein. Auch heute, im Zeitalter der Molekularbiologie, genügt es, die Leute mit offenen Augen in den

Garten zu schicken, um ihnen eine Ahnung zu vermitteln, warum es sich lohnt, die Natur zu pflegen und zu erhalten. Rousseau sprach als Erzieher, als er seine Zeitgenossen dazu einlud, zurückzufinden zur Natur, und als Erzieher hat er recht behalten, bis heute.[6]
Könnte Rousseau nur die Schulplaner davon überzeugen, dass Anschauung der Natur wirklich das beste und einfachste Mittel ist, Kindern etwas beizubringen, nicht nur im Fach Biologie! Dann hätten sie zumindest nicht ein ganzes Schuljahr gestrichen und vor allem ausgerechnet in den Jahrgangsstufen, in denen die Schüler als Kinder der praktischen Anschauung, des emotionalen Erlebnisses noch am meisten bedürfen, eine Theorielastigkeit erzeugt, die man nur als sinnlos und schädlich bezeichnen kann. Aber ein Blick zurück über gleich drei Jahrhunderte ist wohl zu viel verlangt, wenn schon zwei – siehe Wilhelm Meister – als Zumutung empfunden werden.

Der St. Gallener Philosoph Dieter Thomä hat den Begriff von der »Gegenwartsversessenheit« ins Spiel gebracht, an der unsere Zeit leide und die »Wissenschaftler aller Lager« zum »Feind« hätten. So muss man es wohl sehen, allerdings nicht nur Wissenschaftler, sondern auch Schüler und Lehrer. Dabei sei es »an der Zeit, sie (Anmerkung: die Gegenwartsversessenheit) von der Vergangenheit und der Zukunft her in die Zange zu nehmen«, meint Thomä. Das »Sichten der Vergangenheit« müsse sich »in den Dienst der Aufgabe stellen, den Werkzeugkasten zu bestücken, mit dem man den anstehenden gesellschaftlichen Umbruch und Umbau verstehen und bestehen« könne. »Wann will man damit anfangen? Gestern?«, fragt Thomä[7].

Goethes erstes Kapitel im *Wilhelm Meister* eignen sich hervorragend dafür, diese Gegenwartsversessenheit moderner Bildungsapostel im Hinblick darauf in die Zange zu nehmen, wie man mehr darüber erfahren könnte, was Kinder und Jugendliche auf ihrem ebenso langen wie aufregenden, aber eben auch so wichtigen Aufbruch in die Welt suchen und brauchen. Geradezu genial einfach beschreibt Goethe, wie dem Knaben Wilhelm die einsamen (und damit zweckfreien, unverplanten) Stunden für eigene Forschungszwecke dienten. Er nutzte sie für das Puppenspiel, seine große Leidenschaft:

Hatte ich das erste Mal die Freude der Überraschung und des Staunens, so war zum zweiten Male die Wollust des Aufmerkens und Forschens groß. Wie das zugehe, war jetzt mein Anliegen. (...) Nachdem ich etwas erfahren hatte, kam es mir erst vor, als ob ich gar nichts wisse, und ich hatte recht: denn es fehlte mir der Zusammenhang, und darauf kommt doch eigentlich alles an. (...)

Von der Zeit an wandte ich alle verstohlenen einsamen Stunden darauf, mein Schauspiel wiederholt zu lesen, es auswendig zu lernen und mir in Gedanken vorzustellen, wie herrlich es sein müsste, wenn ich auch die Gestalten dazu mit meinen Fingern beleben könnte. Ich ward darüber in meinen Gedanken selbst zum David und Goliath.

(...) lag ich in meinen Frei- und Spielstunden in der Kammer und ließ die Puppen wacker durcheinander spielen. Oft lud ich meine Geschwister und Kameraden hinauf; wenn sie aber auch nicht kommen wollten, war ich allein oben. Meine Einbildungskraft brütete über der kleinen Welt, die gar bald eine andere Gestalt gewann.

(...) aber es ging mir, wie es Kindern öfter zu gehen pflegt: Sie fassen weite Pläne, machen große Anstalten, auch wohl einige Versuche, und es bleibt alles zusammen liegen. Dieses Fehlers muss ich mich auch anklagen. Die größte Freude lag bei mir in der Erfindung und in der Beschäftigung der Einbildungskraft.[8]

Wie beneidenswert hier ein Kind geschildert wird, das Sich ausprobieren darf; das seine unverplante Zeit nutzlos, aber in »größter Freude« verbringt; das nach Belieben Geschwister und Freunde um sich versammelt, aber auch die Einsamkeit genießt; das mit sich selbst etwas anzufangen weiß, weil es Fantasie hat,

Einbildungskraft, sich selbst »eine kleine Welt« erschafft; ein Leben, in dem Versuche anzustellen erlaubt ist, »große Anstalten«, »weite Plane«, die dann doch liegen bleiben – ohne dass es gleich eine schlechte Note für das in den Augen der Erwachsenen »misslungene« Werk kassiert. Erst durch die mahnenden Worte seines Freundes Werner wird Wilhelm bald daran erinnert, dass auch das Ergebnis eine Rolle spielen könnte.

(Wilhelm:) »Zu vollenden ist nicht die Sache des Schülers, es ist genug, wenn er sich übt.«

(Werner:) »Aber doch fertig macht, so gut er kann.«

Wilhelm bildet sich fort: Er lernt, dass es Sinn macht, »Ungeschicktes« zu unternehmen, dann aber auch wieder die Finger davon zu lassen. Aber ausprobieren muss man es eben, daran führt kein Weg vorbei:

Und doch ließe sich wohl die Frage aufwerfen: ob man nicht eben gute Hoffnung von einem jungen Menschen fassen könne, der bald gewahr wird, wenn er etwas Ungeschicktes unternommen hat, in der Arbeit nicht fortfährt und an etwas, das niemals einen Wert haben kann, weder Mühe noch Zeit verschwenden mag.

Kindliche Freiheit und das Bedürfnis des Kindes nach ebendieser – in Erwachsenenaugen nutzloser – Freiheit erscheinen vielen heute suspekt. So früh wie möglich meint man, Regeln und Standards aufstellen zu müssen, um das Kind nur ja sicher zum Aufstieg durch Bildung zu bewegen. Schon im Kindergarten heißt es jetzt: »Spielen war gestern – heute haben alle Bundesländer ›Bildungspläne‹ für Kindergärten.«[9] Auch wenn der hessische Sozialminister Banzer (CDU) versichert, der Kindergarten »soll nicht verschult werden«, man wolle »nicht die gleichen Fehler wie beim achtjährigen Gymnasium in der vorschulischen Erziehung wieder machen«[10], so sollte man den Plänen nicht allzu optimistisch begegnen. Zwischen Theorie, für die im Fall der hessischen Kindergärten der routinierte Star der Frühpädagogik, der Erziehungswissenschaftler und Exregierungsberater Wassilios Fthenakis verantwortlich zeichnet, und Wirklichkeit klaffen bekanntlich oft Welten. Zumindest wenn man sich die »Inhalte« dieser Kindergarten-Bildungsstandards anschaut, dann erkennt man auch hier das gleiche Dilemma wie bei den G8-Standards: Konkrete Inhalte werden nicht benannt, man belässt es beim schwammigen Begriff der »Kompetenzen«.

»Der Fthenakis-Plan bleibt im Ungefähren«, kritisierte die FAZ-Journalistin Uta Rasche. »So beschreibt er als Ziel starke, widerstandsfähige, kommunikations- und medienkompetente Kinder, die kreativ und fantasievoll tätig werden, die selbstorganisiert und aktiv lernen, forschen und entdecken sowie verantwortungsvoll und wertorientiert handeln (...); auf welchem Wege und mit wessen Hilfe das geschieht, bleibt offen«[11].

Aber das ist ja gerade der Trick an der Sache! Man tut so, als ob man etwas tut, tut aber in Wirklichkeit nicht viel oder überlässt zumindest den anderen das Tun. Damit zieht man sich elegant aus der Affäre, was Verantwortung betrifft, und überlässt den anderen den Streit darüber, was wie gelernt oder gespielt wird und was nicht – und handelt sich nicht den Ärger mit den Eltern ein, wenn es zu viel oder zu wenig ist, wenn es das Falsche ist oder wenn der falsche Zeitpunkt gewählt wird. Die können dann aber den einzelnen Kindergarten, die einzelne Schule, die jeweilige Erzieherin oder den betreffenden Lehrer höchstpersönlich verantwortlich machen, je nachdem. Und selbst – als Politiker und als Bildungstheoretiker – wäscht man sich die Hände in Unschuld, weil man mit seinen Bildungsplänen doch gar nichts hat verschulen und ergo verderben wollen. Streng genommen hätte man es dann auch gleich sein lassen können mit den Bildungsplänen und stattdessen lieber darauf gesetzt, die Erzieherinnen so auszubilden, dass sie in Entwicklungspsychologie adäquat geschult sind und folglich genau wissen, was welchem Kind in welchem Alter guttut und was es braucht – und was nicht.

»Der eigentliche Lehrmeister aller Menschen ist das Leben selbst«, sagt der Psychiater Manfred Spitzer[12]. Es geht nicht um Büffeln und Tests, sondern um Fähigkeiten und Fertigkeiten, die wir zum Leben brauchen und die das Leben uns folglich am besten selbst lehrt. Lernen ist eine natürliche, keine künstliche Lieblingsbeschäftigung unseres Gehirns.

Wer als Kind Pech hat und von seinen Eltern keine guten Manieren beigebracht bekommt, der eckt als Heranwachsender oder junger Erwachsener bei der Freundin oder am Arbeitsplatz an. Dies ist viel schlimmer als die Zurechtweisung als Kind während des sonntäglichen Mittagstischs, hat aber dafür manchmal (trotz der bereits geringeren Plastizität des Gehirns des Lernenden) einen nachhaltigeren Effekt: Wer sich in Anwesenheit von Schwiegermutter oder Chef nicht zu benehmen weiß, den bestraft das Leben.[13]

Probieren geht über Studieren, könnte man auch vereinfacht sagen. Natürlich kann das nicht heißen, dass man die Schule abschafft. Aber man sollte aus dieser Lernweisheit, die im Grunde eine Binse ist, eben auch ableiten, dass fürs Probieren genug Zeit bleiben muss.

Im aktuellen G8 ist das nicht der Fall, und das ist ein Problem. »Ich hätte gern mit den Kindern mal ausführlicher über ihr eigenes Umweltverhalten gesprochen, als der Kopenhagener Klimagipfel war. Doch dafür war keine Zeit«, sagt ein Lehrer. »Ich bin mit meinem Kurs immer gern mal ins Spielcasino gegangen, weil man da eine Menge über Mathematik lernen kann«, sagt ein anderer Pädagoge. »Aber unter 18 Jahren kommt man da gar nicht rein.« Dabei fördern solche Aktivitäten nicht nur das Verständnis für Sachthemen, sondern sie tun auch der Schüler-Lehrer-Beziehung gut. Gerade das Kind und der Jugendliche auf dem Weg zum Eintritt in die Erwachsenengesellschaft, wenn es nicht mehr um pure Betreuung und Versorgung geht, sondern um ein anstrengenderes, aber umso fruchtbareres geistiges und emotionales Miteinander, braucht die gute Bindung an erwachsene Personen: an Lehrer und Eltern. Der Schweizer Kinderarzt und Buchautor Remo H. Largo plädiert denn auch für eine Erziehungsform, die auf dem kindlichen Bindungsverhalten basiert und »die noch weit älter ist als die autoritäre«, weil sie »von den Müttern seit jeher angewendet wurde«. Diverse Studien hätten belegt, so Largo, »dass Schüler leistungsfähiger, aber auch gehorsamer sind, wenn die Beziehungen zwischen Lehrern und Schülern gut sind«[14]. Leider bleibt für diese gute Beziehung im G8 oft genug keine Zeit, weil der Stoff ja durchgehechelt werden muss. »Ich würde gern mal eine ganze Stunde mit meiner Klasse über deren Probleme reden. Aber das geht nicht, der Lehrplan sitzt einem ständig im Nacken«, berichtet ein Lehrer. Gerade in der Pubertät wäre das aber wünschenswert, nein: dringend notwendig, wie Largo mahnt:

In der Pubertät kommt es zur Auflösung der Bindung an die Bezugspersonen. Die Pubertät wird damit zur erzieherischen Konfliktzone. Wenn die Kinder in die Pubertät kommen, erleben Eltern und Lehrer, wie sehr ihnen die emotionale Abhängigkeit die Erziehung in den Jahren zuvor erleichtert hat und deren Schwinden nun zu einem eigentlichen Kontrollverlust führt. Dem Jugendlichen fällt es leicht, Nein zu sagen und sich zu verweigern, weil er den Liebesentzug nicht mehr fürchtet. Jugendliche gehorchen nicht mehr aus einer emotionalen Abhängigkeit heraus, sondern wollen mit Argumenten überzeugt und wie Erwachsene behandelt werden. Für Eltern und Lehrer ist damit ein ständiges, mühsames Aushandeln von Pflichten und Rechten angesagt. Ein anstrengender Erziehungsauftrag, dem sie sich jedoch stellen müssen, wenn sie dem Jugendlichen wirklich helfen wollen, sich in der Gesellschaft zurechtzufinden. (...)

Die meisten Kinder sind nicht deshalb ungehorsam, weil ihre Eltern zu fürsorglich sind, sondern weil sie von ihnen zu wenig Zuwendung erhalten. Hier haben wir die wohl wichtigste Ursache der Erziehungskrise: Eine beziehungsorientierte Erziehung ist zeitlich aufwendiger als eine autoritäre, doch genau an der Zeit mangelt es den meisten Eltern und Lehrern. Mehr als achtzig Prozent der Mütter und Väter in Deutschland sind gemäß dem Bundesministerium für Familie insgesamt weniger als eine Stunde pro Tag mit Kindern im Schulalter zusammen. Die Zeit, welche Eltern mit ihren Kindern täglich in direktem Kontakt verbringen, liegt im Minutenbereich. (...)

Wenn die Kinder erzieherisch aus dem Ruder laufen, dann sollten die Eltern nicht in erster Linie die Disziplin verschärfen, sondern sich mehr Zeit für ihre Kinder nehmen. Aber nicht mehr Zeit zur Kontrolle der Hausaufgaben, sondern für Aktivitäten, die dem Kind Freude machen und seine Beziehung zu den Eltern stärken. Jede gemeinsam verbrachte Minute ist Gold wert und erspart nervenaufreibende Auseinandersetzungen und Strafaktionen. Etwas vom Kostbarsten, das Eltern und Lehrer den Kindern geben können, ist ihre Zeit.[15]

Das Problem der Turbo-Schule ist aber gerade, dass weder Lehrer mehr Zeit für die Belange ihrer Schüler haben noch Schüler mehr Zeit in der Familie verbringen können. Und dass die wenige Zeit, die daheim noch bleibt, in der Regel vom Thema Schule, Hausaufgaben, Tests, Referate und so weiter absorbiert wird. Eine Beziehungslosigkeit hier wie da ist die Folge, was sich dann nicht nur in unzufriedenen Kindern, sondern auch in frustrierten Erwachsenen zeigt, die oftmals ganz aufgeben, die verkorkste Situation irgendwie zu retten. Denn dafür braucht man – nun ja, Zeit, und die hat man eben nicht. Ist es ein Wunder, dass Jugendliche mangels reeller Bindungen zunehmend virtuelle Bindungen suchen und eingehen?

Aber nicht nur für menschliche Beziehungen braucht man Zeit, wie jeder Paartherapeut weiß; Kinder und Jugendliche müssen sich auch in allen möglichen anderen Dingen viel selbst ausprobieren können, sie sind ja noch keine fertigen Erwachsenen, sondern haben zunächst mal mit sich und dann auch mit ihrer nächsten Umgebung genug zu tun. Und sie haben auch ein Anrecht darauf, verschiedene Talente und Hobbys auszuprobieren. Gerade mit zehn, elf, zwölf Jahren entstehen das Interesse und die Lust, sich einer Leidenschaft intensiv zu widmen. Das kann der Klang der Geige oder des Cellos sein, den man plötzlich lieb gewonnen hat und den man nun intensiv verbessern möchte, das kann der Tennis- oder Fußballplatz sein, auf dem man verstärkt sein Geschick und Glück einzusetzen wagt, das kann der Flugzeugmodellbau sein, in den man sich verliebt hat und der Unmengen Zeit verschlingt mit all seiner Bastelarbeit und Testfliegerei. Es kann aber auch die Leidenschaft für Bücher, Computer (da hört man die Erwachsenen gleich wieder laut stöhnen, aber man kann ja auch eine ganze Menge tolle Sachen damit anstellen!), Freunde, Pferde, Pflanzen, Babys (Babysitting!) sein, die Teenies in diesem Alter fesselt. Für all das soll man sich als G8-Schüler besser keine Zeit mehr nehmen, wie Frau Kilian meint? Nur, um dem Lernpensum gerecht zu werden, das die Kultusbürokraten vorgeben, um schnellstmöglich mit dem Inder oder Chinesen auf dem weltweiten Arbeitsmarkt konkurrieren zu können?

Wer so denkt, der hat das Wesen des Lernens und auch den Sinn der Pubertät nicht verstanden. Natürlich sind Heranwachsende gerade auch intellektuell schon zu enormen Leistungen imstande. Die sollen sie ja auch erbringen, man darf und muss sie einfordern, erst recht am Gymnasium. Allerdings nur in dem Maße, das ihnen genügend Zeit auch für andere Dinge lässt, die in dem Alter nun mal genauso wichtig sind. Manchmal sogar wichtiger, wie

Hartmut von Hentig findet. Warum soll das, was über Jahrzehnte in Deutschland funktioniert hat, nämlich das Gleichgewicht zwischen Schule und Freizeit zu halten, plötzlich nicht mehr taugen und zulasten der freien Zeit kippen? »Wenn Schule, Hausaufgaben, Musikunterricht und Sport mehr als 40 Stunden ausmachen, also eine normale Arbeitswoche, dann ist das zu viel. Es gibt nicht wenige Kinder, die arbeiten pro Woche sogar 50 Stunden; damit tut man niemandem einen Gefallen«, sagte der Braunschweiger Neurobiologe Martin Korte[16]. Leider wird an die Eltern dann meist nur der Appell ausgegeben, die Freizeitaktivitäten der Kinder zusammenzustreichen, siehe Kilian. Gerade das sollten weitsichtige Eltern aber nicht tun. Warum muss man den Kindern Dinge nehmen, die für ihre Persönlichkeitsbildung wichtig sind, ja, die sie emotional berühren und deswegen oft nachhaltiger prägen als das Learning-to-the-Test-Büffeln am heimischen Schreibtisch oder in der Schule? Niederlagen verkraften und faires Verhalten nach genau vorgegebenen Regeln lernt man am besten im Sport: Fürs Leben, vor allem auch das wettbewerbsorientierte Berufsleben, ist das die beste Schule, die man sich denken kann. Deswegen sollten Eltern keineswegs das sportliche Hobby streichen, wenn ihnen an der Ausbildung ihres Kindes etwas liegt – eben auch und vor allem an der Persönlichkeitsbildung. Eher sollte man auf Schulthemen gelassen reagieren und notfalls die schlechte Note in Kauf nehmen – und sich immer sagen: Es liegt nicht am Kind, sondern am System, dass hier etwas schiefläuft. Notfalls dreht man eben eine Ehrenrunde – in der Pubertät scheint die »Gefahr« ohnehin am größten zu sein: Die achte Klasse gilt gemeinhin als diejenige, die am häufigsten von Schülern wiederholt wird.

Das Thema Schule und Pubertät war immer schon ein ganz spezielles. »Kaum ein Thema ist bei Eltern wie Pubertierenden so von heftigen Gefühlen durchdrungen wie die Auseinandersetzungen über die Schule. Manchmal habe ich den Eindruck, alles drehe sich im Leben nur noch um die Schule: Die einen gehen in einer Verweigerungshaltung auf, die anderen versuchen sich als Antreiber und Kontrolleure«, schreibt der Erziehungsberater und Buchautor Jan-Uwe Rogge in einem seiner Ratgeber-Klassiker.[17] In vielen Beratungsgesprächen, die er mit Eltern führe, drehe es sich »ausschließlich um die schulischen Leistungen der Heranwachsenden, besser: um Leistungseinbrüche, um gefährdete Versetzungen, schlampig oder gar nicht gemachte Hausaufgaben«. Das Thema Schule »vergifte« in vielen Familien regelrecht die Atmosphäre, ja es werde in einigen Familien »so beherrschend, dass über nichts anderes mehr geredet wird und andere – genauso wichtige – Alltagsbereiche völlig außen vor bleiben«. Dabei, mahnt Rogge, »gibt es ein Leben jenseits der Schule«![18] Ja, aber im G8 eben so gut wie nicht mehr. Das ist ja das Problem, denn dort hat man Schule quasi zum Tagesthema programmiert. Dabei sei »der Rückzug aus schulischen Angelegenheiten während der Pubertät normal«, betont Rogge.

Die körperlichen, seelischen und gefühlsmäßigen Entwicklungsschübe erfordern Kraft, ziehen Energie ab, die für intellektuelle Anstrengungen nicht mehr frei sind. Insofern sind Verweigerungshaltungen ein Zeichen für Reifeschritte. (...)

Manche Eltern meinen wiederum, das Wichtigste, was sie ihren Kindern mit ins Leben geben können, sei eine hervorragende Schulbildung. Das ist wichtig, doch bedeutsamer sind für Kinder und Jugendliche die Ausbildung von Eigenständigkeit, von Selbstwertgefühl und das Urvertrauen, auch schwierige Lebenssituationen meistern zu können. (...)

Ich möchte noch einmal unterstreichen: In der Pubertät wächst bei Schülerinnen und bei Schülern die Distanz zur Schule. Leistungseinbrüche, der Rückgang des Notendurchschnitts, Klassenwiederholungen, eine geringe Anstrengungs- und Leistungsbereitschaft sind normal und teilweise hormonell bedingt. Die intellektuelle Leistungsbereitschaft sinkt, es gibt Probleme mit der Disziplin, die Jugendlichen stören in der oder schwänzen die Schule. Allerdings: Pubertierende leisten auch etwas – sie müssen wichtigen Entwicklungsaufgaben nachkommen, und dafür brauchen sie Kraft und Energie. (...)

Je stärker Heranwachsende angetrieben werden, je mehr sie Kontrolle und Druck spüren, umso weniger eigenständig arbeiten sie. Wenn Heranwachsende nur Leistungen in der Folge von Drill erbringen, so sind sie auf Dauer nicht motiviert.[19]

Es ist beschämend, dass Bildungspolitiker so wenig von der Pubertät wissen oder wissen wollen. Dass sie nicht sehen, in welch sensibler Phase Jugendliche sich da befinden und dass es strikt verboten sein müsste, ihnen in dieser Lage Acht-, Neun- und Zehnstundentage aufzuhalsen. Die Ganztagsbefürworter argumentieren immer rasch mit der Computer- und Saufsucht der Jugendlichen, der diese daheim verfallen. Folglich sei es besser, sie den ganzen Tag in die Schule zu sperren. Das ist aber so, als ob man allen Bürgern das Autofahren verbieten würde, weil einige sich im Straßenverkehr wie Rowdys verhalten, oder als ob man ein generelles Alkoholverbot ausspräche, weil einige – und gar nicht mal wenige – über den Durst trinken. Weder ein allgemeines Fahrverbot noch ein generelles Alkoholverbot existiert. Nur allen Kindern und Jugendlichen will man freie Zeit rauben, weil Einzelne damit nichts anzufangen wissen? Alle sollen nicht mehr tanzen, reiten, schwimmen gehen dürfen, weil Einzelne der heimischen Computer- oder Fernsehsucht verfallen?

Pubertät scheint aber auch generell ein Tabuthema zu sein, zumindest etwas, womit man sich nicht so gern befasst. Sucht man in einer x-beliebigen Buchhandlung nach Büchern zum Thema Schwangerschaft/Geburt/Kleinkind, dann recken sich einem meterweise die Bände aus den Regalen entgegen. Zur Pubertät ist es dagegen höchstens eine Handvoll. Vielleicht liegt es daran, dass Babybücher einfach süßer zu bebildern sind? Pickelige Rotzbengel und gepiercte Gören wirken wenig anziehend. Oder liegt es daran, dass die Generation Golf sich selbst der Pubertät entzogen hat, wie Florian Illies meinte?

Natürlich weiß auch die Generation Golf, dass es so etwas gibt wie Pubertät und dass es dazugehört, irgendwann patzig gegen die Eltern aufzubegehren. Aber anders als die Vorgängergeneration waren wir nicht so dumm, durch stundenlanges Beharren auf einer bestimmten Musikkassette im Autoradio die Stimmung des gesamten Familienurlaubs nachhaltig zu beschädigen. Wir setzten unseren Willen durch, doch wenn die Eltern dann ab dem Frankfurter Kreuz bis in die Toskana die Brandenburgischen Konzerte hören wollten, gaben wir gnädig nach. Und ließen uns natürlich dieses Nachgeben später auszahlen: etwa in Form von neuen Badehosen, täglichen Eisbechern und, ihr habt es versprochen, Aufbleiben bis elf.[20]

Oder liegt es daran, dass viele Erwachsene sich nicht mehr groß vom Verhalten ihrer pubertären Kinder unterscheiden, quasi in einer Art Dauerpubertät leben und man gar nicht erst sieht, dass man hier eine spezifische Altersgruppe vor sich hat, auf die es Rücksicht zu nehmen gilt – in welcher Form auch immer? Aber gerade dann müsste man ihnen ja das Bedürfnis, das die Erwachsenen oder Dauerpubertisten nach Entschleunigung haben, umso eher auch zugestehen.

Wie harmonisch dieses Verhältnis ist, lässt sich in den täglichen Vorabendserien nachvollziehen. Zwischen Eltern und Kindern herrscht hier irritierende Eintracht, am Frühstückstisch wird über die künftige Einnahme der Pille geredet und darüber, wohin Vater und Sohn am Wochenende mit den Motorrädern fahren. Nicht nur in den Daily Soaps sind alle Spuren elterlicher Übermutterung und Unterdrückung getilgt. Man kann die Kindheit immer weiter verlängern, braucht keine kraftzehrende Pubertät mehr, und wenn man die S-Card gegen eine Eurocard eintauschen kann, ist man vom Kreissparkassen-Schalterbeamten zum Erwachsenen geschlagen worden. Ungefähr so läuft das. Inzwischen gibt es erste Psychologen, die im allgemeinen Verzicht unserer Generation auf den Ödipus-Konflikt eine gefährliche Entwicklung sehen, denn er sei zentral für die Strukturierung der Persönlichkeit und die Ausrichtung der Sexualität. (...)

Auch glaubten ja viele Ältere, dass das Markengetue und die Tatsache, dass bereits Sechzehnjährige sich zu Weihnachten Van-Laack-Hemden wünschen, etwas Vorübergehendes waren, vielleicht die einzige Form von Pubertät, zu der sich unsere Generation aufraffen konnte.[21]

Natürlich ist es nicht die einzige Form von Pubertät, sich zu Weihnachten Hemden einer bestimmten Marke zu wünschen. Klar, so etwas spielt heute auch eine Rolle und es mag tatsächlich Kinder und Jugendliche geben, die sich damit begnügen, den Eastpak-Ranzen gegen die Canvasco-Umhängetasche einzutauschen und das Sweatshirt gegen das Markenhemd. In der Regel umfasst pubertäres Verhalten aber doch ein wenig mehr, auch wenn Erwachsene es natürlich gern sehen, wenn es sich auf ein Minimum an Revolution beschränkt. Immerhin handele es sich um eine Art »zweite Geburt«, sagen der Kinder- und Jugendpsychiater Gunther Moll und sein Kollege am Uniklinikum Erlangen-Nürnberg, der Neurobiologe Ralph Dawirs. Der »Pubertist« werde »ein weiteres Mal, wie schon bei seiner Geburt, gewissermaßen hinausgeworfen«. Die beiden Experten bezweifeln aber eben auch, dass die Gesellschaft »über ein Konzept, wie man diese Pubertisten empfangen und aufnehmen soll«, verfügt.

Wie haben wir uns aber auf den Tag, besser gesagt das Jahr X+11/12 vorbereitet? Wissen wir überhaupt, was da auf uns zukommt? Ich behaupte, nein. Und das ist ein großer Fehler. Gestern noch der kleine, süße Fratz mit Seidenlocken. Am nächsten Tag ein echter Kotzbrocken, ein wahres Monster, das Ausdünstungen absondert, die mich an meine ersten Ferien auf dem Bauernhof erinnern. Weg die Seidenlocken. Nichts ist geblieben von dem süßen Fratz, nichts als Bilder wie aus längst vergangener Zeit. Man fragt sich, hab ich das alles nur geträumt? Wer in aller Welt ist dieses Monster? Wo ist mein Kind? Den meisten von uns wird es so gehen. Was fangen wir jetzt mit denen an? Wo sollen die jetzt hin? Wo ist ihr Platz? Sind wir, ist die Gesellschaft darauf vorbereitet? Oder lassen wir uns von dieser wild gewordenen Horde einfach überrollen? (...)

Natürlich wissen wir, dass unsere Kinder nicht wirklich plötzlich zu Monstern werden. Es ist wohl eher unser Erschrecken darüber, dass es nun so weit ist. Sie sind ja dieselben Individuen wie gestern, nur dass sie sich jetzt in einem anderen Aggregatzustand befinden. Einem für uns Eltern zunächst einmal sehr befremdlichen. Nicht wenige sind mit der Situation überfordert. Und ich wage zu behaupten, dass die meisten nicht wissen, worum es bei der Pubertät überhaupt geht. (...)

Die Pubertät wird in der öffentlichen und privaten Wahrnehmung im Allgemeinen als eine Krise begriffen. In erster Linie wird diese Phase als Konflikt zwischen Eltern und Jugendlichen erlebt. Vor allem erlitten. Die Wechselbäder zwischen Festhalten und Loslassen, zwischen Verlustängsten und Neugierde sind schmerzhafte Prozesse. Sicher, aber wozu dient das alles?[22]

Nein, wir wissen nicht mit der Pubertät umzugehen, mit den Pubertisten folglich auch nicht – den Kultusbürokraten scheint es da auch nicht anders zu gehen, warum auch? Man sperrt diese »schwierige« Altersgruppe folglich am liebsten weg, hält sie in einer künstlichen Welt gefangen: der Schulwelt. Da können sie wenig anrichten und belästigen uns Große nicht – von dem einen oder anderen Amoklauf einmal abgesehen und auch von dem bisschen Ritzen, Kotzen, Hungern und Saufen, mit dem manche

Jugendliche – oder werden es immer mehr? – ihren pubertären Abenteuerdrang ausleben. Ansonsten dürfen sie ja auch noch nicht viel: nicht wählen, nicht Auto fahren.

Dabei war es einmal ganz anders, berichten Moll und Dawirs: im Mittelalter[23]. Jungs (allerdings nur die, denn Mädchen wurden praktisch »weggesperrt«, im Haus gehalten, damit ihr kostbarstes Gut, die Jungfräulichkeit, nicht »beschädigt« wurde) verließen da schon mit sieben Jahren das Elternhaus; die Kindheit wurde zu diesem Zeitpunkt für beendet erklärt. Entstammten die Jungen einem Adelsgeschlecht, kamen sie an einen fremden Hof und traten einen Dienst als Page an. Eine umfangreiche sportliche und militärische Ausbildung erhielten sie dort und wurden nach erfolgreichem Abschluss mit vierzehn Jahren zum Knappen ernannt. Als Knappe dienten sie über Jahre hinweg einem erfahrenen Ritter. Mit 21 Jahren konnten sie, falls sie diese ebenso gefährliche wie abenteuerliche Zeit überstanden hatten, selbst zum Ritter geschlagen werden. »Eher unsportliche Zeitgenossen mussten in den geistlichen Stand eintreten«, bemerken die Autoren.

Jungen aus dem Bürgertum wurden mit sieben Jahren in die Lehre gegeben. Sie verließen dazu das Elternhaus und wohnten fortan bei einem Meister, um dort zu arbeiten. Rund sechs Jahre dauerte diese Lehrzeit, die meist mit dem Gesellenstück endete. Darauf folgten die Wanderjahre des Gesellen, die den dreizehn-, vierzehnjährigen Jungen aus der Stadt hinaus in die Fremde führten.

Was sagt uns dies über den heutigen Umgang mit Kindheit und Pubertät? Ist der mittelalterliche Usus eine Bestätigung derjenigen Leute, die Kinder möglichst frühzeitig in die Krippe geben und möglichst stundenlang in der Schule parken wollen, mit dem Hinweis auf frühe Selbstständigkeit, die es einzuüben gelte und die es damals schließlich auch gegeben habe? Mitnichten. Zum einen war es im Mittelalter natürlich ein nackter Existenzzwang, denn die Familien konnten es sich nicht leisten, ihre Kinder lange durchzufüttern:

Das »Outsourcen« von Jugendzeit war eine Notwendigkeit, die dem Überleben diente. Biologisch formuliert: Von einer Investition in die Jugendzeit hatte die Elterngeneration selbst damals keinen Vorteil mehr. Die Jugendlichen mussten sehen, wo sie blieben. Ihre Entwicklung wurde praktisch zur gesamtgesellschaftlichen Aufgabe. Da fügte man sich ein oder ging zugrunde.[24]

Zum anderen muss man aber wohl sehen, dass die Pubertät bei uns nur deshalb als »schwierige Phase« empfunden wird, weil sie die Jugendlichen zu lang gefangen hält in einer künstlichen, verplanten Welt. Grundsätzlich gäbe es zwei Möglichkeiten, das Dilemma zu lösen, wenn man nicht eben in mittelalterliche Verhältnisse zurückfallen möchte und die Kinder bereits mit sieben Jahren aus dem Haus schicken will – was auch zu Goethes Zeiten, siehe *Wilhelm Meister*, ja nicht mehr üblich war und was eben auch existenziell nicht mehr notwendig ist: Entweder man würde die Schulzeit deutlich früher beenden – mit Einsetzen der Pubertät, nicht erst mit siebzehn oder achtzehn Jahren – oder – und das ist wohl die realistischere Variante – man würde die Schulzeit in der Unter- und Mittelstufe des Gymnasiums großzügig in der Form entzerren, wie es von Hentig vorgeschlagen hat, zumindest aber so, dass für alle möglichen anderen Aktivitäten außerhalb der Schule noch genügend Zeit und Freiraum bleiben. Vor allem auch für Aktivitäten, für die der Pubertist Eigeninitiative zeigen muss, die ihm nicht vorgekaut und serviert werden in Form von Arbeitsblättern, Powerpoint-Präsentationen, Multiple-Choice-Tests, Arbeitsgemeinschaften und wie die Dinge alle heißen. Nun wird ja immer argumentiert, die Welt da draußen sei so schlimm und unzumutbar für Jugendliche geworden; doch sind Gewaltvideos und fehlende Bolzplätze, der ganz alltägliche Wahnsinn des alltäglichen

Lebens heute wirklich gefährlicher als die Gefahren, die zu damaligen Zeiten draußen lauerten? Und damit sind jetzt nicht die behüteten Aufbau- und Wohlstandsjahre der jungen Bundesrepublik Deutschland gemeint, sondern frühere und härtere Zeiten: Gab es da wirklich weniger Gefahren? Gab es nicht auch da schon jede Menge Rohheiten, Unbill und Zumutungen, denen auch Kinder und Jugendliche ausgesetzt waren? Das einfachste und sicherste Mittel, junge Menschen fit zu machen fürs Leben, ist, sie leben zu lassen – und zwar in Freiheit, ohne ständige Reglementierungen. Nur so wird man Erfahrungen machen, die man im Leben wirklich braucht, und lernen, Gutes von Schlechtem, Sinnvolles von Sinnlosem, Nützliches von Unnützem zu unterscheiden. Wer alles vorgekaut und vorgeplant bekommt, der lässt sich zurückfallen und verliert jede Lust, Dinge selbst zu entwickeln und auszuprobieren. Selbst die viel beschworene Wertewelt kann man nicht nur theoretisch vermitteln, man muss sie vor allem (vor)leben.

Natürlich müssen Fertigkeiten entwickelt und geübt werden. Natürlich muss man sich auch mit Dingen beschäftigen, mit denen man sich normalerweise nicht so gern beschäftigt und die man vielleicht nicht mal eben so freiwillig nebenbei lernen würde. Wegen dieser Dinge pflegt man in der Regel die Schule zu besuchen. Man kann diese Dinge aber sehr wohl eingrenzen. Doch verschiedene Lobbyisten drängen immer lauter in die Schulen und schlagen von Ernährungskunde über Gesundheitserziehung, Schach- oder Segelflug-AG, Methodenlehre, Wirtschaft, Datenschutz- oder Verbraucherunterricht, Astronomie, Umwelt- oder Medienerziehung so ziemlich alles Erdenkliche vor. Dahinter steckt die Vorstellung, Schule müsse heute praktisch alle Lebensbereiche abdecken. Die Hoffnung hatte man mit der Ganztagsschulkampagne *Gute Bildung braucht mehr* ja schließlich auch geschürt. Würden alle Ideen und Wünsche von Verbänden und Institutionen erfüllt, so müsste man wohl aber auch noch eine Ganznachtsschule einführen: selbst die Ganztagsschule würde da nicht ausreichen.

Dabei ist es doch so: Man lernt viele Dinge am besten im wirklichen Leben. Das Leben selbst ist der beste Lehrmeister. »Es sind die Lebensbedingungen insgesamt und nicht die Lehrpläne, die festlegen, was gelernt wird«, sagt der Psychiater Manfred Spitzer[25]. Und dafür braucht man genügend Zeit, die Dinge auch ausprobieren zu können. Wenn der Tag nur noch aus Schule besteht – Unterricht samt Hausaufgaben plus Referate- und Testvorbereitung – dann funktioniert das natürlich nicht. Ein weiteres Auffüllen der Stundenpläne mit den sogenannten »Bindestrich-Fächern«, wie Lehrerverbandspräsident Kraus sie nennt, wäre also die verkehrte Richtung. Es muss ja im Gegenteil um Entlastung, um ein Wegkommen von noch mehr verplanter Zeit gehen. Damit Pubertisten genügend Freiraum bleibt, ihre Persönlichkeit auch jenseits des Schreibtischs zu entwickeln. Und damit ihnen auch genügend Zeit bleibt, den Schulstoff in Ruhe nachzuarbeiten und zu vertiefen. Denn das wird ja oft nicht bedacht: Wenn die Rede davon ist, dass man Stoff streichen kann, dann wird häufig vergessen, dass auch für den restlichen Stoff noch ausreichend Zeit zur Verfügung stehen muss – freie Zeit wohlgemerkt –, in der der Schüler sich fit genug fühlt (und nicht abgeschlafft nach acht Stunden Unterricht zu Hause abhängt), um ihn selbstständig zu Hause noch einmal nachzubereiten. Auch wenn viele Propheten der Ganztagsschule behaupten: Man kann auf Hausaufgaben verzichten, wir machen alles in der Schule, so funktioniert das in der Regel nicht. »Aus der PISA-Studie folgt nicht, dass wir mehr Ganztagsschulen brauchen«, dämpft Spitzer die Euphorie vieler Halbtagsschulkritiker[26]. Denn in der Schule ist es schließlich immer unruhig, es gibt keine Einzelarbeitsplätze, man ist abgelenkt. Jeder zweite Schüler geht zudem lust- und antriebslos in die zweite Tageshälfte, wie eine

Untersuchung des Lebensmittelkonzerns Nestlé ergab, die Anfang des Jahres in Berlin vorgestellt wurde. Jeder vierte befragte Schüler erklärte, sich nach dem Essen in der Schulkantine – dem die Pennäler die Note 2,9 und damit eine schlechtere Bewertung als noch vor fünf Jahren gaben – voll und träge zu fühlen. Das wissen Lehrer zwar auch aus eigener Anschauung, aber wer hört schon auf sie? Eine Ernährungsberaterin findet in der Öffentlichkeit eher Gehör als ein Studienrat.

Um die vertiefenden Hausaufgaben kommt man nicht herum. Das hat im vergangenen Jahr die Magdeburger Neurobiologin Anna-Katharina Braun auf dem Symposium *Wie lernt der Mensch?* bekräftigt, das der Deutsche Hochschulverband in Bonn veranstaltete: »Die unbewusste Langzeitgedächtnis-Ausbildung dauert mindestens 24 Stunden. Wer nach der Schule vor dem Fernseher sitzt, konserviert die morgendlichen Lerninhalte nicht so gut. Macht man aber nach der Schule Hausaufgaben, werden sie gut gespeichert.« Das Problem vieler G8-Kinder ist aber, dass sie ziemlich fertig aus der Schule kommen und die Leistungsbereitschaft dann definitiv bei null liegt. Zwar sollen an den Tagen mit Nachmittagsunterricht keine Hausaufgaben aufgegeben werden; da viele Fachlehrer aber eine Aufgabe für die ganze Woche aufgeben, läuft es praktisch darauf hinaus, dass man genau an dem Nachmittag diese Aufgabe macht, an dem man »sonst« eigentlich nichts aufhätte. Manfred Spitzer hat eben recht, wenn er feststellt: »Das Gute wollen ist eines, die Randbedingungen so festzulegen, dass es sich einstellt, ist ein anderes. So manches, was gut gemeint ist, geht in der Praxis schief, hat Nebenwirkungen, Folgen, die keiner vorausgeahnt hat. Keineswegs ist das, was wirklich geschieht, identisch mit dem, was man beabsichtigt.«[27] Das Wichtigste an der PISA-Studie sei »mit Abstand«, dass wir »uns wieder Gedanken über das Lernen an unseren Schulen machen«. Es bleibe »zu hoffen, dass dies politische Früchte tragen wird«[28]. Solange G8-Schülern allerdings nur geraten wird, auf ihre Hobbys zugunsten von Hausaufgaben und Schule zu verzichten, wie Exschulleiterin Andrea Kilian empfiehlt, schmecken die neuen Früchte ausgesprochen sauer.

DURCHGETAKTET BIS ZUM UMFALLEN
Psychopillen und andere Peanuts

G8-Kinder bestehen nicht nur aus wissbegierigen Köpfen, sondern auch aus pflegebedürftigen Körpern. Das scheint vielen Erwachsenen aber nicht ganz klar zu sein, die Stundentafeln und Lehrpläne am Reißbrett entwerfen. Sie haben eben keine Kinder vor Augen, sondern Lernmaschinen, denen man beliebig viel Stoff in beliebig vielen Stunden am Stück ohne adäquate Pausen einverleiben kann. Sonst wüssten diese Planer erstens, dass Elf-, Zwölf- und Dreizehnjährige noch Kinder sind, und sie wüssten zweitens, dass man auch mit vierzehn und fünfzehn nicht nur geistiges Futter braucht, sondern auch körperlich aktiv sein will und sollte – egal, wie begabt, intelligent und intellektuell leistungsstark man ist. Dass man mit den Händen am G8 aber nicht viel mehr zu machen braucht, als eine Computertastatur zu bedienen, einen Beamer einzuschalten, einen Taschenrechner in Bewegung zu setzen und einen Inky, Kuli oder sonstigen Stift zu führen, scheint ausgemachte Sache zu sein. Dass man mit Händen auch werken, nähen, Teig kneten, ein Musikinstrument spielen oder einen Hockeyschläger halten und dass man mit seinen Füßen auch schnell laufen kann, besser noch: sollte, das ist den G8-Machern offenbar völlig fremd. Oder es ist ihnen einfach völlig wurscht, weil man diese Fähigkeiten ja ohnehin nicht bei PISA misst.

Nun könnte man sagen: Schule muss nicht alles leisten, und das stimmt ja auch. Aber wenn sie eben schon rein zeitlich gesehen die Gelegenheit dazu raubt, diesen Dingen wenigstens in der Freizeit nachzugehen, dann gibt es ein Problem. Dass diese zusätzlichen Fertigkeiten ganz offenbar auch in der Freizeit nicht mehr wirklich erwünscht sind, dass Klavierstunden, Konfirmandenunterricht oder Tennistraining als überflüssiger bürgerlicher Tand überehrgeiziger bis spießiger Eltern betrachtet wird, die man kurzerhand zur »Gucci-Fraktion« erklärt, von so einfältigen Tätigkeiten wie Kochen, Nähen, Werken und Schmökern mal ganz zu schweigen, zeigen ja die Reaktionen, wenn man dieses Dilemma anschneidet, siehe Kapitel 6: Zugunsten der Schule soll man bitteschön seine privaten Hobbys einschränken, raten die Fachleute, nicht umgekehrt. Da nützt es wenig, wenn ein Musiklehrer beklagt:

Abgesehen davon, dass eine Stundenplanung immer schwieriger wird, weil alle nicht zu früh, aber auch nicht zu spät Instrumentalunterricht haben wollen, wird der Unterricht immer schwerer. Müdigkeit, Antriebslosigkeit und Verängstigung sind das Resultat einer überhasteten Reform namens G8. (...) Ich erlebe es täglich, dass Zehn- bis Zwölfjährige noch bis 20 Uhr Hausaufgaben machen müssen. Dies wird alles toleriert, besonders von denjenigen, die lauthals die Kinderarbeit in Dritte-Welt-Ländern brandmarken, aber einen Zwölfstundentag der eigenen Kinder klaglos hinnehmen.[1]

Paradoxerweise stoßen solche Augenzeugenberichte bei den Zuständigen auf taube Ohren, sie werden nicht ernst genommen. Vielmehr werden sie dazu benutzt, hämisch vom »durchgetakteten Tagesplan« zu sprechen, dem viele Kinder »heutzutage« unterworfen seien; Sündenböcke sind selbstverständlich die Eltern: Sie seien es, die ihren armen Sprösslingen so fürchterlich viele zeitaufwendige Hobbys zumuten würden! Dass man das Ganze auch positiv sehen könnte, nein: sollte, weil es schließlich jahrzehntelang funktioniert hat mit der Kombination Schule–Vereinsleben, zumindest in Westdeutschland, und dass diese »Gewaltenteilung« enorme Vorteile und Chancen für die Kinder und Jugendlichen birgt, die dadurch eine Gegenwelt mit neuen Freunden, Lehrern, Trainern und Betreuern aufbauen und erleben, sodass sie auch sich selbst ganz anders und neu erfahren können als in dem vorgefertigten Schema Schule, wird zur Gänze ignoriert. Die Ganztagsschule wird zum Maß aller Dinge erkoren, der sich alle zu beugen haben – nicht nur die Hobbys, auch das komplette Familienleben. Schnell ist man dann zur Hand mit dem Argument, viele Kinder würden aber gar nicht mehr von intakten Familien profitieren, bekämen daheim kein warmes Mittagessen, ein Frühstück sowieso nicht, sie lungerten nur vorm Fernseher und Computer herum. Interessanterweise werden die meisten dieser Umfragen übrigens von denjenigen veröffentlicht, die von dem angeblichen Medienmissbrauch selbst am meisten profitieren: den diversen Einrichtungen und Instituten zur »Suchtprävention«. Kein Wunder, damit stärken sie ja auch ihre eigene Daseinsberechtigung. Was wäre die Welt für diese Instanzen, wenn sie in Ordnung wäre?

Wie ernst man auch immer diese Studien nehmen kann und will, die der Jugend einen kollektiven Medienmissbrauch und damit ein generelles Unvermögen unterstellen, ihre Freizeit sinnvoll zu gestalten – selbstverständlich aus Erwachsenenperspektive –, so sei doch zumindest die Frage gestattet: Sollen deshalb diejenigen Kinder, die noch in intakten Familien mit engagierten Eltern leben dürfen, von diesen bitte schön auch nicht mehr profitieren dürfen? Sollen diejenigen, die sich bestens selbst zu beschäftigen wissen, ihre Eigeninitiative opfern zugunsten eines kollektiven Absitzens von Unterrichtsstunden am Nachmittag, wo man eh nicht mehr aufnahmebereit ist? Hilft das den benachteiligten Kindern, wenn statt weniger nun alle auf ihre Chancen verzichten sollen? Solidarität ist schön und gut, sie geht aber zu weit, wenn sie mit einem gemeinschaftlichen Verzicht auf Freiheit und Freizeit verbunden ist, weil einige nichts damit anzufangen wissen oder ihnen die Möglichkeiten dazu aufgrund familiärer Verhältnisse oder sonstiger Umstände verwehrt bleiben. Selbstständigkeit sollen unsere Kleinen schon so früh wie möglich lernen – warum dann nicht auch, dass das Leben ungerecht ist? Wer das als Zumutung empfindet, der muss alle Kinder von Geburt an von ihren Eltern trennen und in separaten Erziehungsanstalten kasernieren, ohne Kontakt zur Außenwelt; dadurch müssten sich die Herkunftsunterschiede weitgehend annullieren lassen. Denn es fängt ja schon im Kindergarten an: Da wird die Erzieherin von einem kleinen Mädchen gefragt, warum sie denn schon wieder dieselbe Strickjacke wie am Vortag trage. Das Mädchen selbst ist schick in Esprit gekleidet. »Wir haben den Spielzeugtag auch abgeschafft«, berichtet die Erzieherin. »Da sollte beziehungsweise durfte früher jeder sein Lieblingsspielzeug mitbringen und der Gruppe vorstellen. Doch das wurde immer mehr dazu benutzt, sich über das Spielzeug zu profilieren.« Und so geht es immer weiter in einer materialistischen Welt, die auf Gewinn und Effizienz getrimmt ist. Kinder bekommen das natürlich mit, wie sehr man sie auch davor beschützen will; wenn nicht in der Schule oder im Kindergarten, dann spätestens im richtigen Leben, das ja draußen vorm Schultor beginnt. Sie davor bewahren zu wollen hieße, ihnen die Wirklichkeit vorzuenthalten.

Freiwillige Ganztagsangebote an den Schulen – und zwar hochwertiger Art! – sollten selbstverständlich sein und sind dringend geboten, vor allem in sozialen Brennpunkten. Als Pflichtveranstaltung für alle werden sie aber nur auf niedrigstem Niveau dümpeln können, will man den Steuerzahlern nicht noch mehr Geld aus der Tasche ziehen, wovon am Ende niemand profitiert. Lieber einigen wenigen auf freiwilliger Basis ein schmackhaftes, gesundes Essen servieren als allen den kostenlosen Einheitsbrei aufzwingen, und damit ist nicht nur das Mittagessen gemeint, sondern auch sonstige sportliche und musische Angebote.

Selbst wenn Bundesfamilienministerin Kristina Köhler erklärt, es sei nicht Aufgabe des Staates, den Familien vorzuschreiben, wie sie die Betreuung ihrer Kinder organisieren sollen, so tut der Staat doch genau das, wenn er sie den ganzen Tag in der Schule hält oder mit Schule beschäftigt. Der Staat raubt damit Eltern und Kindern gemeinsame Zeit – stets mit der Begründung, es gebe ja heute so viele Kinder von Alleinerziehenden, die auf diese Form der staatlichen Fürsorge angewiesen seien. Dass man mit diesen gut gemeinten Förder- und Betreuungsmaßnahmen zugleich aber auch jene privaten Desaster forciert, deren Symptome man zu bekämpfen vorgibt, ist leider auch so: Denn wenn Familien keine Zeit mehr miteinander verbringen können oder sich alles nur noch um die leidigen Themen Schule und Beruf dreht, kann das schnell das Familienleben ruinieren. Doch das scheint man billigend in Kauf zu nehmen, als Argument zählt das schon gar nicht, von »quality time« ist dann die Rede, die alle nach Feierabend angeblich miteinander verbringen dürfen. Dass die meisten berufstätigen Eltern abends müde nach Hause kommen und die Ganztagskinder sowieso, dass man allenfalls vorm Fernseher abhängt und für gemeinsame Gespräche oder Aktivitäten keine Zeit und Kraft mehr bleiben, davon spricht niemand.

Von intakter Familie zu sprechen oder gar zu schwärmen gilt mittlerweile als taktlos. Dabei geht es ja gar nicht darum, die Illusion von der heilen Familienwelt anzupreisen, sondern vielmehr anzuerkennen, dass viele Elternpaare trotz aller Schwierigkeiten, die jedes Zusammenleben – gerade in der heutigen Zeit – mit sich bringt, Verantwortung füreinander und für die Kinder aufbringen, und zwar in Form von Geld und Zeit und damit dem Staat vieles ersparen, vor allem hohe (Folge-)Kosten. Darf man also die Interessen einer Gruppe, die nach wie vor die Mehrheit aller familiären Lebensformen stellt, weitgehend ignorieren? Im Jahr 2008 lebten in Deutschland immerhin noch drei Viertel aller 14- bis 17-Jährigen in vollständigen Familien und nur ein Viertel entweder mit Mutter (17,2 Prozent), Vater (2,7 Prozent) oder in Lebensgemeinschaften (4,7 Prozent). Von einem Rückzug der Familie, den mancher Politiker und Kommentator dann oft im gleichen Atemzug schon eher zu bejubeln als zu befürchten scheint, kann (noch) keine Rede sein. Erfreulich auch, dass Eltern in Umfragen immer wieder angeben, sie wünschten sich »mehr Zeit« fürs Familienleben, fürs Zusammensein mit ihren Kindern. Schließlich ist es doch so: Wer Kinder nicht nur als Einkommenserwerb in die Welt setzt, der möchte sich auch um sie kümmern dürfen – und nicht von früh bis spät abgeben und von ihnen getrennt leben. Und Eltern wollen auch nicht verzweifelt zusehen müssen, wie ihre Kinder im Dauerstress leben – etwa aufgrund der unsinnigen Schulzeitverkürzung.

Wozu dieser Exkurs zur Familie? Nun, weil Kinder – auch G8-Kinder – ja irgendwie auch (noch) mit Familie zu tun haben (sollten) und nicht nur mit Kita oder Schule – auch wenn die öffentliche Wahrnehmung eine andere ist: Der Familie als Privatraum wird längst nicht mehr die positive Wertschätzung entgegengebracht wie den Institutionen im öffentlichen Raum. Das geht so weit, dass in Bremen eine Kita-Ausstellung arrangiert wird mit dem bezeichnenden Titel *Kinder haben Eltern* – ja, was denn sonst?, möchte man fragen. Aber manch einer scheint an diese banale Tatsache erst wieder erinnert werden zu müssen. Hinzu kommt: Schulkinder scheinen im Gegensatz zu Krippenkindern vernachlässigbar; mit Kleinkindern kann man sich netter in Szene setzen, vor allem lassen sich da niedlichere Pressefotos schießen als mit pubertierenden Blagen. Auch das mag ein Grund dafür sein, weshalb man sich als Politiker(in) um die Belange der älteren Kinder so ungern bis gar nicht kümmert, um die der kleineren umso mehr – zumindest vordergründig, denn nach wie vor hakt es ja auch im Kleinkindbereich an ziemlich vielen Stellen. Aber es wird dort einfach mehr drüber geredet, Kleinkinder lassen Emotionen eher hochkochen als Großkinder. Zu den Großen fällt einem nichts anderes ein, als sie möglichst den ganzen Tag lang in der Schule zu kasernieren, damit sie nach Überwindung der Pustel- und Pöbelphase als gemachte, stromlinientreue Menschen die Bühne der Gesellschaft betreten. Wenn sie dann später noch meckern, etwa weil die Studienbedingungen so miserabel sind, werden ihnen schnell ein paar Stipendien nachgeworfen und es werden einige Stellschrauben an der Studienordnung gedreht, ein paar Warteschleifen in Form von Ausbildungsförderung installiert, und gut ist es. Schon traurig, welches Bild vom Jugendlichen dahintersteckt: Als ob diese heikle Phase eine Zeit wäre, die man nur mit Vokabel- und Formelpauken zu überbrücken hätte. Dass es sich bei der Pubertät aber nicht nur um eine der schwierigsten, sondern vor allem auch um eine der kreativsten und originellsten Lebensphasen überhaupt handelt, wie jeder bestätigen kann, der mit Jugendlichen zusammenlebt und -arbeitet, wird völlig ausgeblendet.

Als Anfang des Jahres zehn Augsburger Schüler hochkonzentrierte Chilisauce tranken und mit Herzrasen und Übelkeit im Krankenhaus landeten, mag manch einer gedacht haben: Typisch heutige Jugend, hat nichts Besseres zu tun, als rumzugammeln und Quatsch zu machen! Wären die in der Schule gewesen, wäre das nicht passiert. Der Kinder- und Jugendpsychiater Gunther Moll hat jedoch in einem Interview genau das Gegenteil gefordert und Jugendlichen das Recht auf »Mutproben« eingeräumt, auch wenn man dabei schon mal »über das Ziel hinausschießen« könne:

Moll: Es ist ganz wichtig, dass Jugendliche lernen, das richtige Maß zu finden. Aber wir geben ihnen zu wenig Freiraum, um das zu erlernen. Und wir gaukeln ihnen Freiräume in den virtuellen Welten vor. Im Internet kann man Mutproben durchführen, bekommt aber keine direkte Rückmeldung, man fällt nicht vom Baum auf die Nase.

So lernt man nicht seine Grenzen kennen. Und die Lebensräume für Jugendliche werden immer enger.
  SZ: Inwiefern?
  Moll: Ich hatte früher um eins Schule aus, und dann bin ich herumgezogen. Das war das wahre Leben. Heute sitzen die Jugendlichen den ganzen Tag in der Schule, man schließt sie vom Leben aus. Schlagwort: G8. Sie brauchen wieder mehr Zeit mit anderen Jugendlichen, um ihre Erfahrungen zu machen.[2]

Der Gedanke, dass man nicht seitens der Freizeit, sondern seitens der Schule den Stundentakt beschränken könnte, wird gar nicht erst aufgeworfen. Der Stress, den das G8 den Kindern zumutet, bleibt tabu, allein in der Freizeit sieht man Kürzungspotenzial: Hobbys und eigenwillige Interessen gilt es zu bekämpfen und einzuschränken. Standardisierung auf niedrigem Niveau: Nichts anderes scheint das Ziel zu sein. Das gibt man natürlich nicht so offen zu. Eher wird von der Chancengleichheit gesprochen, die Ganztagsschulen allen Schülern bieten. Dabei können und wollen die Schulen gar nicht mit dem konkurrieren, was Musikschulen und Sportvereine, Umweltverbände und Kirchen an vielfältigen, hochwertigen Angeboten bereithalten. Das scheint aber nicht weiter zu stören, denn das Problem ist ja beseitigt: Einzelne können sich nicht weiterentwickeln in ihrer Freizeit, können nicht Spitzenleistungen auf Gebieten erzielen, die mit Schule nichts zu tun haben, und Fähigkeiten trainieren, die anderen verweigert bleiben – aus welchen Gründen auch immer. Man hindert Kinder und Jugendliche dadurch aber auch am Austausch mit Gleichaltrigen anderer Schulen: Freundschaften werden eingeengt auf die eine Schule, die man gerade besucht. Global denken und handeln sieht anders aus.

Die Parole *Freizeit – nein danke, Schule – ja bitte* durchzieht das Denken aller G8-Zuständigen zu einer Zeit, in der Gewerkschaften in Tarifverträgen um halbe Arbeitsstunden weniger beziehungsweise halbe Freizeitstunden mehr feilschen. Denn Beschränkung von Freizeit bedeutet immer auch Beschneidung von individueller Freiheit: Mit welchem Recht erlaubt sich eigentlich der Staat, unseren Kindern derart viel wertvolle Zeit zu rauben, die sie zur Persönlichkeitsentwicklung aber dringend brauchen und die nicht allein durch Absitzen von Stunden und Einbläuen von Unterrichtsstoff erzielt wird, zu dessen Aufnahme man in der achten und neunten Stunde ohnehin nicht mehr in der Lage ist? Der Journalist Hannes Hintermeier hat die treffende Antwort parat:

Weil er sich gern in alles einmischt, was ihn nichts angeht. Das Jahr Lebenszeit, das Jahr Kindheit musste in Hessen – wie in den meisten anderen Bundesländern – als Symbolpreis bezahlt werden, um den PISA-Schock mit Aktionismus zu dämpfen. (...) Dass zur Herausbildung einer Persönlichkeit mehr zählt, als Schule leisten kann, dass die freie Entfaltung des Geistes durch musische, sportliche, handwerkliche Zugaben befördert wird, ist eine Binse. Es ist schon eine merkwürdige Vorstellung, wenn Bildungspolitiker meinen, mittels der Formung von internetgeübten PowerPoint-Robotern, die im Alter von zehn Jahren beginnen, ein Erwachsenenleben zu führen, der internationalen Konkurrenz begegnen zu können.[3]

Alles Körperliche bleibt in der Turbo-Schule auf der Strecke – über die Funktionen von Sprunggelenk, Muskeln und Kreislauf erfährt man bestenfalls theoretisch etwas im Biologieunterricht. Den eigenen Körper wird man praktisch gezwungen, lahm zu legen. Und das, obwohl seit Jahr und Tag eine Studie die nächste jagt, in der Experten den dramatischen Bewegungsmangel bei Kindern und Jugendlichen beklagen. Paradoxerweise ziehen viele dieser Experten dann aber immer den Schluss daraus, es sei am besten, die Kinder weg vom heimischen Fernseher und Computer zu holen, also ihnen freie Zeit zu beschneiden, und flächendeckend die Ganztagsschule zu etablieren – ohne zu bedenken, dass vielerorts die Ganztagsschule bereits faktisch existiert in Form des G8, dort aber das Problem des Zu-viel-Sitzens nicht geringer, sondern noch viel größer ist als an normalen Halbtagsschulen und sich damit keinesfalls positiv vom Sitzen vorm heimischen Computer oder Fernseher unterscheidet. Denn im G8 kommt zusätzlich zum langen Ganztagsunterricht noch die Arbeit hinzu, die man anschließend daheim für die Schule zu erledigen hat. Und das alles erfolgt in der Regel im Sitzen – es sei denn, man lernt mal ein paar Vokabeln oder trainiert ein Referat im Stehen.

Im Dezember 2007 veröffentlichte ein minderjähriges Geschwisterpaar eine Studie mit dem Fazit: »Auffällig ist die schlechter werdende Bewegungssituation der Schüler an unserem Gymnasium. Wenige Stunden am Tag mit Bewegung und Sport stehen immer mehr Stunden mit sitzenden Tätigkeiten gegenüber. Insbesondere sehen wir dies tendenziell bei der G8-betroffenen Unterstufe.«[4] Hannah Neumann war damals zwölf Jahre alt, ihr Bruder Philipp vierzehn. Die beiden waren mit ihrer Untersuchung, die aus einer prämierten *Jugend-forscht*-Arbeit hervorgegangen war, die jüngsten Autoren in der 132-jährigen Geschichte des Fachblatts »Deutsche Medizinische Wochenschrift«. Das Geschwisterpaar, das sich selbst als Schüler im Einser- und Zweierbereich beschrieb, erlebte das, was viele Geschwister zurzeit erleben: Während Neuntklässler Philipp noch nach neun Jahren sein Abitur machen darf und folglich über deutlich mehr Freiraum verfügt als seine Schwester, durchläuft Achtklässlerin Hannah die Turbo-Schiene. »Das ist ein Riesenstress in den Familien. Jeder klagt hinter vorgehaltener Hand, aber keiner steht auf und tut etwas«, sagte Mutter Eva, die selbst Ärztin ist und Diabetespatienten berät.

Hannah und Philipp waren durch einen Zeitungsartikel im *Mannheimer Morgen*, der über »die katastrophale Ernährungssituation von britischen Schulkindern« berichtete, auf die Idee gekommen, zu untersuchen, wie es an ihrer eigenen Schule, dem Lessing-

Gymnasium in Mannheim, lief. Sie verteilten 729 Fragebögen an ihre Mitschüler und ermittelten Daten rund um Bewegung, Ernährung und Freizeitverhalten. 84 Prozent der Bögen kamen ausgefüllt zurück – eine erstaunlich hohe Rücklaufquote.

Die Studie zeigte zum einen, dass sich mit zunehmender Körperfülle die Schulnoten bei Mädchen wie Jungen gleichermaßen verschlechterten. Zweitens verbrachten die Schüler im Schnitt drei bis vier Stunden pro Woche mit Sport – die Schüler der Mittel- und Oberstufe verbrachten allerdings mehr Zeit mit sportlichen Aktivitäten als die Unterstufenschüler. Grund hierfür sei das verkürzte Gymnasium, schrieben die Jung-Autoren. Denn dadurch hatten die Unterstufenschüler wöchentlich drei bis fünf Stunden mehr Unterricht als die Schüler der Mittel- und Oberstufe – und damit weniger Zeit für sportliche Betätigung.

Dem Internisten Martin Middeke, Chefredakteur der *Deutschen Medizinischen Wochenschrift*, hatten Hannah und Philipp zuvor auf dem Kongress der Deutschen Diabetes-Gesellschaft imponiert, wo die beiden ihre Studie auffallend professionell präsentiert hatten. »Das klang nicht auswendig gelernt«, betonte Middeke. Daraufhin bot er den Geschwistern an, ihre Arbeit in der Weihnachtsausgabe seines Fachblatts zu veröffentlichen. »Es ist sehr ermutigend, dass Kinder nun ihre Gesundheit erforschen. Denn Bildung und Gesundheit gehören zusammen, wie auch diese eindrucksvolle Untersuchung belegt«, lobte der Chefredakteur. Für die Studie habe es auch »keinen Kinderbonus« gegeben, sie habe »das übliche Gutachterverfahren durchlaufen«. Der Fachmann bezeichnete das Thema als »brisant und hochaktuell, denn erstmals in der Geschichte werden Kinder dieser und zukünftiger Generationen vor ihren Eltern sterben«, prophezeite Middeke[5]. Schuld seien Übergewicht und Bewegungsmangel im Kindesalter, und dem folgen unweigerlich Diabetes, Bluthochdruck und andere Erkrankungen.

Eine australische Studie im US-Fachblatt *Circulation*[6] zeigte Anfang dieses Jahres: Wer täglich vier Stunden vor der Glotze hängt, verdoppelt sein Risiko, vorzeitig an Herz-Kreislauf-Leiden zu sterben. Der Grund sei aber nicht das Fernsehen, sondern das lange Sitzen, betonen die Wissenschaftler. Auch Sport als Ausgleich wirke da relativ wenig. Entscheidend sei, dass man nicht stundenlang am gleichen Fleck sitze, und das gelte auch bei der Arbeit. Und das gilt natürlich auch für die Schule, müsste man ehrlicherweise hinzufügen. Merkwürdigerweise wird aber nie thematisiert, dass gerade G8-Kinder heute ihren Tag fast nur noch im Sitzen verbringen – zumindest dann, wenn sie ihre Aufgaben so gewissenhaft machen, wie es die Schule verlangt. »Das G8 ist nicht schwieriger, sondern anstrengender«, sagt der Lehrer eines bayerischen Gymnasiums. Und es ist obendrein gesundheitsschädlich. Wie man dieses Problem in einer Gesellschaft aussitzen kann, die ansonsten einem unbeschreiblichen Fitnesskult huldigt und inzwischen beinahe jeder zweitrangigen Sportveranstaltung Eventcharakter einhaucht, bleibt ein Rätsel.

Dabei entdeckten vor Kurzem schwedische Forscher, dass körperliche Fitness bei jungen Erwachsenen offenbar die Intelligenz fördert und nachhaltig zum beruflichen Erfolg beiträgt. Sie werteten für ihre Studie Militärdaten von mehr als 1,2 Millionen Männern aus – darunter mehr als 3.100 Zwillingspaare. Das Team um Georg Kuhn von der Universität Göteborg berichtete im Dezember 2009 in den *Proceedings*[7] der amerikanischen Nationalen Akademie der Wissenschaften, dass offenbar weniger die genetischen Voraussetzungen den Ausbildungsweg und die beruflichen Erfolge beeinflussen als die Ausdauerfähigkeit im jungen Erwachsenenalter. Ein gutes Herz-Kreislauf-System bei jungen Leuten ist sozusagen der beste Garant für eine erfolgreiche Berufslaufbahn. Rekruten mit guter Herz-Kreislauf-Verfassung schnitten nicht nur in den Intelligenztests besser ab, sondern sie erreichten später im

Leben auch einen höheren Abschluss und konnten dadurch einen besser bezahlten Beruf ergreifen. Die Stärke der Muskeln spielte dabei allerdings keine Rolle. »Fit zu sein bedeutet, dass man auch eine gute Herz- und Lungenkapazität hat und das Gehirn reichlich Sauerstoff erhält«, schreibt der Mediziner Michael Nilsson in dem Fachblatt. Die Forscher folgern, dass von einer allgemein höheren Fitness junger Menschen auch die Bildung profitieren würde. »Das Fach Sport hat an Schulen eine wichtige Bedeutung, und es ist ein absolutes Muss, wenn wir in Mathematik und anderen theoretischen Fächern gut abschneiden wollen«, schreibt Nilsson.

Nur: Zwei Stunden Schulsport pro Woche, die insgesamt 32 bis 34 Stunden Unterricht plus Hausaufgaben im Sitzen gegenüberstehen, werden nicht allzu viel bewirken. Schulsport ist ein Tropfen auf den heißen Stein, mehr nicht. Am Begrenzen des täglichen Sitzens führt nun mal kein Weg vorbei, und das heißt: Maximal sechs Stunden Unterricht pro Tag plus maximal zwei Stunden Hausaufgaben sind genug, dann kommt man auf einen Achtstundentag im Sitzen. Schön wäre, auch um der Abwechslung willen, wenn es auch Tage gäbe mit nur fünf oder vier Stunden Schule, wie das früher auch der Fall war. Willkommen ist alles, was zusätzlichen Freiraum schafft, der nicht zum stundenlangen Sitzen verpflichtet. Stattdessen schicken viele Eltern ihre Zöglinge nun schon in Fitnessstudios, damit sie wenigstens in der wenigen verbleibenden Freizeit Haltungsschäden vorbeugen und die Muskelmasse vor Verkümmerung bewahren. Dabei raten erfahrene Physiotherapeuten vor der allzu frühen Nutzung dieser Studios im Kinder- und Jugendalter ab; besser seien »natürliche« Bewegungsabläufe wie Radfahren und Laufen. Die künstliche Welt der Fitnessstudios sei eine Notlösung für Berufstätige mit knapper Freizeit, und Kinder und Jugendliche sollte man an diese Notlösung noch nicht gewöhnen. Obendrein – das fanden die schwedischen Forscher in ihrer Studie ja auch heraus – steht die Muskelmasse, deren Training in

Fitnessstudios meist im Vordergrund steht, nicht unbedingt im Zusammenhang mit späterem Erfolg im Berufsleben. Eine gute Kondition in Gestalt eines fitten Herz-Kreislauf-Systems ist also das Wertvollste und Wichtigste – Kinder und Jugendliche brauchen sich das im Grunde aber gar nicht antrainieren; man muss ihnen nur genügend Spielraum geben für ihren natürlichen Bewegungsdrang. In der Turbo-Schule finden sie den in der Regel nicht.

Kindliches Wohlbefinden hängt aber nicht nur vom intakten Körper ab, sondern wird auch maßgeblich von der Seele bestimmt. Ist die Seele krank oder verletzt, schlägt sich das auch in körperlichen Symptomen nieder. Die Fachleute sprechen dann von psychosomatischen Beschwerden, folgende acht Symptome zählen sie dazu: Niedergeschlagenheit, Rücken-, Kopf-, Bauchschmerzen, Nervosität, Gereiztheit, Einschlafprobleme und Benommenheit. Diese Symptome scheinen seit Jahren bei Kindern zuzunehmen. Das zeigt auch die HBSC-Studie (Health Behaviour in School-aged Children), ein internationales Projekt, das von einem länderübergreifenden Netzwerk von Forschungsgruppen in Zusammenarbeit mit der Weltgesundheitsorganisation (WHO) durchgeführt wird[8]. Zentrales Anliegen der Studie ist es, die Gesundheit und das Gesundheitsverhalten von Jugendlichen im Alter von elf bis sechzehn Jahren zu untersuchen. Die Datenerhebungen für die HBSC-Studie werden seit 1982 in einer wachsenden Anzahl von Ländern im vierjährigen Turnus durchgeführt. An der letzten Erhebung im Jahr 2006 beteiligten sich 41 Länder, vor allem europäische Staaten. Deutschland ist seit 1994 mit dem Bundesland Nordrhein-Westfalen an der HBSC-Studie beteiligt, Koordinator ist hierzulande der Gesundheitsforscher Klaus Hurrelmann. Seit der Erhebungswelle 2002 sind zusätzlich Hessen, Sachsen und Berlin, seit 2006 auch Hamburg vertreten. In jedem der beteiligten Bundesländer wird eine Stichprobe gezogen. Die Zielpopulation sind Schulkinder im

Alter von elf, dreizehn und fünfzehn Jahren, es werden also Fünft-, Siebt- und Neuntklässler befragt. Die Ziehung der Stichproben erfolgt unter Berücksichtigung der verschiedenen Schulformen.

Bei der letzten HBSC-Erhebung aus dem Jahr 2006 lagen die Mittelwerte der Skala »Psychosomatische Beschwerden« deutlich über denen von 2002; am größten fielen die Anstiege in den Klassenstufen sieben und neun aus, während der Mittelwert der Fünftklässler weitgehend konstant geblieben ist. Das deckt sich mit der Aussage von Lehrern, die beobachten: In der fünften Jahrgangsstufe setzt den Schülern Stress vergleichsweise wenig zu; erst in der Mittelstufe, wenn sich Entwicklungsprobleme hinzugesellen, wird es richtig eng. Zwar liegen deutsche Schüler mit einem Mittelwert von 6,38 im internationalen Vergleich immer noch deutlich unter dem HBSC-Durchschnitt von 7,86; Israel (10,78), Italien (10,25) und Schweden (9,49) führen die Negativliste an, auch die Ukraine (9,41) und die USA (8,95) liegen noch klar darüber. Übrigens leiden auch die finnischen PISA-Siegerkinder (8,45) deutlich mehr als die deutschen Schüler. Dennoch betont der Pädagoge Ludwig Bilz, der hierüber eine Dissertation an der Technischen Universität Dresden geschrieben hat:

Für die deutschen Jugendlichen kann aus diesen Befunden keine Entwarnung abgelesen werden. Der deutsche Kohortenvergleich offenbart, dass psychosomatische Beschwerden insbesondere bei Siebent- und Neuntklässlern 2006 stärker verbreitet sind als noch vier Jahre zuvor. Besorgniserregend ist jedoch die deutlich höhere Beeinträchtigung von Mädchen durch internalisierende Auffälligkeiten. (...) sind die Ursachen hierfür in der höheren Vulnerabilität von Mädchen für soziale Stressoren ab der Pubertät zu suchen.[9]

Mädchen leiden also viel stärker an psychosomatischen Beschwerden als Jungen, obwohl sie in der Schule oft besser abschneiden. Das heißt: Selbst wenn Mädchen die Schule, auch und gerade das G8, besser zu bewältigen scheinen, wie Lehrer allgemein beobachten, weil sie eher bereit und geeignet scheinen, sich dem Anpassungsdruck zu beugen, so heißt das noch lange nicht, dass sie dabei auch gesundheitlich besser wegkommen. In Sachsen, wo man das zwölfjährige Abitur ja nach der Wende fortgeführt hat, liegt der Mittelwert für psychosomatische Beschwerden der Schülerinnen und Schüler laut HBSC-Studie interessanterweise über dem gesamtdeutschen Mittelwert: 6,54 versus 6,38. Das zeigt eine Auswertung des sächsischen HBSC-Datensatzes von 2006. »Am stärksten ist der Geschlechtseffekt«, schreibt Bilz. »Mädchen berichten deutlich mehr über psychosomatische Beschwerden als Jungen. Mit steigender Klassenstufe steigt die Häufigkeit psychosomatischer Beschwerden an, bei den weiblichen Jugendlichen doch noch deutlicher als bei den Jungen.«[10]

Dass bundesweit generell mehr Mädchen von den Beschwerden betroffen sind, zeigte auch eine Untersuchung der Universität Lüneburg im Auftrag der Krankenkasse DAK Anfang dieses Jahres: 38,2 Prozent der Mädchen klagten über psychosomatische Beschwerden, aber »nur« 21,3 Prozent der Jungen. Die Forscher hatten fast 4.500 Schüler an fünfzehn Schulen in vier Bundesländern befragt. Besonders bei Kopfschmerzen war der Geschlechterunterschied groß. Darüber klagten nur 8,4 Prozent der Jungen, bei den Mädchen waren es dagegen 25,3 Prozent. Vor allem in der Pubertät litten die Schülerinnen und Schüler. Während bei Jungen nach dem zwölften Lebensjahr aber keine weitere Zunahme von Beschwerden mehr zu verzeichnen war, wurden sie bei den Mädchen ab 15 Jahren sogar kontinuierlich stärker. Insgesamt wurden Einschlafprobleme (22 Prozent) und Gereiztheit (21 Prozent) am häufigsten genannt. Es folgten Kopf- und Rückenschmerzen mit jeweils 16 Prozent sowie Niedergeschlagenheit mit 14 Prozent.

In diesem Jahr läuft eine neue Runde der HBSC-Studie. Auf die Ergebnisse darf man gespannt sein. Gesundheitsforscher Hurrelmann, der nach seiner Emeritierung von Bielefeld nach Berlin gezogen ist und dort an der Hertie School of Governance lehrt, rechnet für das neue Ergebnis ganz klar mit einem »G8-Effekt«. Zumal nun auch zum ersten Mal die beiden »Südstaaten« Bayern und Baden-Württemberg an der Erhebung beteiligt sind. »Wenn Schüler in der Pubertät und danach unter Druck geraten, persönlich oder schulisch oder gar beides, dann kommt es zu den typischen Störungen«, berichtet Hurrelmann[11]. Bislang gebe es zwar keine wissenschaftliche Untersuchung, die sich gezielt mit der Belastung durch das G8 befasst habe. Aber der Zusammenhang zwischen schulischem und/oder persönlichem Druck und einem daraus sich ergebenden entsprechenden Verhalten Jugendlicher sei durch diverse Untersuchungen bestens belegt.

Die Jugendlichen suchen dann laut Hurrelmann namentlich »drei Ventile«, um den Bewährungsdruck zu bewältigen, unter den sie geraten sind. Bei den Mädchen würden mehr psychologische Störungen verzeichnet, während bei Jungen aggressivere Varianten »bis hin zu sehr spektakulären Ereignissen« dominieren. »Ich sehe auch Aggressionen kollektiver Art bis hin zur Bedrohung der Schule durch Gewalttaten auf dieser Schiene, nicht immer ursächlich, aber atmosphärisch.« Ein weiterer Ausweg sei die »Flucht in Medikamente, aber auch legale und illegale Drogen«. Die Alkoholexzesse, gerade bei Gymnasiasten, seien »die Spitzen, die zeigen, dass sich da ein Druck zusammenbraut«. So stieg die Zahl der jugendlichen »Komasäufer« laut Statistischem Bundesamt zwischen 2000 und 2008 um 170 Prozent – beinahe eine Verdreifachung. Besonders drastisch war im Jahr 2008 der Anstieg der Zahl von Kindern und Mädchen, die mit Alkoholvergiftungen in Kliniken behandelt werden mussten: Die Zahl der Zehn- bis Vierzehnjährigen stieg bei Mädchen um 22 Prozent und bei den Jungen um 16 Prozent gegenüber dem Vorjahr. Bei den 15- bis 20-Jährigen lag die Zunahme bei zehn Prozent für die Mädchen und bei neun Prozent für die Jungen. Zwar hänge der gestiegene Alkoholkonsum »nicht ganz ursächlich mit G8 zusammen«, aber die Schulzeitverkürzung habe »diese Atmosphäre des Bewährungsdrucks an Schulen noch einmal hochgeschaukelt«, sagt Hurrelmann.

Der Gesundheitsforscher betont auch, dass das »Gefühl von Überlastung« genauso schlimm sei wie die Überlastung selbst. Insofern sei es müßig, zu diskutieren, ob die deutschen Kinder beziehungsweise ihre Eltern nur zu viel jammern, wie manche meinen, oder ob es ihnen tatsächlich so schlecht geht. Die letzte Shell-Jugendstudie habe jedenfalls gezeigt, dass viele Jugendliche unter der Angst leiden, nicht in den Beruf hineinzukommen. Das »Sicherheitsgefühl« in Deutschland sei in den letzten zehn Jahren »extrem beeinträchtigt« worden. In diese Stimmung hinein sei das G8 geboren worden: »Es war nicht zu übersehen, dass das G8 in allen Ländern obrigkeitsstaatlich durchgesetzt wurde ohne Einbeziehung der Beteiligten. Für eine moderne Gesellschaft war das eine katastrophale Umsetzung, die handwerklich schlecht gemacht, unprofessionell und politisch unsensibel war und zu einer Zeit kam, in der die Menschen ohnehin verunsichert waren, auch durch PISA.« Hurrelmann plädiert für ein Nebeneinander von G9- und G8-Angeboten, wie dies in einigen Bundesländern bereits der Fall ist, »weil keiner nur zurück zu G9 will und Konkurrenz das Geschäft belebt«.

Unter den längeren Schultagen haben vor allem auch jene Kinder und Jugendlichen zu leiden, die unter dem sogenannten Aufmerksamkeitsdefizit-Hyperaktivitäts-Syndrom (ADHS) leiden. Diese Kinder können sich schlecht konzentrieren, wirken überdreht und sind leicht ablenkbar, handeln unüberlegt, unorganisiert, impulsiv und haben eine niedrigere Frustrationstoleranz. Vor allem Jungen sind von ADHS betroffen – in Ostdeutschland sogar dreimal mehr als in Westdeutschland. Eine Studie der Universität Halle zeigte im Jahr 2007: Im Osten kommen auf 100.000 Einwohner statistisch gesehen 25,3 ADHS-Jungen, im Westen nur 8,7. Die niedrigste Rate wurde für Hamburg ermittelt, die höchste für Brandenburg. Als mögliche Ursachen gab das Autorenteam »umweltbedingte Faktoren« an: »niedrige soziale Schicht, insbesondere der Mutter, Alkoholprobleme beim Vater sowie weitere psychosoziale Faktoren in Ostdeutschland als Folge der deutlich höheren Arbeitslosigkeit und möglicherweise auch häufigeren sozialen Entwurzelung nach der Wiedervereinigung als in Westdeutschland«[12]. Sicher, all das könnte eine Rolle spielen.

Aber könnte es nicht auch eine Rolle spielen, dass die Kinder im Osten Deutschlands eben schon von früh an funktionieren müssen? In der ehemaligen DDR war es jedenfalls selbstverständlich, schon Säuglinge und Kleinkinder außer Haus zu geben in Krippe und Kita. Auch heute noch liegt die Versorgungsrelation ostdeutscher Kleinkinder mit Krippen- und Kitaplätzen weit über der des Westens. Den Schulen waren immer schon Horte angegliedert, Sachsen und Thüringen haben die zwölfjährige Schulzeit der DDR nie abgeschafft und brauchten folglich mit keinem Widerstand aus der Elternschaft zu rechnen, die beklagt hätte, dass die Turbo-Schule ihren Kindern freie Zeit am Nachmittag stiehlt. Mit anderen Worten: Ostdeutsche Kinder und Jugendliche mussten immer schon lange Strecken am Tag funktionieren, und das bekommen eben besonders jene Kinder zu spüren, denen das schwerfällt: die ADHSler, vorzugsweise Jungen. Das ostdeutsche Schulsystem benachteilige Jungen erheblich, hatte 2007 die Berliner Studie »Not am Mann« gezeigt, weil es in den neuen Ländern »einen extrem hohen Anteil an weiblichen Grundschullehrern« gebe. Sind Jungen im Osten also doppelt benachteiligt: nicht nur durch die Feminisierung der Grundschulen, sondern auch durch die langen Kita- und Schultage? Die Frage sollte zumindest gestellt werden dürfen, bevor man den westdeutschen Ländern zur Nachahmung des ostdeutschen Systems rät, auch und vor allem des G8, das in Sachsen und Thüringen angeblich so reibungslos funktioniert.

Um ADHS ranken sich viele medizinische Meinungen und Mythen. Manche behaupten, es gäbe genetische Anhaltspunkte, andere geben allein den Umständen oder der Erziehung die Schuld daran, dass ein Kind sich zum Zappelphilipp entwickelt. Wieder andere meinen gar, ADHS sei ein Konstrukt der Pharmaindustrie. Fakt ist: Bei Kindern und Jugendlichen unter fünfzehn Jahren fielen im Jahr 2006 Krankheitskosten von insgesamt rund 14,5 Milliarden Euro an. Davon rangierten psychische und Verhaltensstörungen mit über einem Zehntel (11,5 Prozent) der anfallenden Kosten nach Atemwegserkrankungen (16,3 Prozent) auf Platz zwei. Das zeigt eine vom Robert-Koch-Institut veröffentlichte Statistik[13]. Zu etwa gleichen Teilen zählten Entwicklungsstörungen sowie Verhaltens- und emotionale Störungen dazu. Die Behandlungskosten für die Jungen lagen dabei deutlich über denen der Mädchen (13,5 versus 9 Prozent). Bei den 15- bis 29-Jährigen lagen die psychischen und Verhaltensstörungen mit 14,2 Prozent weiter auf Platz zwei. »Allein auf Schizophrenie, schizotype und wahnhafte Störungen sowie Depressionen entfielen in diesem Alter zusammen 5,1 Prozent der Krankheitskosten«, heißt es in dem Bericht.

Einleuchtend für die umstrittene ADHS-Problematik scheint die Erklärung des bereits mehrfach zitierten Erlanger Kinder- und Jugendpsychiaters Gunther Moll zu sein. Er beschreibt das Phänomen folgendermaßen:

Kinder mit ADHS zeigen ein Verhaltensmuster, das 80.000 Generationen alt ist, das einst auch sehr erfolgreich war und das heute noch ein Teil von uns Menschen besitzt. Es war aber schon immer hochriskant für die Betroffenen. Dabei handelte es sich um Draufgänger, die Neues entdeckten, aber dadurch oft auch ein hohes Risiko trugen, sich selbst zu verletzen. Die Menschheit hat davon immer sehr profitiert, denn sie hat sich nur weiterentwickelt, weil man immer etwas Neues erfunden und ausprobiert hat. ADHS ist evolutionsbiologisch ein menschliches Verhaltensmuster, das notwendig und heute natürlich noch vorhanden ist. *Lassen Sie mich ein einfaches Beispiel zeigen: Wenn in einer Fußballmannschaft nur ADHS-Spieler sind, gibt es Chaos. Wenn es aber keinen einzigen ADHS-Spieler dort gibt, dann hält sich die Mannschaft 90 Minuten lang nur an die Taktik des Spielplans und hat schon verloren, weil keine unvorhergesehenen Spielzüge passieren.*[14]

Wer das liest, der wird denken: Das klingt doch jetzt eigentlich alles ganz positiv. Warum wurde und wird ADHS dann überhaupt als behandlungsbedürftige Krankheit eingestuft? Dazu Moll:

Während man früher die ganze Bandbreite an menschlichen Typen brauchte, sucht man heute den normierten Schüler, der in einer Klasse von 25 bis 30 Schülern über sechs, inzwischen auch zehn bis zwölf Stunden funktioniert. Er wartet, bis er an der Reihe ist, und kann nur dann etwas sagen, wenn er aufgerufen ist. Das ist das Gegenteil von Beweglichkeit, Sprunghaftigkeit und plötzlichen Einfällen im positiven Sinn.

Man erkennt: Der ADHS-Schüler braucht eine Möglichkeit, um den langen Schultag über irgendwie zu funktionieren. Die einfachste und schnellste Weise, den an ihn gestellten Anforderungen gerecht zu werden, ist das Einwerfen einer Pille. Die Pharmaindustrie hält hier etliche Mittel bereit, am beliebtesten ist der Wirkstoff Methylphenidat, besser bekannt unter dem Produktnamen Ritalin. Der Göttinger Neurobiologe Gerald Hüther bezeichnet den Griff zur Pille zwar als »Notlösung«[15]. Doch die Notlösung scheint hierzulande Konjunktur zu haben, wie ein Blick auf die Statistik zeigt: Der Verbrauch von Methylphenidat steigt seit Jahren kontinuierlich an. Im Jahr 2008 waren es 1,6 Tonnen, die in Apotheken verkauft wurden – laut Bundesopiumstelle ein neuer Rekordwert und ein Plus von dreizehn Prozent gegenüber dem Vorjahr, in dem es noch 1,4 Tonnen waren. Gegenüber 1998 ist das eine Steigerung um 835 Prozent, gegenüber 1993 sogar um 4.656 Prozent. Da das Robert-Koch-Institut (RKI) die ADHS-Häufigkeit bei Jungen etwa viermal so hoch beziffert wie bei Mädchen, sind die Jungen Hauptkonsumenten von Methylphenidat. Laut Arzneimittelreport der Gmünder Ersatzkasse bekommen 4,7 Prozent der sechs- bis elfjährigen und 4,2 Prozent der zwölf- bis zwanzigjährigen männlichen Jugendlichen die Pillen verschrieben. Bei den Mädchen erhalten sie nur 1,5 Prozent der jüngeren und ein Prozent der älteren. Jeder Zehnte schluckt die Pillen dem Report zufolge auch im Erwachsenenalter, dann allerdings im sogenannten Off-label-Gebrauch, weil die Arznei nur für Kinder und Jugendliche zugelassen ist.

Die Medikamente stellen – entgegen herkömmlicher Ansicht – nicht ruhig, betont Moll, sondern »sie helfen, bestimmte Abläufe über eine längere Zeit zu steuern, sie verbessern die motorische Steuerung«. Die Kinder wirken dann ruhiger, weil ihre Bewegungen »modulierter« sind, »angepasster an die jeweilige Situation«. Deshalb dürften auch nur Kinder mit einem sehr ausgeprägten ADHS diese Medikamente bekommen, mahnt Moll. Bei Kindern ohne ADHS wirke es »wie eine psychische Stimulanz, eine Droge«, das Suchtpotenzial sei erheblich. Moll hat Methylphenidat selbst im Rahmen einer wissenschaftlichen Untersuchung ausprobiert:

An dem Tag konnte ich verschiedene Telefonate hintereinander sehr schnell und konzentriert erledigen. Bei höherer Dosierung wurde mein Verhalten allerdings sägeblattähnlich: Es ging rauf und runter, ich wurde fahrig, zeigte keine bessere Leistung. Das Problem ist: Wenn man es über die Nasenschleimhaut schnupft, entsteht ein Hype. Sportler nehmen das ja auch, weil die Steuerung der Bewegungsabläufe durch das Gehirn wirklich verbessert wird. Über eine längere Zeit kann man allerdings die hohe Leistung nicht mehr abrufen, es wirkt nur kurzfristig.[16]

Welcher Zusammenhang könnte nun zwischen dem gestiegenen Konsum des ADHS-Medikaments Methylphenidat und den Anforderungen durch die Schule bestehen? Gibt es da überhaupt einen Bezug, oder wird die Zappelphilipp-Pille nur einfach immer schneller und häufiger verschrieben, wie manche meinen? Maik Herberold, Vorsitzender des Berufsverbands für Kinder- und Jugendpsychiatrie, sieht »die flächendeckende Zunahme von Ganztagsschulkonzepten« als mögliche Ursache für den gestiegenen Pillenkonsum[17]. Den Schülern müssten öfter sogenannte Retardpräparate mit höheren Wirkstoffmengen verschrieben werden, damit sie den langen Schultag durchhalten. Eine höhere Patientenzahl muss der gestiegene Verbrauch also gar nicht bedeuten. Retardpräparate braucht man nur einmal am Tag zu schlucken; sie setzen dann selbstständig die gewünschte Wirkstoffdosis über einen bestimmten Zeitraum im Körper frei. Eine Zunahme der Verordnung off label hält Herberold dagegen »für äußerst unwahrscheinlich, weil das Regressrisiko für Ärzte sich noch einmal verschärft« habe. Inzwischen sei es offiziell auch nicht mehr möglich, Jugendlichen, die in der Ausbildung volljährig werden, Methylphenidat einfach weiter zu verschreiben. »Hier spielen sich wahre Dramen für bislang schul- und ausbildungsfähig gehaltene junge Erwachsene ab«, sagt Herberold. Auch Moll sieht einen Zusammenhang zwischen längeren Schultagen und gestiegenem Medikamentenkonsum:

ADHS ist zwar keine Erkrankung, aber eine Hochrisikobedingung für eine gute kindliche Entwicklung, weil diese Kinder an der Schulstruktur scheitern: Sie werden abgelehnt, ausgegrenzt, bekommen schlechte Noten und werden getadelt. Deshalb muss ein ADHS-Verhaltensmuster festgestellt und möglichst eine passende Umgebung gefunden werden. ADHS-Kinder brauchen kleine Klassen und eine reizarme Umgebung. Ganztagsunterricht mit langen Wartezeiten und wenig Bewegungsraum ist für sie das Schlimmste. Sie brau-

chen viele Pausen zum Austoben. Ein vorgefertigter Spielplatz ist für sie langweilig. (...)

Elf-, Zwölf-, Dreizehnjährige müssen heute zehn bis elf Stunden absitzen. ADHS-Kinder müssen deshalb höhere Medikamentendosen schlucken. Die Wirkzeit soll ja Schule und Hausaufgaben abdecken. Früher handelte es sich hier um fünf bis sechs Stunden, jetzt sind es acht bis zehn Stunden. Vor fünfzig Jahren war ADHS auch deshalb kein Thema, weil es die Halbtagsschule gab und man sich nachmittags austoben konnte. Die Kinder hatten wirklich frei. Jetzt baut man Kindern eine Arbeitszeit von acht bis zehn Stunden, in der sie Leistung erbringen müssen. Folglich entsteht das Bedürfnis, sie diesem Rhythmus anzupassen – notfalls mit Medikamenten.[18]

Das G8 setzt also etliche ADHS-Kinder unter Druck und zwingt sie zur Einnahme höherer Medikamentendosen. Ob das wünschenswert ist, sei dahingestellt. Immerhin sind die Pillen nicht harmlos. Erst im vergangenen Jahr mahnte der Ausschuss für Humanarzneimittel der europäischen Arzneimittelbehörde zu schärferen Kontrollen, wenn Methylphenidate verschrieben werden. So sollen alle Patienten auf Herz- und Blutdruckprobleme untersucht werden, auch familiäre Herzerkrankungen seien zu ergründen. Bei Patienten, die die Pillen länger als ein Jahr schlucken, sei die Behandlung mindestens einmal im Jahr zu unterbrechen, um zu sehen, ob sie überhaupt weiter notwendig sei. Auch müsse geprüft werden, ob psychiatrische Störungen vorliegen, da das Medikament Depressionen, Selbstmordgedanken, Psychosen und Aggressivität verursachen oder fördern könnte. Langzeitstudien zur Wirkweise von Methylphenidat fehlen bislang zur Gänze.

Sicher, man kann sagen: ADHSler bilden eine Minderheit, nach ihnen kann man sich nicht richten in puncto allgemeiner Schulalltag. Aber angesichts zunehmender ADHS-Diagnosen und entsprechender Verschreibungen an Kinder und Jugendliche, vor allem Jungen, die in der Schule ohnehin benachteiligt zu werden scheinen, wie viele Experten inzwischen meinen, stellt sich schon die Frage, ob hier nicht auch ein Punkt erreicht ist, an dem man sich gesamtgesellschaftlich fragen sollte: Wie wollen wir generell mit Menschen umgehen, die Probleme haben mit bestimmten Strukturen im Bildungssystem, an dem teilzunehmen sie verpflichtet sind? Kann, nein: darf man einen Schulalltag zimmern, der immer mehr Kinder und Jugendliche dazu verleitet, Medikamente zu schlucken?

Psychopillen haben Konjunktur, auch und gerade bei den Erwachsenen, und selbst Fachleute scheuen sich inzwischen nicht mehr, unter dem Stichwort Chancengleichheit für deren prinzipielle Freigabe zu plädieren. So veröffentlichen sieben deutsche Wissenschaftler im vergangenen Jahr ein »Memorandum«, in dem sie »die Hoffnung« äußerten, »dass Neuro-Enhancement-Präparate (wie heute eine Tasse Kaffee oder ein Glas Wein) eher als gezielte Leistungs- und Kreativitätsverstärker denn als Flucht und Beruhigungsdrogen eingesetzt werden«[19]. Auch müsse Neuro-Enhancement »keineswegs dazu führen, dass wir blind und stumm gegenüber den Problemen und Herausforderungen unserer Welt werden – vielleicht tritt sogar das Gegenteil ein.« Bezogen auf die Schule und die Arbeitswelt ist bislang aber nur zu erkennen, dass man eine Hochleistungswelt zur Normalität erklärt, in der viele ohne Pillen gar nicht mehr mithalten können. Ob man da »kosmetische Korrekturen der Zahnstellung und Korrekturen von Brüsten« als Vergleichsbasis heranziehen soll, wie die Autoren das tun, bleibt doch sehr fragwürdig. »Lesen und Schreiben waren früher auch nur dem Klerus vorbehalten, warum sollten wir, falls die Mittel wirksam und verträglich sind, diese verbieten?«, fragte die Münsteraner Medizin-Ethikerin Davinia Talbot – eine der sieben Wissenschaftler, die das Memorandum unterzeichnet hatten – in einem Interview mit der *Deutschen Presseagentur*[20]. »Für das Arbeiterkind müssen die Medikamente ebenso erhältlich sein wie für den Spross aus der Arzt-Familie. Möglicherweise müsste der Staat Neuro-Enhancement subventionieren.« Allerdings fügte sie dann doch noch hinzu, dass schon frühzeitig überlegt werden müsse, wie dem zunehmenden Leistungsdruck begegnet werden könne, denn eine Gesellschaft, in der nur noch Ellbogen zählten, sei schließlich auch nicht wünschenswert.

Der *Trillium-Report*, ein 2003 gegründetes »Fachblatt für Innovationsmanagement in der Medizin«, griff kurz nach Erscheinen des »Memorandums« ebenfalls das Thema Neuro-Enhancement auf, doch wesentlich kritischer – obschon eine industrienahe Zeitschrift. Es würde »zu wenig bedacht, dass die Folgen von Neuro-Enhancement (englisch: ›Denkerweiterung‹) fatal sein können: Etwa 2.000 Todesfälle im Jahr gehen auf das Konto illegaler psychoaktiver Substanzen«. Selbst beim »klinisch hervorragend getesteten Ritalin« sei »unbekannt, mit welchen Risiken eine langjährige Einnahme verbunden« sei. Solange diese Probleme nicht geklärt seien, sei »schon aus medizinischen Erwägungen Vorsicht geboten«.

Viele der Wirkstoffe beeinträchtigen das Gleichgewicht von Botenstoffen im Gehirn. So kann eine Erhöhung der Dopaminkonzentration an den Schaltstellen zwischen den Nerven, den Synapsen, zwar für Patienten mit Störungen des Antriebs (Depression) oder der Motorik (M. Parkinson) eine hilfreiche Therapie sein, aber eben nur, wenn die Erkrankung tatsächlich mit einem zu niedrigen Dopaminspiegel einhergeht. Ein Zuviel des Neurotransmitters erhöht dagegen das Risiko psychotischer Symptome. Es ist daher anzunehmen, dass die regelmäßige Einnahme von Neuro-Enhancern lebenslange Spuren im Gehirn hinterlässt und möglicherweise mit unabsehbaren Spätfolgen einhergeht.

Wegen der raschen Entwicklung des Gehirns sind bleibende Schäden im Kindesalter noch viel wahrscheinlicher als bei Erwachsenen. Wie werden Eltern damit umgehen, wenn sie ihren Kindern zur Leistungssteigerung Tabletten verabreicht haben – natürlich mit besten Absichten – und sich nach vielen Jahren deren Gefährlichkeit herausstellt? Ist da nicht gesunde Ernährung, ein gutes Maß an Bewegung und Schlaf oder gezieltes Gedächtnistraining die bessere Lösung für eine mentale Leistungsförderung?[21]

Die Autorin gab noch einen weiteren wichtigen Gedanken mit auf den Weg: Neuro-Enhancement könnte auch in die Evolution des menschlichen Geistes eingreifen. »Survival of the Fittest« würde dann bedeuten, »dass sich nur derjenige durchsetzt, dessen Körper die Tabletten am besten verträgt, der dem steigenden Leistungsdruck am längsten standhält und der über genügend Geld verfügt, sich die teuersten Mittel leisten zu können. Das hätte wohl unerwünschte Nebenwirkungen zur Folge – für den Einzelnen, für die gesamte Gesellschaft und für die Welt, in der wir leben. Es könnte eine hässliche Welt sein.« Das Geldproblem wollen manche ja schon durch staatliche Subventionierung lösen; die Verträglichkeitsfrage wird man so aber nicht beantworten können.

In diesem Zusammenhang fragt man sich, ob ein solch überflüssiger Leistungsdruck wie der durch die Turbo-Schule erzeugte es rechtfertigt, dass schon junge Menschen diese weitgehend unerforschten Medikamente verstärkt und in höheren Dosen schlucken müssen, oder ob es nicht an der Zeit wäre, auch das Gymnasium so zu gestalten, dass es für alle begabten Kinder – einschließlich ADHSler – ohne Medikamente körperlich und seelisch einwandfrei zu bewältigen ist.

NACHMACHEN? BESSER MACHEN!
Freiheit vor Sicherheit, Reife durch Stille

Spricht man mit G8-Befürwortern über die Nachteile der Turbo-Schule, so bekommt man meist schnell zu hören: Die Sachsen und Thüringer können das doch auch! Dort beklagt sich niemand über zu viel Schule und zu wenig Freizeit! Und obendrein haben die auch noch super bei PISA abgeschnitten! Was soll man dazu sagen? In jedem Fall so viel: Nur weil etwas zu funktionieren scheint, heißt das noch lange nicht, dass es auch gut so, und erst recht nicht, dass es sofort nachahmenswert ist und man es haben will. Dazu sind die Voraussetzungen zu verschieden, unter denen einerseits die zwölfjährige Gymnasialzeit aus DDR-Zeiten fortgeführt und unter denen andererseits die Turbo-Schule im Westen eingeführt wurde. Denn natürlich ist es etwas anderes, ob man ein System neu installiert – dann möchte man auch ein besseres und kein schlechteres – oder ob man ein System nur übernimmt und fortführt, womöglich aus finanziellen Gründen: Mangels alternativer Erfahrung wird die Neigung zum Widerstand bei den Betroffenen dann eher gering ausfallen bis gar nicht erst entstehen.

»Im Osten sind die Menschen auch einfach müde geworden, sich gegen Dinge aufzulehnen«, sagt die Erzieherin Harriet S., eine gebürtige »Ossi«, die inzwischen mit ihrer Familie im Westen lebt und arbeitet[1]. »Die Menschen wissen im Osten oft gar nicht, wie es ist, mehr Zeit mit der Familie zu verbringen.« Sie selbst habe ihre drei Kinder in der ehemaligen DDR schon sehr früh in die Krippe gegeben, das sei »dort üblich« gewesen, weil beide Eltern arbeiten mussten. Von einem Gehalt habe man schließlich nicht leben können. Später im Westen, als sie gesehen habe, wie hier junge Mütter mit ihren Kindern umgingen, vor allem, wie viel Zeit sie mit ihnen verbringen durften, sei sie »regelrecht neidisch« geworden. Aus heutiger Sicht würde sie das deshalb nicht noch mal so machen mit der Krippe, sagt sie. »Ich habe schon das Gefühl, dass meinen Kindern die Nestwärme gefehlt hat.« Die dreifache Mutter und Erzieherin, die ihren kompletten Namen lieber nicht gedruckt sehen will, »weil das ein heikles Thema ist und ich beruflich ja noch eingebunden bin«, erklärt sich die höhere Akzeptanz ostdeutscher Eltern, ihre Kinder lange Tage in Krippe, Kita und Schule verbringen und sie anschließend noch reichliche Hausaufgaben machen zu lassen, mit der Tatsache, dass sie es nicht anders kennen. »Hinzu kommt, dass man dort einfach auch mehr an Belastungen gewöhnt ist«, sagt sie.

Friedrun Vollmer, fünffache Mutter und Leiterin der Musikschule Jena, »will das Problem des G8, bei der die Kinder sehr viel zu tun haben, nicht unter den Teppich kehren«[2]. Die Ganztagsschule sei auch in Thüringen von den Eltern zunächst sehr skeptisch beäugt worden, weil die »Erweiterte Oberschule«, wo man damals in der DDR das Abitur ablegte, nicht ganz so lange Schultage nach sich gezogen habe wie das heutige G8. Die Wogen der Kritik seien aber relativ schnell wieder abgeebbt. »Da trennt sich dann eben die Spreu vom Weizen. Diejenigen Schüler, die sich gut organisieren können und überall aktiv sind, zählen auch an den Musikschulen wieder zu den Leistungsträgern«, berichtet Vollmer. Abgesehen von dem »eklatanten Musiklehrermangel« – ein Großteil der Pädagogikabsolventen der renommierten Weimarer Musikhochschule wandere der besseren Stellenangebote wegen in die westlichen Bundesländer ab – und dem Wegfall der »sehr großzügigen« Landesförderung für die Musikschulen findet Vollmer das System aber »gut«.

Ihr westdeutscher Kollege Heinrich Buhlmann, Leiter der Musikschule Bremen, hält dagegen: »Ich finde es schwierig, mit Kindern Musik zu machen, die den Tag über bis 15 Uhr in der Grundschule oder bis 17 Uhr im Gymnasium verbringen. Die Kinder bräuchten nach der Schule eigentlich auch mal Zeit zum Ausruhen. Doch das geht nicht, dann geht es gleich zum Musikunterricht.«[3] Kompliziert sei auch das Zusammenspiel in Ensembles wie Big Band oder Jugendsinfonieorchester geworden. »Es lässt sich kaum mehr ein Probentermin finden, an dem alle Zeit haben. Die Schulen nehmen da auch keine Rücksicht drauf. Oft läuft es dann aufs Wochenende hinaus.« Hinzu komme, dass ein Instrument zu erlernen ja nicht nur bedeute, einmal die Woche zum Unterricht zu erscheinen. »Man muss täglich üben. Nur: Wann soll das geschehen? Viele üben morgens vor der Schule oder machen abends um zehn noch Hausaufgaben, weil das Klavier- oder Flötespielen ja nicht in die Abendstunden fallen darf. Die Nachbarn würden sich sonst bedanken.«

Buhlmann findet die Einschränkung im Freizeitbereich, die ja auch den Sport und andere Institutionen betreffe, gerade deshalb so schade, »weil die außerschulische Erfahrung meist lebenslänglich und viel intensiver prägt als die schulische«. Das Argument, gute Schüler könnten sich eben auch gut organisieren und es folglich auch neben der Schule noch leicht schaffen, ein Instrument zu erlernen, findet der Musikprofessor absurd: »Wir wollen doch gerade eine Breitenausbildung anbieten in der Musikschule und nicht nur Spitzenförderung betreiben.« Auch für Kinder aus schwierigen sozialen Verhältnissen müsse Musizieren möglich sein. Auf Buhlmanns Vorschlag, künftig direkt in den Schulen vor Ort tätig zu werden, habe die Behörde bislang nicht reagiert. Deshalb gehe er jetzt selbst in die einzelnen Schulen, spreche mit Musiklehrern und Schulleitern. »Aber das ist ein mühsamer Weg. Außerdem beobachten wir, dass die Mütter die Terminplanung übernehmen. In dem engen Zeitfenster, das den Schülern im G8 bleibt, ist das praktisch Voraussetzung, weil die Kinder in kürzester Zeit von einem zum nächsten Ort gebracht werden müssen. Die Mütter müssten einen Verdienstorden bekommen, ohne sie liefe es gar nicht.«

Um den Ost-West-Unterschieden auf die Schliche zu kommen, hilft es, sich die einzelnen Schulen genauer anzusehen. Zum Beispiel sind die Gymnasien im Osten vielfach nur halb so groß wie im Westen. Um die tausend Schüler sind in West-Gymnasien normal, im Osten sind es im Schnitt um die fünfhundert. Das hängt natürlich mit den Schülerzahlen zusammen: Während in Nordrhein-Westfalen rund 2,3 Millionen Schulkinder gemeldet sind, in Bayern 1,5 Millionen und in Baden-Württemberg 1,3 Millionen, sind es in Sachsen gerade mal gut 300.000 (etwa so viele wie in Berlin) und in Thüringen sogar nur gut 180.000 – wie in Hamburg. Die Klassenfrequenz in der Sekundarstufe lag im Jahr 2005 in Sachsen bei 22,7 und damit bundesweit am günstigsten. Die durchschnittliche Klassenfrequenz an nordrhein-westfälischen Gymnasien (Sekundarstufe) betrug im Jahr 2008/09 dagegen 28 Schüler, in fast jeder vierten Klasse drängelten sich sogar 30 und mehr Schüler. Auch im Saarland klagen Eltern über Klassen mit bis zu 35 Pennälern. Ein Münchner Gymnasium wirbt zwar auf seiner Homepage damit, »Keine Klasse über 30« zu haben (»Der Wunschtraum vieler Schulen ›Keine Klasse über 30 Schüler‹ ist am Wittelsbacher Gymnasium meist die Regel. Mit ein Grund, dass die Schüler des Wittelsbacher bei bayernweiten Tests überdurchschnittlich abschneiden.«)[4]; ein Blick auf die einzelnen G8-Klassen dieser Schule zeigt aber, dass zumindest zwei Klassen mit jeweils 31 beziehungsweise 32 Schülern doch über dem versprochenen Limit liegen. Im Erfurter Heinrich-Mann-Gymnasium (546 Schüler, 64 Lehrer) lernen hingegen durchschnittlich 22 Schüler pro Klasse oder Kurs – und damit ein Drittel weniger als an den meisten westdeutschen Gymnasien. Das Carl-Zeiss-Gymnasium in Jena, das sich seit 1999 im Schulversuch befindet und mit seinen mathematisch-naturwissenschaftlich-technischen Spezialklassen auch »Zentrum für Begabungsförderung« nennt, bietet Schülern in Klasse neun und zehn »wahlobligatorischen Unterricht« in Gruppen von maximal zehn Schülern, in Jahrgang elf und zwölf sind es dann sogar nur zwei bis vier Schüler pro Gruppe. Kein Wunder, Zeiss-Schüler schaffen es bei Wettbewerben an die Spitze: Benjamin Hinrichs gewann zweimal hintereinander den Bundeswettbewerb Mathematik (2008 und 2009), und Martin Merker holte bei der Internationalen Mathematik-Olympiade 2009 in Bremen eine Silbermedaille.

Fazit: Während eine Klassenfrequenz unter 30 einem West-Gymnasium als Werbekriterium dient, ist dies in Sachsen und Thüringen dank seiner niedrigen und weiter dramatisch sinkenden Schülerzahlen einerseits und seiner großzügigen Lehrerversorgung andererseits – manche sprechen hinter vorgehaltener Hand auch von »Altlasten«, da vielen älteren, verbeamteten Kollegen nicht gekündigt werden kann – längst Normalität. In den Jahren 2004/05 verzeichneten sowohl Sachsen als auch Thüringen einen Rückgang der Schülerzahlen gegenüber dem Vorjahr um 6,4 Prozent, während Bayern (0), Baden-Württemberg (0) und Nordrhein-Westfalen (minus 0,2) keine oder so gut wie keine Verluste meldeten. Von 2009 auf 2010 halbierte sich die Zahl der sächsischen Abiturienten von 14.500 auf 7.700[5].

Hinzu kommt, dass in den alten Bundesländern viereinhalb mal so viele Migranten leben wie in den neuen (21,4 versus 4,8 Prozent) und die Kluft in den letzten Jahren sogar noch gewachsen ist: Während im Westen gut 14,8 Millionen Zuwanderer leben, sind es im Osten gerade mal 636.000[6]. Das *Zeit-Magazin* veröffentlichte eine Deutschlandkarte, die detailliert zeigt, wie viele und welche

Ausländer in welchen Städten leben[7]. Sind es in Erfurt beispielsweise nur drei und in Leipzig sechseinhalb Prozent, so leben in München 22,6 und in Düsseldorf 17,3 Prozent. Hinzu kommt: Im Westen leben hauptsächlich Türken, Griechen und Italiener, im Osten überwiegend Vietnamesen, Russen und Ukrainer. Letztere sind dafür bekannt, gut integriert und besonders leistungsorientiert zu sein, gerade was ihren Nachwuchs in puncto Schule und Ausbildung betrifft, während türkische Migranten sich da schwerer tun.

Die Unterschiede spiegeln sich natürlich auch an den Gymnasien wider: In Sachsen beträgt der Ausländeranteil an den Gymnasiasten 3,3 Prozent (2.611 Schüler, Stand: 2009). Jeder Dritte von ihnen stammt aus Vietnam, jeder Zehnte aus der Russischen Föderation, 7,3 Prozent aus der Ukraine, 4,1 Prozent aus China, 2,3 Prozent aus den USA und 1,8 Prozent aus Kasachstan[8]. »Die Vietnamesen und Russen übertreffen uns Deutsche um Meilen an Ehrgeiz und sind unheimlich fit in Naturwissenschaften«, erzählt Theo Haustein, Schülersprecher am Leibniz-Gymnasium in Leipzig[9].

In Nordrhein-Westfalen liegt der Ausländeranteil an den Gymnasiasten mit 4,5 Prozent (27.208 Schüler; Stand: 2008/09) zwar nicht spektakulär über dem in Sachsen. Doch was die Herkunftsländer betrifft, so sieht es völlig anders aus: Jeder dritte ausländische Gymnasiast in Nordrhein-Westfalen stammt aus der Türkei, jeder fünfte ist deutscher Spätaussiedler, rund dreizehn Prozent stammen aus Asien (davon acht Prozent aus Vietnam), und je vier Prozent kommen aus Italien, Griechenland, Russland, der Ukraine und Afrika[10].

Mit anderen Worten: Ob man vietnamesische Ausländerkinder, deren Eltern extrem leistungsorientiert denken und dies auch dem Nachwuchs vermitteln, in der Klasse sitzen hat oder türkische Migrantenkinder, deren Familien dem öffentlichen Schulsystem eher skeptisch gegenübertreten, ist natürlich ein Riesenunterschied –

der bei statistischen Leistungserhebungen und dem entsprechenden Mediengetöse aber regelmäßig unter den Tisch fällt.

Berücksichtigt man all diese Faktoren, dann ist eben auch kaum verwunderlich, dass Sachsen Bundessieger bei PISA 2006 war und beim *Bildungsmonitor 2009* in den Handlungsfeldern »Integration«, »Betreuungsbedingungen« und »Zeiteffizienz« vorn lag.

Dennoch: Ein Schultag, der in der »nullten« Stunde um sieben Uhr beginnt und mit der elften um 18 Uhr endet, so wie das in vielen ostdeutschen Gymnasien der Fall ist – in westdeutschen inzwischen übrigens auch –, ruft zunächst einmal Respekt hervor. Auch das Angebot an Arbeitsgemeinschaften ist in der Regel beträchtlich und macht sicherlich einige im Westen neidisch: von Fuß- und Volleyball über Orientierungslauf, Jazz-Dance, Hockey, Basketball, Schach, Fotografie, Keramik, Theaterspiel, Porzellanmalerei, Read-Talk-Act in Englisch, Schreibmaschinenkurs, Programmier-AG, Schulsanitätsdienst, CAE-Vorbereitungskurs, Förderunterricht oder Korrespondenzzirkel Physik bis zur Schülerzeitungsredaktion gibt es so ziemlich alles. Auch sind dreizehn Prozent aller sächsischen Schüler an einer Musikschule angemeldet – mehr Musikschüler (14,5 Prozent) zählt nur noch Baden-Württemberg. In den meisten westdeutschen Bundesländern (Bayern, Hessen, Niedersachsen, Nordrhein-Westfalen, Rheinland-Pfalz) liegt der Anteil der Musikschüler dagegen bei nur neun Prozent – wobei man vermuten muss, dass die Tradition des privaten Musikunterrichts, der nicht in der Musikschule stattfindet, im Westen eine erheblich größere Rolle spielt als im Osten. Dies spiegelt sich in den Zahlen des Wiesbadener Bundesamtes für Statistik allerdings nicht wider, weil diese sich allein auf die Angaben des Verbandes deutscher Musikschulen stützt[11].

Fraglich ist natürlich auch, inwieweit die vielfältigen Angebote an den ostdeutschen Gymnasien tatsächlich genutzt werden. Denn auch im Westen verzeichnen viele Gymnasien ja bereits einen massiven Einbruch ihres kulturellen Schullebens. Bei einem 34- oder 36-Stunden-Tag plus Hausaufgaben dürfte schließlich nicht mehr allzu viel Zeit übrig bleiben zum Töpfern, Schachspielen oder Chorgesang. Aber dass man den Turbo-Stress im Osten überall gelassen hinnähme, kann man auch nicht sagen: Die Schüler des Leipziger Leibniz-Gymnasiums jedenfalls organisierten im vergangenen Jahr genau wie ihre Leidensgenossen im Westen einen Bildungsstreik samt Demonstration und baten Kultusminister Roland Wöller (CDU, Wirtschaftswissenschaftler, Jahrgang 1970, verheiratet, kinderlos) in einem Brief, ihre Anliegen ernst zu nehmen. Die Schüler beriefen sich auf das Jubiläum »20 Jahre friedliche Revolution in Leipzig« und forderten unter anderem den Minister zur »Abschaffung des Turbo-Abiturs« auf, »durch welches die Schüler unter Dauerstress und psychischer Belastung leiden«. Wörtlich schrieben sie: »Wir erhoffen uns, genauso friedlich und erfolgreich wie vor 20 Jahren etwas verbessern zu können und mit unseren Vorschlägen auf Gehör zu stoßen.«[12]

Die Schüler erhielten denn auch eine Einladung seitens des Ministeriums zu einem Gespräch, zu dem allerdings nicht der Minister persönlich erschienen sei, sondern »nur eine Stellvertreterin«, berichtet Schülersprecher Theo Haustein. Die habe dann zu all den genannten Problemen nur gesagt, dass sie »bekannt« seien und man daran arbeite. »Echte Lösungsvorschläge wurden uns nicht mitgeteilt«, sagt Haustein[13].

Wer sich fragt, wieso Leipziger Schüler gegen etwas revoltieren, was sie im Grunde doch immer schon gehabt haben – nämlich höheren Stress durchs zwölfjährige Abitur –, der erfährt von Schülerseite, dass die Stundentafeln und Lehrpläne »gewaltig angezogen« hätten. »Ihr seid arme Schweine«, hätten die Kameraden aus dem höheren Jahrgang ihre Nachfolger bemitleidet. Nicht nur, dass die

Oberstufenschüler jetzt mehr Unterrichtsstunden pro Woche haben als früher; auch die Fächerkombination samt -abwahl habe man eingeschränkt, klagt Haustein.

Konnte man früher beispielsweise Physik und Chemie in der Oberstufe komplett abwählen und mit nur einer Fremdsprache ins Abitur marschieren, so müssen nun drei Naturwissenschaften und zwei Fremdsprachen ins Abitur eingebracht werden. Auch die Wahl der Leistungskurse wurde eingeengt: Kombinationen wie Biologie und Englisch gehen nicht mehr, weil jetzt als erster Leistungskurs Mathematik oder Deutsch und als zweiter eine Fremdsprache, Geschichte oder Physik belegt werden muss.

Als Gründe für diese Reform werden aus dem sächsischen Kultusministerium folgende genannt: Erstens: Wegen der einbrechenden Schülerzahlen kann das Kurssystem in der alten Form nicht aufrechterhalten werden. Damit einzelne Fächer aber nicht ganz verloren gehen, hat man sie zur Pflicht gemacht. Zweitens: Die Hochschulen klagen über die mangelnde Studierfähigkeit der Abiturienten. Dem will man mit höheren Anforderungen begegnen. Drittens: Die (sächsische) Wirtschaft fordert mehr Ingenieure. Deshalb hat man die naturwissenschaftlichen Fächer noch einmal verstärkt.

Der Unmut der sächsischen Schülerschaft richtet sich also zum einen gegen die reformierte Oberstufe, zum anderen aber auch gegen die zunehmende Belastung durch neue Lehrpläne in der Sekundarstufe. »Meinen jüngeren Bruder erwischt es schon in der sechsten Klasse. Der muss viel mehr lernen und hat längere Unterrichtstage als ich zu damaliger Zeit.« Bücher gebe es zu den neuen Lehrplänen auch so gut wie keine, man behelfe sich mit Kopien. »Wir hatten echt viel Freizeit in der Unter- und Mittelstufe, da konnte man sich nicht beklagen«, schwärmt Haustein, den die Umstellung erst zur Oberstufe hin erwischt hat. Noch einen Aspekt findet er erwähnenswert: Inzwischen sei die Krankheitsrate bei den Schülern seiner Jahrgangsstufe rapide gestiegen. »Wegen eines Schnupfens zu Hause bleiben geht nicht mehr. Deshalb stecken wir uns immer gegenseitig an und sind eigentlich nie alle gesund.« Und wenn man doch mal gezwungen sei, zu fehlen, habe man gleich enorm viel nachzuholen.

Im Ministerium ist man dagegen stolz, jetzt nicht mehr in nur einem Fach – etwa Physik – in die Tiefe zu gehen, sondern dafür in gleich drei Fächern – Physik, Biologie, Chemie – in die Breite. Allerdings zieht da die Lehrerschaft wohl nicht immer so mit, wie man das gern hätte, und packt in den Unterricht des jeweiligen Fachs eben doch mehr hinein als vorgesehen. Leidtragende sind die Schüler. »Das Loslassen fällt vielen Lehrkräften schwer«, gesteht ein Ministeriumsreferent, der aber gleichzeitig von einer »hohen Akzeptanz der Lehrpläne bei den Lehrern« schwärmt, weil sie »von Lehrern für Lehrer gemacht« seien. Im Vergleich zu den stark wissensorientierten bayerischen Lehrplänen seien die neuen sächsischen Lehrpläne stärker »kompetenz- und methodenorientiert, weil die Halbwertszeit von Wissen ja gering« sei[14].

Als sächsischer Gymnasiast legt man sich in der achten Klasse auf ein bestimmtes Profil fest, falls man nicht schon ab der fünften eine Spezialschule für Musik, Sport oder Naturwissenschaften ansteuert – Relikte aus der DDR-Zeit, die Talente schon früh absorbieren wollte. Zur Auswahl stehen ein naturwissenschaftliches, sprachliches, gesellschaftswissenschaftliches, künstlerisches und sportliches Profil. Das sei im Prinzip nicht schlecht, mein Theo Haustein, weil man doch meist auch schon recht früh erkenne, »was für ein Typ man ist«. Allerdings hätten diejenigen, die in der Mittelstufe kein naturwissenschaftliches Profil wählen, in der Oberstufe oft massive Schwierigkeiten. Erst recht, seitdem drei Naturwissenschaften ins Abitur eingebracht werden müssen. »Da haben die anderen dann einen riesigen Vorteil, der ist schwer aufzuholen«, sagt Haustein. Vermutlich entscheiden sich deshalb auch so viele Schüler von vornherein für das naturwissenschaftliche Profil, jeder Zweite wählt es an. »Vor allem Vietnamesen und Russen wählen diese Fächer und sind da spitze«, sagt Haustein.

Sachsens Schüler sind bekannt für ihre Sattelfestigkeit im naturwissenschaftlichen Bereich. Im Ministerium erklärt man das mit der »historischen Entwicklung«. So frohlockte der *Bildungsmonitor 2009:* »Sachsen ist und bleibt die Ingenieurschmiede in Deutschland. In keinem anderen Bundesland war 2007 der Anteil der Ingenieure an allen Hochschulabsolventen so groß wie in Sachsen.« Damit habe Sachsen dazu beigetragen, »den in den kommenden Jahren stark steigenden Fachkräftemangel an Ingenieuren zu reduzieren«. In den naturwissenschaftlichen Kompetenzen seien Sachsens Schüler »im Durchschnitt Weltklasse«. Lediglich finnische Schüler hätten 2006 besser abgeschnitten. In der Lesekompetenz und in der Mathematik habe Sachsen bundesweit auf Platz eins gelegen und im internationalen Vergleich »mit den besten Ländern mithalten« können.

Das klingt in der Tat rasant. Vergegenwärtigt man sich allerdings, wer für den *Bildungsmonitor* verantwortlich zeichnet – das Institut der deutschen Wirtschaft hat ihn im Auftrag der von den Arbeitgeberverbänden finanzierten »Initiative Neue Soziale Marktwirtschaft« erstellt – und was er bezweckt, dann erkennt man: Es steht nicht der individuelle Bildungserfolg des Einzelnen im Vordergrund, sondern der kollektive Nutzen, den die Gesellschaft beziehungsweise die Wirtschaft aus den erlernten Techniken und Fähigkeiten der Schülerschaft durchschnittlich zu ziehen glaubt. »Humankapital« ist das erstrebenswerte Ziel, das heißt: Bildung bemisst sich allein an ihrer Verwertbarkeit im Produktionsprozess. Fertigkeiten und Fähigkeiten, die die Wirtschaft auf den ersten Blick nicht braucht, interessieren folglich auch nicht und werden weder gemessen, noch genießen sie besondere Anerkennung.

Der Bildungsmonitor bewertet, wie erfolgreich jedes Bundesland sein Bildungssystem so ausgestaltet, dass daraus optimale Wachstums- und Beschäftigungsimpulse entstehen. Dahinter steckt die Überzeugung, dass Bildung auch aus volkswirtschaftlicher Sicht eine Investition in die Zukunft ist. Aus Bildungsprozessen entsteht Humankapital. Darunter versteht man Fähigkeiten, Fertigkeiten und Wissen, das in Personen verkörpert ist sowie durch Ausbildung, Weiterbildung und Erfahrung erworben wird. In der Forschung gibt es eine Vielzahl von Theorien und Studien, die die positive Wirkung von Humankapital auf Wachstum und Beschäftigung belegen. Als rohstoffarmes Land ist Deutschland in besonderer Weise darauf angewiesen. Die Studie Bildungsmonitor analysiert erstmals wissenschaftlich, wie stark die Bildungssysteme der Länder die Voraussetzungen für Wachstum schaffen, und stellt die Bundesländer als relevante bildungspolitische Akteure in eine Rangfolge.[15]

Folglich bewertet der *Bildungsmonitor* ein Bildungssystem dann als besonders gelungen, wenn es eine enorme Anzahl an Ingenieuren ausspuckt. Alles, was diesem Zweck nützt, gilt als vorbildlich. Das »Handlungsfeld 12 MINT« des *Bildungsmonitors* zählt die Ingenieursabsolventen, mathematisch-naturwissenschaftliche Absolventen, Wissenschaftler im mathematisch-naturwissenschaftlich-ingenieurwissenschaftlichen Bereich, technische Fortbildungsprüfungen, Ingenieurspromotionen, mathematisch-naturwissenschaftliche Promotionen, Ingenieurshabilitationen und mathematisch-naturwissenschaftliche Habilitationen sowie die Ingenieursersatzquote (auf hundert sozialversicherungspflichtig beschäftige Ingenieure in Sachsen kamen im Jahr 2007 rund 9,5 neue Ingenieurabsolventen – im Bundesdurchschnitt betrug die Ersatzquote nur 5,8 Prozent).

Die übrigen zwölf »Handlungsfelder« des *Bildungsmonitors* sind keine fächerzentrierten Kriterien, sondern allgemein gehaltene wie Integration, Betreuungsbedingungen, Förderinfrastruktur,

Internationalisierung oder Arbeitsmarktorientierung/berufliche Bildung.

Nun ist es zwar legitim, nach der Zahl der Ingenieure, Chemiker oder Physiker zu fragen, die ein Bildungssystem produziert. Ingenieure und Naturwissenschaftler sind fraglos wichtige Berufsgruppen, und sicher wäre es wünschenswert, wenn sich auch in Zukunft viele junge Menschen für diese Fachrichtungen entscheiden. Aber eine Gesellschaft, die nur aus Ingenieuren und Naturwissenschaftlern bestände, hätte auch im 21. Jahrhundert keine Überlebenschance. So würde auch eine Fußballmannschaft, die nur aus Verteidigern oder nur aus Stürmern bestände, keine Siege einfahren. Man erfährt also nichts darüber, ob Sachsens Bildungssystem auch eine hohe Anzahl an exzellenten Juristen, Unternehmern, Philosophen, Künstlern oder Historikern hervorbringt.

Dass Sachsen gute Noten für ein offenbar hoch effizientes Bildungssystem erhalten hat, soll hier nicht kleingeredet werden. Nur muss berücksichtigt werden: Diejenigen, die diesem System die guten Noten attestiert haben und auch wohl weiter attestieren werden, haben höchst einseitige Interessen und schauen folglich mit nur einem Auge hin. Sowohl PISA mit der OECD im Hintergrund als auch der von den Arbeitgebern initiierte *Bildungsmonitor* achten in erster Linie wirtschaftsorientiert auf zweckgebundene Kenntnisse und Fähigkeiten. Ob ein Schüler aber auch gut vernetzt denken kann, ob er sauber argumentieren, leidenschaftlich debattieren, hartnäckig diskutieren und kritisch hinterfragen kann, ob er neben mittelmäßigen Noten in Mathematik und Naturwissenschaften vielleicht exzellente Kenntnisse in Literatur, Latein, Geschichte, Kunst oder Musik hat: Das alles bleibt im Dunkeln und taucht in den fabelhaften Statistiken der Ökonomen nicht auf.

Aber: Spricht es nicht Bände, wenn der Direktor eines sächsischen Gymnasiums offenherzig bekennt, dass Aufgaben, die nordrhein-westfälische Abiturienten nach dreizehn Schuljahren in Physik zu lösen hätten, von sächsischen Abiturienten nicht zu bewältigen seien? Er selbst habe sich die Aufgaben angesehen und gefragt, »wie die das in NRW machen«. Man gehe in Sachsen »fachlich mehr in die Breite als in die Spitze«, meint er. Ob es nicht doch das eine Schuljahr ist, das fehlt? »Dreizehn Schuljahre wären in Sachsen finanziell nicht umsetzbar«, lautet seine Antwort[16]. Im Ministerium heißt es dazu nur, man könne die Abiture der einzelnen Länder eben nicht miteinander vergleichen. Es gebe sicherlich auch Aufgaben, die sächsische Schüler besser lösen könnten als nordrhein-westfälische. So kann man es natürlich auch machen: dem föderalen Bildungssystem den Schwarzen Peter zuschieben und nicht der kürzeren Schulzeit. Wer will das schon beweisen? Immerhin haben die Magdeburger Forscher klare Defizite für die G8-Abiturienten im Vergleich zu den G9-Abiturienten in Mathematik und Englisch ausgemacht (vgl. 5. Kapitel).

Aus alldem kann man nur lernen: Man sollte vorsichtig sein mit dem schlichten Kopieren von Systemen, deren Effizienz sich höchst einseitig bemisst. Dass sächsische Schüler, vor allem Schülerinnen, der HBSC-Studie zufolge stärker über psychosomatische Beschwerden klagen als Jugendliche in westlichen Bundesländern, darf nicht überbewertet werden, sollte aber auch nicht unerwähnt bleiben (vgl. 7. Kapitel).

Das System Sachsen könnte in Bayern funktionieren – muss aber nicht. Das System Thüringen könnte in Schleswig-Holstein funktionieren – muss aber nicht. Und: Nur weil etwas funktioniert, heißt das noch lange nicht, dass es auch gut ist und man es gleich haben muss. »Mittelmäßige Manager«, sagt der Ökonom Andreas Salcher, »versuchen mittels Benchmarking und Best Practices immer nur, die Erfolgsmodelle der Konkurrenz aus der Vergangenheit für die Zukunft zu kopieren. Das ist die gleiche Falle, in die jetzt mittelmäßige Schulpolitiker tappen, wenn sie unzählige Delegationen in das PISA-Siegerland Finnland entsenden. Natürlich kann und soll man vom Besten immer lernen, aber das ist nur die Pflicht. Will man dagegen selbst einmal zu den Besten gehören, muss man sich eigene ehrgeizige Ziele setzen und vor allem jene Bereiche definieren, die in Zukunft über die Wettbewerbsfähigkeit entscheiden werden.«[17]

Salcher zeigt am Beispiel Singapur, wie das praktisch gehen kann. Singapur hat als Nicht-OECD-Land bisher auch nicht am PISA-Test teilgenommen.

Ich frage Frau Lim Lai Cheng, die viele Jahre in leitender Position im dortigen Bildungsministerium tätig war und jetzt Direktorin des angesehenen Raffles Junior College ist. Obwohl Singapur ein so anerkannt gutes Schulsystem hat, findet gerade wieder eine große Neuorientierung statt. Während man in der Vergangenheit stark auf Mathematik und Naturwissenschaft gesetzt hat, werden Kreativität, Kunst und der Umgang mit Komplexität in Zukunft eine wichtige Rolle spielen. Der Schwerpunkt wird auf holistisches Lernen gelegt und vor allem Schulen mit einer sportlichen und künstlerischen Ausrichtung werden besondere Förderungen erhalten. Lim Lai Cheng betont ausdrücklich, welchen hohen Stellenwert die ständige evolutionäre Weiterentwicklung des gesamten Schulsystems für ihren noch so jungen Staat hat.

Die Chance für Österreich und Deutschland, die besten Schulen der Welt zu schaffen, liegt eindeutig darin, eigene nationale Bewertungskategorien aufzustellen, die weit ehrgeiziger sind als jene von PISA.[18]

Das Beispiel Singapur zeigt vor allem eines: Das einseitige Festlegen von Bildungssystemen auf einen kurzlebigen Effekt, auf einen Zweck, der sich ausschließlich an den gegenwärtigen Bedürfnissen eines sich rasant wandelnden Arbeitsmarktes orientiert, ist auf Dauer zu kurzsichtig. Wer nur auf die schnelle Verwertbarkeit schielt – und damit auf die möglichst hohe Zahl an Ingenieuren und Naturwissenschaftlern, die ein System ausspuckt, weil im Moment gerade ein Mangel an ihnen herrscht –, der kann sich leicht vergaloppieren. Und er wird vor allem den Menschen nicht gerecht, die dieses System zu durchlaufen haben: den Kindern und Jugendlichen. Diese sind nämlich mehr als »Humankapital«, sie haben zuallererst das Recht auf eine umfassende, persönliche, sie nicht einschränkende, sondern bereichernde allgemeine Bildung. Und das heißt: Sie müssen möglichst lange die Chance erhalten, sich alle oder doch zumindest viele Türen offenzuhalten und nicht zu früh auf diese oder jene Fachrichtung oder Fertigkeit festgelegt zu werden. Das Recht auf Freiheit – nämlich so lange wie möglich frei wählen zu dürfen, wohin man sich entwickeln möchte – muss das Bedürfnis nach Sicherheit – dass man denn auch zu etwas nützlich sei in der Gesellschaft – zunächst einmal überflügeln. Wenn das eine – die Freiheit – gesichert ist, wird sich das andere – die Nützlichkeit – von allein einstellen. Kinder und Jugendliche haben ein Recht auf Freiheit, die Erwachsenen müssen ihnen nur die Sicherheit vermitteln, dass sie ihnen die Ausschöpfung der Freiheit zutrauen und sie so lange wie nötig auf ihrem Weg begleiten, nicht behindern. »Vertrauen in Freiheit lohnt sich«, rief Mathias Döpfner, Vorstandsvorsitzender der Axel-Springer-AG, den 400 geladenen Gästen beim Neujahrsempfang seines Hauses zu. »Den Deutschen« gehe es aber, wie etliche Umfragen belegen, »eher um Sicherheit vor Freiheit«, klagte er: »Ein deutscher Hang zur freiwilligen Selbstunterwerfung in staatliche Fremdbestimmung und Zentralfürsorge ist schwer übersehbar und steht im scharfen Kontrast zum angloamerikanischen Ideal vom freien Bürger. Von Benjamin Franklin stammt der berühmte Satz: ›Wer die Freiheit aufgibt, um die Sicherheit zu gewinnen, wird am Ende beides verlieren.‹«[19]

Und doch scheint Familien – zumindest den im Westen lebenden – Freiheit viel wichtiger zu sein als Sicherheit: Man hört bislang jedenfalls nichts von Familien, die des preisgekrönten Schulsystems wegen von Nordrhein-Westfalen oder Bremen nach Thüringen oder Sachsen ziehen. Stattdessen gibt es etliche G8-Flüchtlinge, die per Rheinfähre von Mannheim nach Ludwigshafen oder von Wiesbaden nach Mainz übersetzen, weil in Rheinland-Pfalz das Turbo-Abi noch nicht flächendeckend eingeführt ist. Und es gibt mittlerweile sogar Familien, die unter großen privaten und beruflichen Opfern Deutschland zur Gänze verlassen, um eine noch größere Freiheit zu genießen: in England, Frankreich, den USA oder Kanada. In diesen – und nicht nur in diesen – Ländern brauchen Eltern ihre Kinder gar nicht erst zur Schule zu schicken, sie dürfen sie auch frei lernen lassen, ohne Angst zu haben, dass ihre Kinder in die Psychiatrie gesteckt werden und sie selbst Strafe zahlen müssen. André Stern, 1971 als Sohn eines französischen Pädagogenpaars geboren, schildert, wie das gehen kann – vor allem betont er, dass er sich nie benachteiligt gefühlt habe, was praktisches und theoretisches Wissen, soziale Fähigkeiten, Allgemeinbildung und diverse Grundtechniken betrifft. Seine glückliche Kindheit habe er ohne Schulkorsett genossen – frei von Stress und Leistungsdruck. Mutter Michèle Stern, Lehrerin an einer französischen Vorschule, der sogenannten École Maternelle, beschreibt den Weg der Entscheidungsfindung, ihre beiden Kinder ohne Schule aufwachsen zu lassen, folgendermaßen:

Ich gehorchte der Institution nicht, die verlangt, die Empfehlungen von der Spitze der Hierarchie zu befolgen. Ich unterwarf meine Kinder nicht den Vorschriften der Schule, die versuchen, sie in die Form zu pressen, die der Lehrplan – dieses Programm für den Zwangskonsum – vorschreibt. So ist für mich nur der Begriff maternelle von Wichtigkeit – mütterlich. Ich denke, er beschreibt keine Funktion, sondern einen Zustand. Einen Zustand der Verschmel-

zung, das heißt des tiefen Verständnisses für die Wirklichkeit, die der Kindheit eigen ist.

Während einer kurzen Phase der vollkommenen Unerfahrenheit hatte ich versucht, die geltenden pädagogischen Anweisungen umzusetzen: wieder und wieder die grafischen Übungen, welche die Kinder auf das Schreiben vorbereiten, und die albernen »Kniffe«, die man einsetzen soll, um die Gruppenbildung zu fördern, die Gruppe zu beschäftigen und sie eher gefügig zu machen denn ihre Kreativität zu wecken. Aber die Kinder langweilten sich in dem gleichen Maße, wie ich mich unwohl fühlte. Ich hatte das Gefühl, von der Realität der einzelnen Kinder abgeschnitten, aufdringlich und nutzlos zu sein. (...)

Die Schule in ihrer strukturellen Steifheit verschwendet die kostbare Energie, die den Anfängen innewohnt. Die Kinderzeit ist das natürliche, unersetzliche Kapital, auf dem jedes Menschenleben aufbaut – haben wir das Recht, dies in einem fort zu missachten?[20]

Ergo: Familien, denen Freiheit vor Sicherheit geht und die vor allem erst einmal selbst am eigenen Leib erfahren haben, um wie viel schöner und wichtiger dieser Freiheitsgenuss ist als pures Sicherheitsdenken und sture Pflichterfüllung, suchen nicht den Weg gen Osten, wo ihre Kinder noch anstrengendere Schultage haben und die Familie folglich noch weniger Zeit miteinander verbringen kann als im Westen Deutschlands, sondern sie gehen dahin, wo man diesbezüglich noch freier ist. Wo man als Eltern nicht nur *für* die Kinder, sondern *mit* ihnen leben kann – selbst wenn der Preis hoch ist, den sie für diese Freiheit bezahlen müssen: die Aufgabe ihrer Heimat. Das Argument, nach Sachsen oder Thüringen gehen Westler ja nicht, weil sie dort keine Arbeit finden, stimmt gerade deshalb nicht, weil jene Familien, die dieses Land verlassen (haben), das meist auch tun, ohne zu wissen, was sie in der Fremde erwartet – außer der Gewissheit, frei von Schulzwängen zu sein.

Die Bremer Familie Neubronner ist dafür ein gutes Beispiel:

Die beiden Söhne Thomas und Moritz weigerten sich, zur Schule zu gehen, sie wollten lieber frei lernen, und die Eltern Tilmann und Dagmar unterstützten sie nach anfänglicher Skepsis in ihrem Vorhaben. Doch Behörden und Gerichte urteilten: Das geht hierzulande nicht. Folglich teilte sich die Familie auf: Der Vater lebt jetzt mit den beiden Söhnen in Frankreich, während die Mutter den Bremer Verlag, ihr Familienunternehmen, weiterführt und so für den Unterhalt sorgt. Die Familie nimmt also ein aufwendiges Pendeln zwischen dem einen und dem anderen Land in Kauf – »nur« um der Bildungsfreiheit willen. Wäre diese in Sachsen oder Thüringen ebenso möglich gewesen wie in Frankreich: Die Neubronners wären sicher gern, nein: liebend gern dort hingezogen.

Das Gleiche gilt für die Familie Romeike aus Baden-Württemberg, die 2008 in die USA auswanderte und dort um politisches Asyl bat, weil sie ihre fünf Kinder nicht daheim unterrichten durfte. In den Medien wurde sie als »strenggläubig« bezeichnet, der Vater selbst sprach von »christlich«. Im Januar 2010 gab ein Richter im Bundesstaat Tennessee dem Asylgesuch statt: Die Homeschooling-Szene triumphierte. Und selbst die dem Freilernen nicht wohlgesinnte *Frankfurter Allgemeine Zeitung* räumte ein, dass in den USA »die zu Hause unterrichteten Kinder im Alter von etwa siebzehn Jahren die gleichen standardisierten Abschlusstests ablegen wie die Schüler an den öffentlichen und privaten ›Highschools‹ und im Durchschnitt deutlich besser abschneiden als ihre Jahrgangskollegen zumal an öffentlichen Schulen«[21]. Von dieser anderen Art, zu lernen, will man hierzulande jedoch nichts wissen; Annette Schavan ließ über ihr Büro bezüglich einer Presseanfrage schon vor längerer Zeit erklären: Zum Thema Homeschooling gebe die Ministerin kein Interview. So kann man sich die Dinge auch vom Hals schaffen und brisante Themen unter den Teppich kehren. Man muss ja nicht unbedingt ein Freund oder eine Freundin von Hausunterricht sein – doch darüber reden sollte man schon und sich ein möglichst objektives Bild von dem verschaffen, was Familien – in der Regel intakte und sehr engagierte – da leisten, natürlich auch.

Wer nicht so radikal den Bildungsfreiheitsgedanken vertritt wie die Homeschooler, der setzt zumindest auf die »Notwendigkeit, dem Heranwachsenden planungsfreie ›Spiel-Zeit‹ während der Gymnasialzeit zu erhalten, sein Denken und Handeln nicht auf vorgegebene Lernziele zu reduzieren und ihm ein Zweckdenken zu ersparen, das mit jeder Wahl eines Schulfaches, mit jeder Freizeitbeschäftigung und mit jeder Stellungnahme taktische Absichten verbindet«[22]. Diese Worte könnten von heutigen G8-Gegnern stammen, notiert hat sie aber Hartmut Rahn schon vor über 30 Jahren. Rahn war bis 1995 Generalsekretär des größten deutschen Begabtenförderwerks, der Studienstiftung des deutschen Volkes. Seine Argumentation ging so: Für die Prognose des Studienverhaltens sei »nicht die ›Maximalleistung‹ in einem isolierten Bereich« befriedigend, »sondern eher das Erfassen ›typischer‹ Interessen- und Verhaltensstrukturen, die heterogene – aber gleichwertige – Elemente miteinander verbinden«. Für diese Prognose gelte es aber gerade nicht, nur schulisch wahrgenommene Angebote ins Auge zu fassen, sondern vor allem auch außerschulische:

Der Bereich ungesteuerter, eigenständiger Betätigungen ist besonders geeignet, der Bildungsforschung Einblicke in Ansatz, Ausrichtung und Intensität persönlicher Interessen zu geben, Strukturen zu identifizieren und Grundlagen für die Prognose zukünftigen Bildungsverhaltens zu gewinnen. (...)

In der individuellen und freiwilligen Hinwendung des Heranwachsenden zu einem bestimmten Tätigkeitsbereich liegt Spontaneität und Freiheit, die das formalisierte Bildungsangebot der Schule dem Heranwachsenden in dieser Form nicht anzubieten vermag. Wer sich ein eigenes Labor oder eine kleine Forschungsstation ein-

richtet, wer sich einer Gruppe anschließt, künstlerisch tätig ist oder einen Auslandsaufenthalt selbständig plant und bewältigt, tritt aus der Rezeptivität und aus der vorwiegend theoretischen Auseinandersetzung mit den Bildungsangeboten der Schule heraus, handelt selbst und macht Erfahrungen. Ist seine Beschäftigung von einiger Dauer – und nur die intensiv über einen längeren Zeitraum verfolgten Interessen können hier gelten – so erschließt sich dem Heranwachsenden ein Freiheits-, Handlungs- und Anforderungsbereich, der frei von den Zwängen angestrebter Prüfungen ist und der es gerade deshalb möglich macht, intellektuelle, motivationale und emotionale Kräfte zu entfalten. In der Auswahl eines Bereichs vertiefter Interessen, in der Kontinuität der Auseinandersetzung und im Niveau der erreichten Leistungen werden die Konturen der Persönlichkeit ebenso deutlich – wenn auch in anderer Weise – sichtbar wie in der Bewältigung schulischer Anforderungen.[23]

Individuell, freiwillig, spontan, selbstständig, frei: Diese Attribute stehen für das, was man dann tut, wenn man an keine zeitliche oder räumliche Vorgabe gebunden ist. In Kontrast dazu stellt Rahn Begriffe wie Formalisierung, Rezeption und Theorie: das also, was man in der Institution Schule erfährt. Die Unterschiede liegen auf der Hand: hier die künstliche, schematisierte Welt, dort das natürliche, selbstbestimmte Leben. Dass beide Bereiche einander bedürfen, aber harmonisch ausgeglichen sein und einander ergänzen sollten, wird wohl kaum jemand bestreiten; der gesamte Lifestyle-Ratgeber-Markt lebt ja von Tipps, wie das am besten zu bewerkstelligen sei. Work-Life-Balance heißt das große Thema unserer Zeit. Nur Kindern und Jugendlichen mutet man seelenruhig zu, den größten Teil ihres Tages in künstlichen, schematisierten Welten wie Krippen, Kitas und Schulen zu verbringen – und schimpft dann darüber, wenn das bisschen freie Zeit in virtuellen Welten vergeudet wird. Ja, was sollen sie denn noch

Großartiges anfangen in dem Stündchen Freizeit, das ihnen am Feierabend bleibt?

»Schon Kleinkinder bekommen heute kaum noch etwas mit vom Lebensalltag ihrer Eltern«, beobachtet die Erzieherin Harriet S. einigermaßen resigniert[24]. »Sie arbeiten zu Hause nicht mehr mit, werden im Auto zur Kita gefahren, riechen nicht mehr, schmecken nicht mehr. Es fehlen ihnen viele wichtige physikalische Erfahrungen. Die Hälfte der Kindergartenkinder hat null Bock. Wenn die Eltern dann abends nach Hause kommen, sind sie meist zu kaputt, um noch viel mit ihren Kindern zu machen.« Harriet S. verfügt über 30 Jahre Berufserfahrung und arbeitet seit 17 Jahren in einem sozialen Brennpunkt. Sie sorgt sich, wie das weitergehen soll: »In meiner Gruppe von 23 Kindern, die wir zu zweit betreuen, sind etwa drei bis vier Kinder nicht auffällig. Die meisten sind entwicklungsverzögert. Die Kinder malen heute mit sechs Jahren so wie früher mit drei. Es setzt alles deutlich später ein. Die Einrichtung kann gar nicht alles auffangen, was fehlt.« Selbst Migrantenkinder leben heute oft nicht mehr in Großfamilien, sondern als Einzelkinder oder mit höchstens einem Geschwisterkind, so ihre Erfahrung. Dafür genießen die kleinen türkischen Jungen – aber nicht nur die! – dann zu Hause den »Prinzenstatus«: »Es wird nicht mehr *mit* dem Kind gelebt, sondern *für* das Kind. Das sieht dann so aus, dass zu Hause überhaupt keine Lebenswelt für das Kind mehr existiert. Es darf nicht viel spielen, weil das die Wohnung unordentlich macht. Meist ist die Wohnung schon gleich so eingerichtet, dass man dort gar nicht mehr spielen kann. Sitzt es vor Fernseher oder Computer, dann bleibt ja auch alles schön aufgeräumt«, berichtet Harriet S.

Skeptisch steht die Erzieherin daher den sogenannten »Projekten« gegenüber, die jetzt in die Kindergärten getragen werden sollen: »Da wird mit kleinen Laboren und ähnlichen Dingen künstlich eine Experimentierwelt geschaffen, obwohl die Kinder meist mehr davon hätten, wenn sie erst mal ihre natürliche Umgebung kennenlernen und näher entdecken. Projektarbeit gilt zwar als modern, doch sie erreicht die Kinder nicht.«

Wenn schon Kleinkinder keine natürlichen Erfahrungen mehr machen – sollen es große dann erst recht nicht dürfen? Man tut Kindern und Jugendlichen jedenfalls keinen Gefallen, wenn man sie den größten Teil ihres Tages in künstlichen Welten verschließt. Nun kann man eine Brennpunkt-Kita natürlich nicht mit einem Gymnasium vergleichen. Beiden gemeinsam ist aber der künstliche Rahmen, der sie von der Wirklichkeit abschirmt. Da können noch so viele Projekte und AGs, in denen man Töpfern, Experimentieren und Schachspielen lernt, nicht die Welt ersetzen, die man draußen antrifft. »Schule bereitet immer nur sehr begrenzt aufs Leben vor, und immer nur innerhalb einer Gruppe. Das Einzelkämpferdasein lernt man erst draußen im wirklichen Leben«, sagt Jack Schmidt, Direktor des Leipziger Leibniz-Gymnasiums[25].

Eltern sind zwar unglücklich darüber, dass Kinder unter Druck gesetzt werden. Sie merken, wie manche Schüler an ihrer Lebenslust Schaden nehmen. Dennoch kommt es nicht zum massenhaften politischen Widerstand. Da die Bildungspolitiker keinen Blick auf die Kinder verschwenden, preisen sie es gar als Fortschritt, wenn Schüler auch Nachmittagsstunden absitzen müssen. Da bleibt keine Freiheit für Lebensbereiche, die für ihre Entwicklung bedeutsam sind: für musische zum Beispiel, sportliche, individuelle. Die Welt vieler Kinder wird zur ausschließlichen Schulwelt und damit zur verhassten Schulwelt.[26]

»Schon wenn ich mein Zuhause rieche, fühle ich mich wohl und frei«, sagt ein Achtjähriger, der es liebte, sich einfach nur einen Gartenstuhl zu schnappen, sich draufzusetzen und von dort aus die Vögel am Himmel und im Garten zu beobachten: eine Beschäftigung, von der man nicht sagen kann, ob sie zu etwas nütze ist, von der man nur sagen kann, dass keine AG der Schule sie anbietet, zumindest in dieser Form. Und vor allem nicht in der Atmosphäre, die er liebte: entspannt. In der Schule wird man schließlich immer beobachtet – sei es durch Lehrer oder Mitschüler, und das kann auch dann stören, wenn es keine Noten gibt für das Tun in der Nachmittags-AG. Obendrein: Ob die anderen Kameraden den Knaben nicht ausgelacht hätten, als er sich da so auf einen Stuhl setzte und Vögel beobachtete? Die ornithologische Leidenschaft wäre vermutlich schnell erloschen.

Für Kinder, die von Lese-Rechtschreib-Schwäche (Legasthenie) betroffen sind, bedeutet es ebenfalls eine Qual, wenn alles sich nur noch um das Thema Schule dreht. Die Geschäftsführerin des Bundesverbandes für Legasthenie und Dyskalkulie, Annette Höinghaus, selbst Mutter zweier betroffener Kinder, empfiehlt deshalb auch, die außerschulischen Stärken dieser Kinder zu fördern. Das sei »gut fürs Selbstbewusstsein«[27]. Nur muss dafür eben auch Zeit bleiben.

Die amerikanische Begabungsforschung hat schon früh auf außerschulische Aktivitäten gesetzt, um das Potenzial der Bewerber für das nationale Stipendienprogramm »National Merit Scholarship Program« richtig einzuschätzen. Sich selbstständig Neues zu erschließen, das Sich-lösen-Können von den Konventionen der eigenen Altersgruppe und die Fähigkeit, zwischen konkurrierenden Angeboten zu wählen, wurde als mindestens gleichwertig erachtet wie schulische Fähigkeiten, wenn nicht höher. »Es sind Persönlichkeitsmerkmale von übergreifender Bedeutung, deren Übertragbarkeit auf andere Situationen angenommen werden kann und die es der Begabungsforschung in gewissem Umfang erlauben, von vergangenem auf zukünftiges Verhalten zu schließen«, bilanzierte Rahn. Hinzu kämen »die Fähigkeit, sich in der Wirklichkeit zu orientieren, komplexe Erfahrungen zu machen, Hindernisse zu überwinden und aus einem Gewirr vielfältiger Ausgangsbedingungen die weiterführenden auszuwählen, aufzugreifen und zu entwickeln.« Gerade unter den letztgenannten Bedingungen unterscheide sich »die freie, interessengesteuerte Aktivität deutlich von der Wissensvermittlung durch die Schule, die schon allein dadurch, dass der Unterricht im Klassenzimmer stattfindet, darauf beschränkt ist, den Heranwachsenden mit Theorien, Systemen, Hypothesen und Interpretationen aus der Sicht des Lehrers zu konfrontieren«[28].

Fakten, Beziehungen und Begriffe könnten aber auch im besten Unterricht immer nur aus »zweiter Hand« dargestellt werden, betonte Rahn, und da es dem Schüler an Erfahrung und persönlicher Kenntnis des Gegenstandes fehle, habe er in der Regel »keine Möglichkeit, den Stoff kritisch zu durchdringen, Theorien auf ihre Übereinstimmung mit der Wirklichkeit zu prüfen und die komplexen Zusammenhänge von Ursachen und Wirkungen zu erfassen«. Sein Blick für Wirklichkeitsbezüge werde dadurch »ungewollt eingeengt, und die Reduktion der Erfahrung auf Abstraktionen begünstige die Übernahme ›einfacher Erklärungen‹, die unkritische Annahme von Lehrmeinungen und damit Anpassung«[29]. Je stärker der Unterricht in frontaler Form stattfindet – und vor 30 Jahren war das ja durchaus noch der Fall –, desto größer ist die von Rahn beschriebene Gefahr. Die Pädagogik der letzten Jahrzehnte hat aber durchaus auf vermischte, freiere Lehrformen gesetzt, nicht nur den Frontalunterricht. Für diese neuen Lehrformen braucht es allerdings Zeit. Wenn man die im G8 jetzt nicht mehr hat, weil man ein Schuljahr weniger Zeit hat und den Stoff entsprechend pressen muss, sofern man kein Abi light haben will, dann liegt es auf der Hand, dass man zwangsläufig zu der alten Form des Frontalunterrichts zurückkehrt und der Schüler sich wieder unkritisch mit Lehrmeinungen und »einfachen Erklärungen« begnügen muss. Will man das? Dann sollte man das zumindest offen sagen.

Noch mal zu den Kleinen. »Was wir gerne Breitenbildung nennen, hat nirgends mehr Berechtigung, ja zwingende Begründung als im frühen Kindesalter«, sagt der Konstanzer Biologe Hubert Markl[30]. Weder ein Spätentwickler, der bis zum vierten Lebensjahr wie Einstein kaum einen Satz gesprochen hat, noch »ein frühreifes Plappermäulchen« erlaube irgendeine Aussage darüber, was später mal aus ihm werde. Markl redet damit auch all denen ins Gewissen, die meinen, schon die Kleinsten müssten die größten Dinge lernen, wissen und können. Und vor allem auch denen, die meinen, man könne an diesen kleinen Genies bereits erkennen, wer künftig zu den Leistungseliten zähle. Immerhin sprießen teure Kitas mit den üppigsten »Bildungsangeboten« aus dem Boden. Doch Harriet S. hat ja beschrieben, wie wenige Kinder diese künstlichen Produkte im Grunde erreichen. Sicher, das mag von Kind zu Kind verschieden sein und hängt natürlich auch vom familiären Hintergrund ab. Doch hinter diesen Hochleistungszuchtbetrieben für Kleinkinder verbirgt sich häufig die versteckte Hoffnung, dass, indem man schon die Jüngsten mit Musikinstrumenten, Physik- oder Chemieexperimenten traktiert, sich die Zahl der talentierten Technik- oder Musikgenies im Land dramatisch steigern ließe. Nach dem Motto: Was man reinsteckt, das bekommt man auch wieder raus. Auch von Schulen wird diese Erfolgsgarantie ja inzwischen weitgehend erwartet, nach dem Motto: Je mehr Unterricht ein Schüler pro Tag erhält, umso mehr und besser lernt er.

Markl dämpft diese Euphorie jedoch: »Dass jede oder jeder ein Genie sein kann, mag zu den Wahnvorstellungen egalitärer Bildungsphilosophie gehören; in der Wirklichkeit finden wir das nirgends bestätigt.« Vielmehr könnten »früh wenig beachtete, sozusagen im Stillen reifende Kinder am Ende ihrer Entwicklung zu persönlichen Höchstleistungen gelangen, die ihnen früher keiner zugetraut hätte«. Die allermeisten »Fachgutachter, Preisträger, Eliteprofessoren oder Max-Planck-Direktoren« seien »in ihrer Kindes-,

Schul-, ja oft sogar Berufsausbildungs- und Hochschulstudienentwicklung ganz und gar unauffällig geblieben; Menschen wie du und ich sozusagen, nichts Besonderes; keine exzeptionellen Frühstarter – das schon auch; keine auffallenden Spätentwickler – das aber eben auch; keine ausschließlich Vielfachbegabten – obwohl das manchmal auch; aber auch keine Fachidioten von Anfang an – gelegentlich freilich auch diese«. Talent, betont Markl, sei »gar nicht immer offenkundig oder gar marktschreierisch«, sondern reife »am besten im Stillen, wenn keiner behindert, aber auch keiner dauernd stört. Wer Pflanzen wachsen sehen will, muss sie sicher immer gut bewässern und auch gelegentlich düngen, aber vor allem muss er warten können und nicht dauernd ungeduldig an ihren Blättern ziehen, denn das hilft gar nichts«.[31]

Talentierte Schüler, das hat 1993 eine in Cambridge veröffentlichte Studie von Mihaly Csikszentmihalyi gezeigt[32], lassen sich erstens weniger von anderen Dingen ablenken als vergleichbare Altersgenossen. Sie schenken der Ausübung ihres Talents gern mehr Zeit und Aufmerksamkeit als Freunden, Fernsehen oder anderen Tätigkeiten wie Hausarbeit oder Hobbys. Zweitens brauchen sie auch mehr Zeit des Alleinseins, um ihr Talent vertiefen zu können. Die offizielle Unterrichtszeit in der Schule empfanden die Hochtalentierten meist als langweilig, als verlorene Zeit. Gerade in der Pubertät war es für diese Kinder äußerst wichtig, genügend Zeit zu erhalten, um ihr Talent hoch konzentriert ausüben zu können. Die Studie an 208 Probanden zeigte auch, dass talentierte Jugendliche gerne mehr Zeit mit ihrer Familie verbringen als durchschnittlich begabte und dass sie vor allem Vieraugengespräche innerhalb der Familie bevorzugen.

Warum erwähnen wir das alles im Zusammenhang mit G8? Was haben Brennpunkt- und Hochbegabten-Kita, Homeschooling und Freizeitverhalten mit Talentforschung und Turbo-Schule zu tun?

Ganz einfach: weil – wie in der Natur – alles mit allem zusammenhängt. Weil Talente sich letztlich nicht züchten lassen, sondern nur gedeihen können. Weil sie – wie Markl sagt – im Stillen reifen und nicht auf der Bühne ganztägiger Beobachtung und Bedrängnis erzeugt und gezüchtet werden können. Die Bedingungen freilich für ihr Gedeihen, die müssen wir ihnen schon schaffen und vor allem: Wir müssen sie ihnen lassen. Und nicht nur für die Talentiertesten, sondern für alle Kinder und Jugendlichen. Denn jeder hat ja sein eigenes Talent, seine eigene Stärke – wie auch Schwäche.»In unserer lautstarken, vorschnellen Ankündigungs-Marketing-Medien-Welt, wo allzu viele vor lauter Gackern gar nicht mehr zum Eierlegen kommen und Eliteinstitutionen nicht, wie früher, daran erkennbar werden, dass sie Eliteleistungen erbringen, sondern dass sie solche versprechen, mag manchen das ungewöhnlich vorkommen – es ist aber so«, sagt Markl. Und er fügt noch etwas hinzu: »Ich muss gestehen, dass es mir als Lehrer junger Menschen häufig viel weniger wichtig schien, was sie an konkretem Sachwissen gleich welcher Art mitbringen, als ob sie jene prägenden und tragenden Wesenseigenschaften besitzen, die es ihnen leicht erlauben, sich neuen geistigen Herausforderungen zu stellen und auf neuen Gebieten schnell zurechtzufinden, weil sie nämlich mit Neugier, Mut und Disziplin an sie herangehen können.«[33] Neugier, Mut und Disziplin: Das sind Eigenschaften, die Eigeninitiative erfordern. Und die lernt man nicht in der Schule, in der Theorie, sondern nur im wirklichen Leben, wo man praktische Erfahrungen macht und buchstäblich an seine eigenen Grenzen gerät, mal auf die Nase fällt. Deshalb müssen Kinder und Jugendliche zumindest einen halben Tag lang auch an diesem echten Leben teilhaben dürfen.

DIE NACHGEBURT
G9-Oasen und andere Bremsversuche

Rheinland-Pfalz ist das einzige Bundesland, das die wissenschaftlichen Erkenntnisse zum verkürzten Gymnasium ernst genommen hat. Kultusministerin Doris Ahnen, SPD, verweist auf »die Erkenntnis aus der Begleitforschung zur Begabtenförderung an Gymnasien, dass die Verkürzung der Ausbildungszeit bis zum Abitur ohne einen überzeugenden pädagogischen und organisatorischen Rahmen Teile der Schülerschaft überfordert«. Außerdem beruft sie sich bei der Absage an ein flächendeckendes G8 in Rheinland-Pfalz auf die »schon sehr früh auftauchenden Berichte über Probleme bei G8 in anderen Bundesländern«[1]. Deshalb gibt es das Turbo-Abi dort bislang nur an speziellen Ganztagsgymnasien (G8GTS), im Januar 2010 waren es ganze dreizehn Schulen.

Dreizehnjährige Abi-Schlupflöcher gibt es dennoch quer über die gesamte Republik verteilt: an den Waldorf-, Gesamt-, Sekundar-, Regel-, Ober- oder Stadtteilschulen. So besteht an den Gesamtschulen, die es in fast allen Bundesländern gibt (nur nicht in Sachsen und Baden-Württemberg), nach wie vor die Möglichkeit, das Abitur in dreizehn Schuljahren abzulegen. Da Bayern landesweit nur über zwei Gesamtschulen verfügt, besteht dort im Grunde genauso wenig wie in Baden-Württemberg und Sachsen diese Möglichkeit. »Die Gesamtschulen sind für viele eine attraktive Alternative. Sie führen auch Schülerinnen und Schüler zum Abitur, die keine oder nur eine eingeschränkte Gymnasialempfehlung haben. Wenn Eltern ihrem Kind mehr Zeit geben wollen, sich zu entwickeln und zu entfalten, kann das ein gutes Argument für die Gesamtschule sein«, sagte NRW-Schulministerin Barbara Sommer, CDU[2]. Diese Position ist für die Ministerin umso erstaunlicher, als ihre Partei sich bis vor Kurzem noch erbitterte Grabenkämpfe mit den eher im linken Umfeld verankerten Gesamtschulanhängern geleistet hatte. Allerdings handelt es sich bei Frau Sommer natürlich nicht um ein echtes Plädoyer für die Gesamtschule; schließlich existiert das achtjährige Gymnasium für bildungsbewusste Eltern ja parallel. Dieses »Moment der Separierung«, wie der Frankfurter Pädagoge Valentin Merkelbach es nennt[3], wird von den echten Gesamtschulfans denn auch kritisch beäugt. Aber gerade aufgrund von G8 wird die einst verachtete Gesamtschule offenbar notgedrungen auch für die bürgerlich-konservative Klientel zu einer akzeptablen bis attraktiven G8-Alternative.

Auch die bundesweit 217 Waldorfschulen könnten zu einer solchen Entschleunigungsoase avancieren. Zwar wird der »Waldorfschulabschluss«, den man nach zwölf Schuljahren erwirbt, im Gegensatz zu anderen europäischen Ländern in Deutschland nicht staatlich anerkannt. Doch die meisten Waldorfschulen bieten eine dreizehnte Jahrgangsstufe mit vertiefendem Unterricht in abiturrelevanten Fächern an, um die Schüler aufs Abitur oder auf die Fachhochschulreife vorzubereiten. Im Gegensatz zu den Gymnasien fließen an den Waldorfschulen in die Abiturnote jedoch ausschließlich Ergebnisse aus der Abiturprüfung ein. Die Jahresleistung spielt praktisch keine Rolle. Nur in Hessen, wo die Stufen elf bis dreizehn der Freien Waldorfschulen als gymnasiale Oberstufe staatlich anerkannt sind, ist die Jahresleistung ebenfalls relevant.

In Bremen wird es ab Schuljahresbeginn 2011 nur noch ein Zwei-Säulen-Modell geben, bestehend aus Oberschule und Gymnasium. Darauf haben sich in einem als revolutionär gefeierten parteiübergreifenden Schulkompromiss die rot-grüne Regierungskoalition, CDU und FDP geeinigt. An der Oberschule kann man sich fürs Abi künftig dreizehn Jahre Zeit lassen, an den Gymnasien muss man es nach zwölf schaffen. Wer die Szene beobachtet, wird den Verdacht allerdings nicht los: Die Gymnasien zählen nicht gerade zu den Hätschelkindern von Bildungssenatorin Renate Jürgens-Pieper, SPD. Zwar haben sie wie die Ganztagsschulen Unterricht bis weit in den Nachmittag hinein, aber ausgestattet sind sie dafür noch lange nicht. Das Kippenberg-Gymnasium im besseren Wohnviertel Schwachhausen zum Beispiel, eine stark nachgefragte Schule mit sprachlich-musischem Profil, beherbergt 1.290 Schüler. Obwohl die Schule bereits seit mehreren Jahren quasi im Ganztagsbetrieb läuft, verfügt sie über keine eigene Mensa. Anders die zahlreichen Schulzentren oder Gesamtschulen der Hansestadt, die künftig zu Oberschulen mutieren: Sie sind großzügiger ausgestattet, können mit kleinen Klassen und Kursen werben, komfortablen Aufenthaltsmöglichkeiten, attraktiven Essensangeboten und teils nagelneuen Schulbüchern. Umstände, von denen Bremer Gymnasiasten nur träumen können. Und zwar wohl noch recht lang, denn die Bildungssenatorin hat bereits angekündigt, dass eine anständige Finanzierung der Gymnasien »im derzeitigen Haushalt nicht vorgesehen« sei. So kann man eine Schulform eben auch schleifen, von der man politisch ohnehin nicht überzeugt ist. Für dieses Schuljahr haben denn auch schlagartig mehr Eltern für ihre Kinder die Oberschule angewählt als erwartet – mit dem Ergebnis, dass nicht genügend stadtteilnahe Plätze vorhanden waren und die Kinder von der Behörde anderen als den Wunschschulen zugeteilt werden mussten. Zum Teil liegen die Schulen kilometerweit entfernt. Dabei war gerade auch ein Sinn und Zweck der Oberschulen gewesen, die Stadtteile zu stärken, indem man die Kinder nicht in weiter entfernte Gymnasien schickt, sondern in eine Schule vor Ort.

Selbst wenn Jürgens-Pieper betont, dass man »natürlich daran interessiert« sei, »dass auch alle Gymnasien zu Ganztagsschulen werden«[4], heißt das offenbar noch lange nicht, sie auch entsprechend auszustatten (vgl. 5. Kapitel). Das Lieblingskind der Bildungssenatorin heißt eben: Oberschule. Das verdeutlichen auch die am 14. Januar 2010 verabschiedeten »Richtlinien über Aufnahmekapazitäten der allgemeinbildenden Schulen«. Während sich in Bremens Turbo-Gymnasialklassen mindestens 28 Schüler, im Schnitt aber 30 quetschen müssen, bleibt den Oberschul-Schülern nicht nur mehr Zeit bis zum Abitur, sondern auch mehr Luft zum Atmen: Höchstens 20 bis 25 Schüler sitzen hier in einem Klassenraum. So kommt es zu der paradoxen Situation, dass etwa am bilingualen Hermann-Böse-Gymnasium 28 Schüler auf 52 Quadratmetern je Klasse hocken, an der Oberschule Helsinkistraße dagegen nur 24 auf satten 72 Quadratmetern residieren. Am Gymnasium Horn müssen sich 30 Schüler 66 Quadratmeter teilen, während an der Oberschule Koblenzer Straße 22 Pennäler 64 Quadratmeter zur Verfügung haben. Wer hier wessen Lieblingskind ist, lässt sich an diesen Zahlen ablesen. Denn hätte man den hellerschen Schulversuch zum Turbo-Abi ernst genommen, müsste es ja genau umgekehrt sein: Dann dürften die Turbo-Schüler in kleineren Klassen lernen (vgl. 2. Kapitel).

Ähnlich wie in Bremen soll es auch in Berlin künftig neben den Gymnasien nur noch »eine Schule für alle« geben. Sie heißt Integrierte Sekundarschule und fängt die Schüler der bisherigen drei Schularten Haupt-, Real- und Gesamtschule auf. Die Sekundarschule bekommt auch eine gymnasiale Oberstufe. Während man jedoch am Gymnasium schon nach zwölf Jahren das Abitur ablegen muss, kann man sich an der Sekundarschule ein Jahr länger Zeit lassen. Schmackhaft machen will Bildungssenator Jürgen Zöllner, SPD, die neue Schulform zum einen – genau wie in Bremen – durch kleinere Klassen: Nur 25 Schüler pro Klasse sind vorgesehen statt bisher 29 in den Real- und Gesamtschulen und – nach wie vor – 29 in den Turbo-Gymnasien. Zum andern wirbt der Berliner Senat mit einer abgespeckten Stundentafel für die pubertätsgeschädigten Siebt- und Achtklässler: Die Sekundarschüler haben jeweils zwei Stunden Unterricht pro Woche weniger als die Gymnasiasten (7. Klasse: 31 versus 33 Stunden; 8. Klasse: 32 versus 35 Stunden). »Bis zum Abitur erhalten die Schülerinnen und Schüler der Integrierten Sekundarschule unterm Strich allerdings sogar mehr Unterricht als diejenigen am Gymnasium, weil sie in der Oberstufe ein ganzes Schuljahr länger Zeit haben, sich auf das Abitur vorzubereiten«, heißt es auf der Senats-Homepage. Auch brauchen die Sekundarschüler weniger Kurse ins Abitur einfließen zu lassen als die Gymnasiasten. Das hat bereits die Elternschaft erzürnt, denn sie fürchtet eine Benachteiligung der Turbo-Schüler beim Numerus clausus. Auch hier ist – wie in Bremen – unüberhörbar: Der Sekundarschule gehört das Herz der Politik. Da alle Sekundarschulen Ganztagsschulen werden sollen, darf man sicher sein, dass auch an der Spree jede Menge Geld in die Hand genommen werden wird, um sie entsprechend hochzurüsten. Ob bildungsbewusste Eltern diese Schulen dennoch als echte Alternative zum G8 für ihren Nachwuchs betrachten, bleibt angesichts der abenteuerlichen Schülermixtur abzuwarten. Schließlich sollen hier Kinder, die einfach nur etwas mehr Zeit fürs Lernen brauchen, mit Problemfällen zusammengewürfelt werden, deren Probleme weniger in den Schulen als erst mal in den Familien zu lösen wären.

Erwähnt werden sollte auch noch, dass es in Berlin zwei Sorten von Gymnasien gibt: die normalen und die »grundständigen«. Da die Kinder in der Hauptstadt zunächst sechs Jahre zusammen lernen, wechseln sie normalerweise erst zur siebten Klasse auf die weiterführende Schule. Insofern handelt es sich in Berlin bei der Turbo-Schule eigentlich um ein G6, nicht um ein G8. In den »grundständigen« (humanistischen) Gymnasien beginnt der Unterricht allerdings schon in Klasse fünf – entsprechend begehrt sind die begrenzten Plätze.

In Hessen hat Kultusministerin Dorothea Henzler, FDP, den Kooperativen Gesamtschulen freigestellt, zwischen G8 und G9 zu wählen. Von 115 Gesamtschulen seien inzwischen 44 zu G9 zurückgekehrt. Auf die Wahlmöglichkeit sei sie »stolz«, versicherte sie. »Insgesamt« halte man aber dennoch an G8 fest, weil die Schüler so die Chance hätten, schneller in Studium, Ausbildung und Beruf zu gelangen, und dadurch »konkurrenzfähig bleiben«, auch im Hinblick auf die europäischen Nachbarländer[5].

Ausnahmen bilden lediglich zwei freie Internatsschulen: Zum einen ist dies die idyllisch gelegene, vor Kurzem jedoch höchst unfreiwillig ins Rampenlicht gerückte Odenwaldschule in Heppenheim, zum anderen die Hermann-Lietz-Schule Schloss Bieberstein in der Rhön bei Fulda. Beide Einrichtungen sind – wie Salem und Louisenlund – Mitglieder in der Vereinigung Deutscher Landerziehungsheime und mit monatlichen Schulgeldern um die 2.200 Euro plus Aufnahmegebühren keine echten Zufluchtsorte für durchschnittliche G8-Flüchtlinge. Während die Odenwaldschule die dreizehnjährige Schulzeit bis zum Abitur nie aufgegeben hat, startet Schloss Bieberstein – das ohnehin nur Oberstufenschüler besuchen – im Schuljahr 2010/11 erstmals ein sogenanntes freiwilliges »Bildungsjahr«. Es wird vor die zehnte Jahrgangsstufe geschaltet und erstreckt sich über zwölf Monate. Nach dem Bildungsjahr, das »nicht mit einem normalen verschulten Schuljahr zu verwechseln« sei, wie Schulleiter Helmut Liersch betont, durchlaufen die Schüler ganz normal die folgenden drei Oberstufenjahre.

»Prägend für das Bildungsjahr« sei »die Konzentration auf eine bestimmte Thematik über einen längeren Zeitraum«, heißt es auf der Internatshomepage[6]. So werde der Unterrichtsstoff »vertieft, verstanden und auch später noch erinnert und korrekt angewandt«. Das Bildungsjahr beinhaltet zum Beispiel ein einwöchiges Mallorca-Trekking, einen Rhetorikkurs, einen fünfwöchigen Sprachkurs in England oder Australien, Vertiefungswochen in Mathematik/Physik und Kunst/Weltreligionen/Philosophie/Geschichte/Politik, Grammatik, Biologie/Chemie/Computerkurs, ein Hilfsprojekt in Rumänien, ein alpines Umweltprojekt in Zusammenarbeit mit dem Deutschen Alpenverein, eine zweiwöchige Weinlese auf einem Weingut, ein Theaterprojekt samt Aufführung, ein soziales Projekt in der Rhön sowie Präsentationstechniken. Alles in allem entspricht das ziemlich exakt dem, was Salem mit seinem »Salemjahr« geplant hatte (vgl. 5. Kapitel). Doch während in Salem die Kultusbehörde einschritt, die einen Ketteneffekt fürchtete, der die gesamte G8-Ideologie ins Wanken bringen könnte, und Salem daraufhin den Antrag auf das Salemjahr wieder zurückzog, scheint man in Hessen den Internatsschulen mehr Spielraum zuzugestehen. Erstaunlich und erfreulich ist vor allem, mit welcher Klarheit Internatsleiter Liersch seine Kritik am Turbo-Abitur formuliert:

Die Verkürzung der Schulzeit – sukzessive in allen Bundesländern eingeführt – bringt nicht für alle Schüler eine positive Veränderung. (...) Denn der Tribut an das Abitur nach nur acht Gymnasialjahren heißt für viele Kinder in der Praxis: Lernstress, hastiges Einpauken des Unterrichtsstoffes von Klausur zu Klausur und das Ausbleiben von echten, positiven Lernerfolgen. »Ich gebrauche für diese Form des schnellen, nur auf den Augenblick der Prüfung ausgerichteten Lernprozesses die Bezeichnung bulimisches Lernen«, schmunzelt Helmut Liersch (...) »Manche Schüler kommen damit klar, für den Moment zu lernen und danach das ganze Wissen wieder zu vergessen, andere scheitern an diesem System.«[7]

Liersch sagt, man habe das Bildungsjahr »bewusst nicht so hoch gehängt«[8]. Es sei mit dem Schulamt Fulda verhandelt worden und nicht mit dem Ministerium in Wiesbaden. Immerhin erhält jeder Schüler, der am Bildungsjahr teilnimmt, knapp 20 Prozent staatliche Zuschüsse – den Rest müssen die Eltern zahlen. Für das Bildungsjahr veranschlagt die Schule genauso hohe Kosten wie für ein reguläres Internatsschuljahr. Jeder fünfte Internatsschüler in

Bieberstein ist allerdings ein Jugendhilfe-Schüler, das heißt: Für 20 Prozent der Schülerschaft übernehmen die öffentlichen Kassen die Kosten in voller Höhe. Man darf gespannt sein, ob dieses Beispiel in Hessen Schule macht – und andere Gymnasien ebenfalls ein »Bildungsjahr« beantragen. Das dürfte dann aber rasch zu einer spürbaren finanziellen Belastung für die öffentlichen Kassen werden, schätzt auch Liersch. Schließlich sollte das G8 auch oder vor allem – zugegeben hat das bislang allerdings niemand offiziell – ja auch Kosten sparen helfen.

Schloss Bieberstein bietet außerdem – gemeinsam mit der Hermann-Lietz-Schule auf Spiekeroog – Zehntklässlern eine Auszeit von der Schule in Form eines halbjährigen Segeltörns an. Das »segelnde Klassenzimmer« soll die Jugendlichen zu mehr Eigenverantwortung führen und soziales Miteinander auf engstem Raum fördern. Nach dem halben Jahr wird entschieden, ob die Schüler die zehnte Klasse wiederholen oder ob sie nach einem weiteren halben Jahr in die elfte Klasse wechseln.

Einen interessanten Weg hat Thüringen gefunden: Dort wechseln die Schüler nach der vierten Grundschulklasse entweder an eine Regelschule oder ans Gymnasium. An der Regelschule kann ein Real- oder Hauptschulabschluss, am Gymnasium das Abitur nach zwölf Schuljahren erworben werden. Um die Durchlässigkeit des Systems zu erhöhen, können Absolventen der Realschule ein Gymnasium mit 11S-Klassen besuchen. Das heißt: Zwischen zehnte und elfte Jahrgangsstufe wird ein zusätzliches Schuljahr 11S eingebaut, sodass Realschüler die gymnasiale Oberstufe in drei statt in zwei Jahren durchlaufen.

An fünf Thüringer Spezialgymnasien gibt es außerdem sogenannte 11Sp-Klassen (Spezialklassen), bei denen ebenfalls eine zusätzliche Klasse zwischen zehntem und elftem Jahrgang eingeschoben wird, die aber den Gymnasiasten selbst zugutekommt: an den Sportgymnasien Erfurt, Jena, Oberhof und an den Musikgymnasien Gera und Weimar. Interessanterweise spricht man dann trotzdem davon, dass die Schüler »in der zwölften Klasse das Abitur erlangen können«[9]. So vermeidet man geschickt die politisch heikle Diskussion ums »dreizehnte Schuljahr«.

Wolfgang Haak, Schulleiter am staatlichen Musikgymnasium Schloss Belvedere in Weimar, bedauert, dass Salem sein »Entschleunigungsjahr« nicht genehmigt bekommen hat: »Die Behörde hat immer gleich Angst, einen Präzedenzfall zu schaffen. Dabei brauchen wir Präzedenzfälle! Jede Schule muss ein Präzedenzfall sein.« Es sei eben auch schade, dass »nie auf die Inhalte geschaut« werde. Haak ist froh und stolz, seinen 120 Schülern das zusätzliche Jahr anbieten zu können. »Die Herausforderungen an die jungen Leute sind ohnehin schon sehr hoch. Da sind wir sehr glücklich, eine Pufferzone zu haben, durch die wir die Lerninhalte der Oberstufe entzerren können.« Außerdem seien die Schüler gerade in diesem Alter »sehr bildungshungrig«, sodass ihnen das zusätzliche Schuljahr guttue. Haak findet es schade, dass das Thüringer Spezialklassen-Modell bundesweit so wenig Beachtung findet: »Man reist ins Ausland, um nach neuen Modellen zu fahnden. Dabei kennt man die Schulen im eigenen Land nicht mal richtig.« Haak hält das Thüringer Modell samt 11Sp-Klasse für auch auf andere Schulen übertragbar[10].

Schleswig-Holsteins Bildungsminister Ekkehard Klug, FDP, plant für das Schuljahr 2011/12 eine Änderung des Schulgesetzes, die es den Gymnasien künftig freistellen soll, ob sie in acht oder neun Jahren zum Abitur führen möchten. Da könnte man meinen, der Name des Ministers sei Programm. Und wünscht sich, dass möglichst viele Amtskollegen seinem Beispiel folgen. Schon zum laufenden Schuljahr darf das Carl-Friedrich-von-Weizsäcker-Gymnasium in Barmstedt wieder das G9 anbieten – parallel zum

G8. Der Bildungsminister hat den Modellversuch abgesegnet. Das Gymnasium hatte einen entsprechenden Antrag gestellt und war zuvor auch schon G8-Modellschule gewesen. Die Möglichkeit, G9-Versuchsschule zu werden, steht nun allen Schulen in Schleswig-Holstein offen, die vorher G8-Modellschule waren. Für die übrigen Schulen gilt diese Option erst ab dem Schuljahr 2011/12, sofern der Landtag der Änderung des Schulgesetzes zustimmt. Konkret sieht das an den Modellschulen dann so aus, dass die G8- und G9-Schüler in der Profiloberstufe wieder zusammengefasst werden, wo alle künftig dieselbe Stundenzahl haben. Die bisherigen Zusatzstunden für die G8-Schüler im Kurssystem entfallen, und die Wochenstundenzahl wird reduziert, weil Differenzierungsmaßnahmen und Arbeitsgemeinschaften angerechnet werden können.

In Louisenlund, dem Salem-Pendant im Norden, will man – zumindest vorerst – aber nicht von G8 abrücken, sondern nach »intelligenten Lösungen« suchen, die den Schülern die Stundentafel verkürzen. So brauchen etwa Kinder, die nachmittags ohnehin viel Sport treiben – in Louisenlund sind das vor allem Segeln auf der Schlei und Tennis auf den hauseigenen Plätzen –, vormittags keinen Schulsport mehr zu belegen. Und wer nachmittags Geigen- oder Klarinettenunterricht nimmt, könnte auf den Musikunterricht in der Schule verzichten. Das soll die Kinder »entlasten im Sinne von Muße und Nichtverplanung«, sagt Werner Esser, Leiter der Stiftung Louisenlund in Güby[11]. Obendrein empfiehlt er, »die Akzentuierung von Stoff zu thematisieren, nicht das Streichen von Stoff.« Es gebe viele Überschneidungen in den einzelnen Fächern, das müsse man herausarbeiten und die Doppelungen auf ein Fach beschränken. »Warum muss beispielsweise das Auge zweimal durchgenommen werden: im Biologie- und im Physikunterricht?«, fragt Esser. Ideal wäre, wenn jede Schule selbst Kapazitäten für diese »curriculare Arbeit« freistellen könnte – was zurzeit aber illusorisch sei aufgrund der Personalknappheit.

Aus Essers Sicht sind bei der Einführung des G8 »gravierende Planungsfehler« gemacht worden. Die elfte Jahrgangsstufe hätte man ruhig streichen können, meint er, sie sei bislang ja auch gern für ein Austauschjahr genutzt worden. »Absurd« sei jedoch, »die Schüler in acht Jahren mit derselben Stoffmenge zum Abitur durchlaufen zu lassen wie bislang nach neun Jahren«. Man dürfe die Kinder »nicht nur am Schreibtisch sitzen und schuften lassen«. Das Anliegen, die Schule ein Jahr früher zu beenden, sei dagegen »legitim«, gerade vor dem Hintergrund des globalen Wettbewerbs: »Man darf die Schüler nicht länger als notwendig in der Schule halten.« Aber die Umsetzung des G8 sei katastrophal. »Die Eltern sehen jetzt auch, dass sie die Schulzeitverkürzung nicht um jeden Preis haben wollen«, sagt Esser. Denn »für all die Dinge, für die man Eigeninitiative zeigen muss, bleibt im G8 keine Zeit mehr«. Das betreffe nicht nur den Sport und die Musik, sondern auch Dinge wie freiwillige Feuerwehr, Theaterspiel, kirchliches Engagement und ähnliche außerschulische Aktivitäten. Dabei seien gerade diese Fertigkeiten »brandnotwendig«.

Die Probleme mit dem verkürzten Gymnasium haben den Ansturm auf die Privatschulen noch einmal verstärkt. Viele Eltern erhoffen sich von ihnen innovative Konzepte, die den veränderten Bedingungen im Schulalltag ihrer Kinder eher gerecht werden als an staatlichen Schulen. Ob das wirklich immer der Fall ist, bleibt natürlich schwer zu sagen. Denn die G8-Grundproblematik der vollen Stundentafeln und des Lernens im Schnelldurchgang herrscht an den staatlichen wie privaten Einrichtungen gleichermaßen. Vielleicht schaffen es Schulen in freier Trägerschaft aber etwas häufiger, sich schneller auf Veränderungen einzustellen. Wenn zum Beispiel dem Egbert-Gymnasium der Benediktiner in Münsterschwarzach bereits eine Musikschule angegliedert ist, die jedem Schüler ohne zeitraubende An- und Abfahrtsfahrtswege das

Erlernen eines Instruments ermöglicht, und wenn es dort einen eigenen Schulsportverein gibt, in dem Schul- und Vereinssport miteinander verzahnt sind, dann ist das ein vorbildlicher Umgang mit der am G8 so knapp bemessenen Ressource Zeit.

Reichlich Engagement haben auch jene Eltern bewiesen, die 2007 in Esslingen das bundesweit erste ADHS-Gymnasium gegründet haben. Das »Private Gymnasium Esslingen« soll ADHS-Kinder – hauptsächlich Jungen – zum Abitur führen. Schulleiter Thomas Dahm schwört auf Beziehungs- statt Erziehungsarbeit: »Wenn die Kinder merken, der Lehrer nimmt sie an, dann wollen sie ihm gefallen. Das funktioniert.« Und er betont noch etwas: »Wer Kinder nicht lieben kann, der muss hier gehen.« Als Lehrer am ADHS-Gymnasium müsse man praktisch »Multitasking« beherrschen, um »den Schlawiner in der letzten Reihe nicht aus den Augen zu verlieren, wenn man etwas an die Tafel schreibt«[12].

Die Schule musste nach nur einem Jahr Insolvenz anmelden, aber zusammen mit einem neuen Trägerverein und dem Insolvenzverwalter wurde ein neues Finanzierungskonzept auf die Beine gestellt, das auf zwei Säulen ruht: einem einkommensabhängigen Schulgeld bis zu 934 Euro monatlich und einem Bankkredit. Den Putzdienst haben die Eltern übernommen. Da jede Klasse nur maximal fünfzehn Schüler beherberge, sei die Schule »relativ teuer«, sagt Dahm. Aber immer noch »ein Schnäppchen« im Vergleich zu Internaten.

Im ADHS-Gymnasium ist »die Ritualisierung von Regeln« wichtig. Außerdem gibt es Einzeltische, gelenkte Beschäftigung, Belohnungs- und Anreizmodelle, permanentes Feedback und die »stark deeskalierend wirkende« Schulhündin Paula. Jede Woche bekommen die Schüler einen Wochenbericht mit nach Hause, der auch den behandelnden Ärzten zeigt, ob Therapie und Dosierung der Medikamente stimmen, denn viele schlucken Methylphenidat. Aufgenommen werden nur Kinder, deren ADHS-Diagnose einwandfrei nach den medizinischen ICD-Kriterien nachgewiesen ist. Anfragen kommen von Eltern aus ganz Deutschland, manche ziehen sogar der Schule wegen nach Esslingen. Der Staat sage zwar immer, eine Förderung dieser Kinder sei auch im öffentlichen System möglich, »aber die Realität sieht anders aus«, berichtet Dahm. Und das erst recht, seitdem das Abitur im Schnelldurchgang erreicht werden soll. Da bleibt für individuelle Rücksichtnahme schlicht keine Zeit mehr. Ob die Zukunft so aussieht: Passgenaue Schulen für unterschiedliche Lerntypen zum Extratarif? Das G8 könnte diese Entwicklung zumindest forcieren.

Der Ansturm auf die Internate – auch im Ausland – und Privatschulen hat also längst begonnen. Die Zahl der Schulen in freier Trägerschaft stieg in den vergangenen zehn Jahren hierzulande um knapp vierzig Prozent: von 2.206 im Jahr 1998/99 auf 3.057 in 2008/09[13]. Schätzungsweise 6.000 deutsche Schüler gehen zurzeit auf englische Internate, »Tendenz steigend«[14]. Die Frage wäre nur: Will man zulassen, dass der Geldbeutel der Eltern künftig noch stärker über die Bildungschancen von Kindern und Jugendlichen regiert, als das ohnehin schon der Fall ist? Wer sich bislang darüber beschwert hat, dass Akademikerkinder häufiger eine Gymnasialempfehlung erhalten als Nichtakademikerkinder, der wird sich künftig noch umsehen. Denn das G8 ist auf dem besten Weg, nicht zur Schule der Begabtesten, sondern der Betuchtesten zu werden – derjenigen also, deren Eltern neben dem Schulgeld für private Schulen auch über das nötige Kleingeld für die teils obligatorische Nachhilfe verfügen. Und die als Schüler zudem noch die entsprechende Kondition besitzen, das Pensum auch körperlich zu verkraften – vorausgesetzt, das Niveau des Turbo-Abiturs wird nicht gesenkt. Damit aber schaufeln Bildungsbürokraten dem Gymnasium gesellschaftspolitisch das Grab. Ob genau das ihre Absicht war?

LITERATURVERZEICHNIS

ADAM, Konrad: *Die deutsche Bildungsmisere* (2004)
ADAM, Konrad: *Die alten Griechen* (2006)
BAUER, Joachim: *Lob der Schule. Aktualisierte Taschenbuchausgabe* (11/2008)
BILZ, Ludwig: *Schule und psychische Gesundheit. Risikobedingungen für emotionale Auffälligkeiten von Schülerinnen und Schülern* (2008)
BRAIG, Axel; RENZ, Ulrich: *Die Kunst, weniger zu arbeiten* (2001)
COYLE, Daniel: *Die Talentlüge. Warum wir (fast) alles erreichen können* (2009)
DAWIRS, Ralph; MOLL, Gunther: *Endlich in der Pubertät! Vom Sinn der wilden Jahre* (2008)
FERRISS, Timothy: *Die 4-Stunden-Woche. Mehr Zeit, mehr Geld, mehr Leben* (5. Auflage 2008)
GASCHKE, Susanne: *Kinderarbeit*. In: DIE ZEIT (7.2.2008)
GASCHKE, Susanne: *Wie wollen wir leben?* In: DIE ZEIT (25.4.2008)
GEO WISSEN: *Die ideale Schule* (Nr. 44/2009)
GEYER, Christian: *Hände weg von unserer Kindheit!* In: FAZ (4.2.2008)
GOETHE, Johann Wolfgang von: *Wilhelm Meisters Lehrjahre* (1794–96)
HARTMANN, Michael: *Der Mythos von den Leistungseliten. Spitzenkarrieren und soziale Herkunft in Wirtschaft, Politik, Justiz und Wissenschaft* (2002)
HELLER, Kurt A.: *Zusammenfassung des 7. Zwischenberichts zur wissenschaftlichen Begleitung des Schulmodellversuchs »Gymnasium mit achtjährigem Bildungsgang«.* (Universität München 1998)
HELLER, Kurt A.: *Begabtenförderung im Gymnasium. Ergebnisse einer zehnjährigen Längsschnittstudie* (2002)
HINTERMEIER, Hannes: *Epochale Verluste*. In: FAZ (10.9.2007)
ILLIES, Florian: *Generation Golf. Eine Inspektion* (2000)
KEGLER, Ulrike: *In Zukunft lernen wir anders* (2009)
KILIAN, Andrea: *Geheimwissen Schule. Das Insiderbuch für alle Eltern* (2009)
KILLIUS, Nelson; KLUGE, Jürgen; REISCH, Linda (Hrsg.): *Die Zukunft der Bildung* (2002)
KLUGE, Jürgen: *Schluss mit der Bildungsmisere. Ein Sanierungskonzept* (2003)

KRAUS, Josef: *Ist die Bildung noch zu retten? Eine Streitschrift* (2009)
KÜHN, Lotte: *Schulversagen* (2007)
LARGO, Remo H.: *Erziehung im Minutentakt. In:* FAZ (1.7.2009)
LÜHMANN, Hinrich: *Betrieb Schule. In:* TAGESSPIEGEL (28.10.2007)
MARKL, Hubert: *Bildung und Wissenschaft, Forschung und Technologie: Warum im globalen Innovationswettbewerb alles mit allem zusammenhängt.* Vortrag auf dem Kongress McKinsey bildet: Frühkindliche Bildung (Berlin 26./27. Oktober 2005)
MEYER, Karl Ulrich: *Yale, Harvard & Co: Mythos oder Modell für Deutschland? Ringvorlesung im Rahmen der 28. Duisburger Akzente »Endstation Amerika?«* (Universität Duisburg-Essen 13.5.2004)
NEUMANN, Hannah und Philipp: *Ernährung und Bewegung von Schülern. In:* Deutsche Medizinische Wochenschrift (51/52, 2007)
PISA-KONSORTIUM Deutschland (Hrsg.): PISA 2000. *Basiskompetenzen von Schülerinnen und Schülern im internationalen Vergleich* (2001)
RAHN, Hartmut: *Interessenstruktur und Bildungsverhalten. Die Bedeutung außerschulischer Interessen, Erfahrungen und Aktivitäten für die Voraussage des Bildungsverhaltens von Schülern der gymnasialen Oberstufe* (1978)
ROGGE, Jan-Uwe: *Pubertät. Loslassen und Haltgeben.* (16. Auflage 2009)
SALCHER, Andreas: *Der talentierte Schüler und seine Feinde* (2008)
SINGER, Kurt: *Die Schulkatastrophe. Schüler brauchen Lernfreude statt Furcht, Zwang und Auslese* (2009)
SPITZER, Manfred: *Lernen. Gehirnforschung und die Schule des Lebens* (korrigierter Nachdruck 2003)
STERN, André: *... und ich war nie in der Schule. Geschichte eines glücklichen Kindes* (2009)
VIETH-ENTUS, Susanne: *Frust am Gymnasium. In:* TAGESSPIEGEL (12.2.2010)

ANMERKUNGEN

1. Kapitel: In den Wehen

1. Florian Illies: *Generation Golf* (2000) S. 9
2. Ebenda S. 16
3. Ebenda S. 191
4. Ebenda S. 33
5. Die ideale Schule Nr. 44
6. Ebenda
7. PISA 2000: *Zusammenfassung zentraler Befunde* (Berlin 2001)
8. DIE WELT (16.12.2009)

2. Kapitel: Die Sturzgeburt

1. DIE ZEIT (21.1.2010)
2. www.stoiber.de
3. www.hohlmeier.de
4. Ebenda
5. Pressemitteilung Kultusministerium (22.11.2004)
6. Ebenda
7. 7. Zwischenbericht Schulmodellversuch (1998) S. 167
8. Kurt A. Heller: *Begabtenförderung im Gymnasium* (2002) S. 158
9. 7. Zwischenbericht Schulmodellversuch (1998) S. 170
10. Kurt A. Heller: *Begabtenförderung am Gymnasium* (2002) S. 240
11. Ebenda S. 241
12. Pressemitteilung Nr. 55/98 (8.8.1998)
13. Persönliche Mitteilung
14. Christian Geyer: *Hände weg von unserer Kindheit!* (FAZ 4.2.2008)
15. Spiegel-Online (31.10.2006)
16. 24 Missbrauchsfälle an der Odenwaldschule bekannt (FAZ 9.3.2010)
17. Da waren es nur noch drei (Spiegel-Online 30.3.2004)
18. Kölner Stadt-Anzeiger (10.8.2009)
19. Beschluss der Kultusministerkonferenz vom 7.7.1972 in der Fassung vom 24.10.2008
20. Tagesspiegel (12.2.2010)

3. Kapitel: Wunderkinder erwünscht

1. Jörg Schindler: *Geschäfte um jeden Preis* (FR 19./20.12.2009)
2. Christian Geyer: *Hände weg von unserer Kindheit!* (FAZ 4.2.2008)
3. Susanne Gaschke: *Kinderarbeit* (DIE ZEIT 7.2.2008)
4. Ringvorlesung Universität Duisburg-Essen (13.5.2004)
5. Susanne Gaschke: *Kinderarbeit* (DIE ZEIT 7.2.2008)
6. Ebenda
7. Michael Hartmann: *Der Mythos von den Leistungseliten* (2002) S. 27
8. Ebenda S. 29
9. Ebenda S. 29/30
10. Birger Priddat: *Selbstbewusstsein und Einsicht* (Rheinischer Merkur 14.1.2010)
11. Eckhard Fuhr: *Zurück in die Zukunft* (DIE WELT 28.12.2009)
12. Killius/Kluge/Reisch (Hg.): *Die Zukunft der Bildung* (2002) S. 7
13. Ebenda S. 153–157
14. Ebenda S. 7f.
15. Ringvorlesung Universität Duisburg-Essen (13.5.2004)
16. Vgl. Axel Veiel: *Sturm auf die Bildungs-Bastille* (Frankfurter Rundschau 22.2.2010)
17. *»Denken ohne Fußnoten«* (Süddeutsche Zeitung 23.1.2009)
18. Inga Michler: *Wenn dem Chef der Laden selbst gehört* (DIE WELT 28.12.2009)
19. Hannes Hintermeier: *Epochale Verluste* (FAZ 10.9.2007)
20. Klaus-Dieter Frankenberger: *Die Zukunftsskeptiker* (FAZ 22.12.2009)
21. Jürgen Kluge: *Schluss mit der Bildungsmisere* (2003) S. 14
22. *Eine »verlorene Generation«* (FAZ 13.4.2010)
23. Jürgen Kluge: *Schluss mit der Bildungsmisere* (2003) S. 13.
24. Ebenda S. 14
25. Ebenda S. 22
26. Ebenda S. 20
27. Thomas Barth/Oliver Schöller: *Der Lockruf der Stifter* (Blätter für deutsche und internationale Politik 11/2005)
28. Herfried Münkler: *Das Bologna-Debakel* (Frankfurter Rundschau 17.12.2009)
29. Persönliche Mitteilung
30. *Anspruch an Absolventen ist zu hoch* (Hamburger Abendblatt 21.11.2009)
31. Jürgen Kluge: *Schluss mit der Bildungsmisere* (2003) S. 23
32. Persönliche Mitteilung
33. Joachim Bauer: *Lob der Schule* (11/2008) S. 46
34. Persönliche Mitteilung
35. Thomas Mann: *Bekenntnisse des Hochstaplers Felix Krull* (1954)

4. Kapitel: Geburtshelfer und Geistheiler

1. Heike Schmoll: *Aus Fremdsprachen werden fremde Sprachen* (FAZ 18.2.2010)
2. Konrad Adam, Die alten Griechen (2006) S. 10
3. Ebenda S. 10
4. Konrad Adam: *Die deutsche Bildungsmisere* (2004) S. 109
5. Beschluss des Diözesankomitees vom 25.4.2009
6. Andreas Gruschka: *Das Bildungswesen ist kein Wirtschaftsbetrieb!* In: Vierteljahrsschrift für wissenschaftliche Pädagogik 81 (2005) S. 453–459
7. *Wir haben die Lösung, wo ist das Problem?* (FAZ 11.1.2010)
8. Joachim Bauer, Lob der Schule (11/2008) S. 122
9. www.iqb.hu-berlin.de
10. Stand: *Januar 2010; mit der künftigen Übernahme der Ländervergleiche dürfte das Personal wohl noch einmal aufgestockt werden*
11. Hinrich Lühmann: *Betrieb Schule* (TAGESSPIEGEL 28.10.2007)
12. Johann Wolfgang von Goethe: *Wilhelm Meisters Lehrjahre* (1794–96)
13. Ebenda
14. Ein Instrument zur schulischen Qualitätsentwicklung (FAZ 19.2.2009)
15. Freiheit der Wissenschaft (1/2010)
16. Walter Krämer: *»But we are Oxford!«* (Forschung & Lehre (11/09)
17. Josef Kraus: *Ist die Bildung noch zu retten?* (2009) S. 86
18. Manfred Spitzer: *Lernen* (2003) S. 65–68, 255, 410
19. www.initiatived21.de
20. *Hellas braucht eine Bildungsrevolution* (DIE WELT 12.3.2010)
21. Manfred Spitzer: *Lernen* (2003) S. 420
22. *Falsches Training* (FAZ 3.12.2009)
23. Manfred Spitzer: *Lernen* (2003) S. 410
24. Andreas Salcher: *Der talentierte Schüler und seine Feinde* (2008) S. 43f.
25. Stellungnahme zu den neuen bayerischen G8-Lehrplänen (Kurzfassung 11.9.2008) S. 27ff.
26. Josef Kraus: *Ist die Bildung noch zu retten?* (2009) S. 83f.
27. *Der Kampf ums Curriculum* (Die ideale Schule Nr. 44)

5. Kapitel: Große wollen entschleunigen

1. Weser-Kurier (13.2.2008)
2. *Mit Nachhilfe zum Abi* (Spiegel-Online 9.11.2009)
3. www.internate.org
4. Ebenda
5. Vom 9.12.2009 bis Mitte Januar auf www.salem-net.de
6. Persönliche Mitteilung per Mail
7. Persönliches Gespräch
8. Pressemitteilung 28.1.2010

9   Persönliche Mitteilung per Mail
10 Pressemitteilung Bayerisches Kultusministerium Nr. 36 (23.2.2010)
11 Bettina Büttner/Stephan L. Thomson: *Are we spending too many years in school? Causal evidence of the impact of shortening secondary school duration.* Europäisches Institut für Wirtschaftsforschung 17.2.2010 (ftp://ftp.zwe.de/ppub/zew-docs/dp/dp/10011.pdf)
12 Persönliches Gespräch
13 Persönliche Mitteilung per Mail vom 18.1.2010
14 24.3.2001
15 www.eurofund.europa.eu
16 Ebenda
17 Ulrike Kegler: *In Zukunft lernen wir anders* (2009) S. 225
18 Gerhard Fitzthum: *Zauberberg der Langsamkeit* (FAZ 14.1.2010)
19 Lothar Seiwert: *Die neue Lust auf Langsamkeit* (Karrierewelt 16.1.2010)
20 www.internate.org
21 Axel Braig/Ulrich Renz: *Die Kunst, weniger zu arbeiten* (2001) S. 64, 180
22 Timothy Ferriss: *Die 4-Stunden-Woche* (5. Auflage 2008)
23 Helmut Fend: *Entwicklungspsychologie des Jugendalters* (2005) S. 155
24 Ludwig Bilz: *Schule und psychische Gesundheit* (2008) S. 32
25 Susanne Gaschke: *Wie wollen wir leben?* (DIE ZEIT 25.4.2008)
26 Ebenda
27 Persönliches Gespräch
28 *Ganztagsschule zwischen Anspruch und Wirklichkeit* (B&E, eingeheftet in: *bildung heute 10/2009*)
29 Politik und Kultur (März/April 2009)
30 Ortwin Nimczik: *Musikalische Bildung in der Schule* (Politik und Kultur März/April 2009)
31 Der Braunschweiger Neurobiologe Martin Korte in einem Interview mit GEO Wissen »Die ideale Schule« Nr. 44
32 Susanne Gaschke: *Wie wollen wir leben?* (DIE ZEIT 25.4.2008)
33 *»Viele Politiker sind rundgeschliffen wie Eierkohle«* (DIE WELT 23.12.2009)
34 Susanne Gaschke: *Wie wollen wir leben?* (DIE ZEIT 25.4.2008)
35 Joachim Bauer: *Lob der Schule* (11. Auflage 2008) S. 47f.
36 Lotte Kühn: *Schulversagen* (2007) S. 167
37 *Schon jedes dritte Kind ist auf Nachhilfe angewiesen* (DIE WELT 9.6.2007)
38 Kurt Singer: *Die Schulkatastrophe* (2009) S. 36f.
39 Daniel Coyle: *Die Talentlüge* (2009) S. 96
40 Ebenda S. 122
41 Ebenda S. 99

6. Kapitel: Pubertät abschaffen?

1   Andrea Kilian: *Geheimwissen Schule* (2009) S. 47
2   Ebenda

3   Kurt Singer: *Die Schulkatastrophe* (2009) S. 161f.
4   Hartmut von Hentig: *Außerhalb der Schule lernen* (www.gew.de)
5   Ulrike Kegler: *In Zukunft lernen wir anders* (2009) S. 219-239
6   Konrad Adam: *Die deutsche Bildungsmisere* (2004) S. 96ff.
7   Dieter Thomä: *Radikalität hat Zukunft* (Forschung & Lehre 1/2010)
8   Johann Wolfgang von Goethe: *Wilhelm Meisters Lehrjahre* (Erstes Buch)
9   Uta Rasche: *Sprachförderung statt Sandkuchenbacken* (FAZ 16.12.2009)
10 Ebenda
11 Ebenda
12 Manfred Spitzer: *Lernen* (2003) S. 457
13 Ebenda
14 Remo H. Largo: *Erziehung im Minutentakt* (FAZ 1.7.2009)
15 Ebenda
16 GEO Wissen: *Die ideale Schule Nr. 44*
17 Jan-Uwe Rogge: *Pubertät* (16. Aufl. 2009) S. 168
18 Ebenda S. 169
19 Ebenda S. 169ff.
20 Florian Illies: *Generation Golf* (2000) S. 43
21 Ebenda S. 59f.
22 Ralph Dawirs/Gunther Moll: *Endlich in der Pubertät!* (2008) S. 17f.
23 Ebenda S. 36-40: *Von Knappen und Burgfräulein*
24 Ebenda S. 39
25 Manfred Spitzer: *Lernen* (2003) S. 451
26 Ebenda S. 396
27 Ebenda S. 399
28 Ebenda S. 396

7. Kapitel: Durchgetaktet bis zum Umfallen

1   Leserbrief in der FAZ
2   *»Mutproben sind wichtig«* (Süddeutsche Zeitung 22.1.2010)
3   Hannes Hintermeier: *Epochale Verluste* (FAZ 10.9.2007)
4   Hannah und Philipp Neumann: *Ernährung und Bewegung von Schülern.* (Deutsche Medizinische Wochenschrift 51/52, 2007)
5   Ebenda
6   David Dunstan und Kollegen: *Television Viewing Time and Mortality. The Australian Diabetes, Obesity and Lifestyle Study* (Circulation; published online 11/1/2010)
7   Maria Aberg und Kollegen: *Cardiovascular fitness is associated with cognition in young adulthood* (PNAS 1/12/2009)
8   vgl. Ludwig Bilz: *Schule und psychische Gesundheit* (2008) S. 100ff.
9   Ebenda
10 Ebenda S. 114
11 Persönliches Gespräch

12 *Ostdeutsche Kinder zappeln mehr* (DIE WELT 1.6.2007)
13 Themenheft »Krankheitskosten« Nr. 48 (2009)
14 Persönliches Gespräch
15 *Pillenkonsum bei Kindern steigt dramatisch* (DIE WELT 22.6.2007)
16 Persönliches Gespräch
17 Persönliche Information per Mail
18 Persönliches Gespräch
19 Thorsten Galert und Kollegen: *Das optimierte Gehirn* (Gehirn & Geist 11/2009 S. 40–48)
20 Frankfurter Rundschau (18. Januar 2010)
21 Claudia Borchard-Tuch: *Pillen für den Geist* (Trillium-Report Dezember 2009 Bd. 7/4 S. 162f.)

8. Kapitel: Nachmachen? Besser machen!

1 Persönliches Gespräch
2 Persönliches Gespräch
3 ebenso
4 www.wittelsbacher-gymnasium.de
5 Persönliche Information aus dem sächsischen Kultusministerium
6 Statistisches Bundesamt 2007
7 ZEIT-Magazin Nr. 4 (21.1.2010) S. 12
8 Persönliche Information aus dem sächsischen Kultusministerium
9 Persönliches Gespräch
10 Das Schulwesen in Nordrhein-Westfalen aus quantitativer Sicht 2008/09, Statistische Übersicht Nr. 369 (April 2009)
11 Statistisches Bundesamt, Statistisches Jahrbuch 2009
12 Brief vom 25.6.2009 (www.leibniz-gymnasium.de)
13 Persönliches Gespräch
14 Persönliches Gespräch
15 www.insm-bildungsmonitor.de
16 Persönliches Gespräch
17 Andreas Salcher: *Der talentierte Schüler und seine Feinde* (2008) S. 204
18 Ebenda
19 DIE WELT (12.1.2010)
20 André Stern: *... und ich war nie in der Schule* (2009) S. 156ff.
21 *Deutsche Evangelikale erhalten Asyl* (FAZ 28.1.2010)
22 Hartmut Rahn: *Interessenstruktur und Bildungsverhalten* (1978) S. 177f.
23 Ebenda S. 7f.
24 Persönliches Gespräch
25 Persönliches Gespräch
26 Kurt Singer: *Die Schulkatastrophe* (2009) S. 72
27 *Warum Pauken bei Legasthenie nichts bringt* (welt.de vom 12.3.10)
28 Hartmut Rahn: *Interessenstruktur und Bildungsverhalten* (1978) S. 8f.

29 Ebenda
30 Hubert Markl: *Vortrag auf dem Kongress McKinsey bildet/Frühkindliche Bildung* (Berlin 26./27.10.2005)
31 Ebenda
32 Vgl. Andreas Salcher: *Der talentierte Schüler und seine Feinde* (2008) S. 145ff.
33 Hubert Markl: *Vortrag auf dem Kongress McKinsey bildet/Frühkindliche Bildung* (Berlin 25/27.10.2005)

9. Kapitel: Die Nachgeburt

1 Martin Huismann: *Turbo-Abi im Ganztag?* (www.bildung-plus.de)
2 Ebenda
3 Valentin Merkelbach: *Erfolgreiche Gesamtschulen vor dem Aus?* (PISA-Info der Gewerkschaft Erziehung und Wissenschaft 22/2009)
4 Martin Huismann: *Turbo-Abi im Ganztag?* (www.bildung-plus.de)
5 Ebenda
6 www.das-bildungsjahr.de
7 Ebenda
8 Persönliches Gespräch
9 www.musikgymnasium-belvedere.de
10 Persönliches Gespräch
11 Persönliches Gespräch
12 Persönliches Gespräch
13 Statistisches Bundesamt
14 Verlagsbeilage Internate und Privatschulen (FAZ 28.1.2010)